Knut A. Wiesner
Regionaltourismus

Knut A. Wiesner

Regionaltourismus

Destinationsmarketing als Gemeinschaftsaufgabe aller
regionalen Tourismusakteure

DE GRUYTER
OLDENBOURG

ISBN 978-3-486-58891-0
e-ISBN (PDF) 978-3-486-84942-4
e-ISBN (EPUB) 978-3-11-039746-8

Library of Congress Control Number: 2021943646

Bibliografische Information der Deutschen Nationalbibliothek
Die Deutsche Nationalbibliothek verzeichnet diese Publikation in der Deutschen
Nationalbibliografie; detaillierte bibliografische Daten sind im Internet über
http://dnb.dnb.de abrufbar.

© 2021 Walter de Gruyter GmbH, Berlin/Boston
Umschlaggestaltung: Gettyimages / bounward
Satz: le-tex publishing services GmbH, Leipzig
Druck und Bindung: CPI books GmbH, Leck

www.degruyter.com

Vorwort

Der Tourismus als einer der größten Wirtschaftssektoren weltweit galt über Jahre hinweg als eine besonders stark wachsende Branche. Deutschland avancierte 2019 zum beliebtesten Reiseland in Europa und genießt seit Jahren international einen Spitzenruf. Davon profitierten auch attraktive nationale Reiseziele trotz des boomenden internationalen Reiseverkehrs.

Vom Ausbruch der Corona-Pandemie ist kaum eine Branche so stark betroffen wie der Tourismus: Der Umsatz der Reisewirtschaft sank 2020 um mehr als die Hälfte, allerdings nicht ganz so stark im Inland. Prognosen sind derzeit von großer Unsicherheit behaftet. Gehen Optimisten von einer Erholung bis 2024/25 aus, befürchten viele Pessimisten längerfristige oder sogar dauerhafte Beeinträchtigungen.

In dieser volatilen Lage wird deutlich, dass bestimmte Regionen erfolgreicher abschneiden als andere. Was zeichnet sie aus, was machen sie besser? Der Wettbewerb der Regionen um die Gunst der Gäste und touristischen Unternehmen nimmt nicht ab. Wie haben sie ihre Ressourcen und Kräfte gebündelt und strategisch ausgerichtet?

Es zeigt sich, dass die erfolgreiche Vermarktung regionaler touristischer Angebote zur Gemeinschaftsaufgabe aller regionalen Tourismusakteure werden muss. Anstelle eines eher unspezifischen Tourismusmarketings bedarf es eines profilgebenden Destinationsmarketings. Nur klar positionierte Destinationen werden langfristig erfolgreich im Wettbewerb um nationale und internationale Gäste sein.

Bisher bestand regionales Tourismusmarketing oft in der Bereitstellung von touristischen Infrastrukturen, der Unterstützung der Werbung und ggfs. des Vertriebs der ansässigen Tourismusbetriebe. Diese Art operativen Handelns war allerdings nur wenig erfolgreich, manche Effekte verpufften rasch.

Regionale Destinationen müssen Kooperationsvorteile nutzen und sich langfristig und strategisch aufstellen. Anstelle der ausschließlichen Ausrichtung auf das Geschäft der Unternehmen geht es heutzutage um ein effektives strategisches Stakeholdermanagement und 360-Grad-Marketing. Nur Destinationen, die ein klares Profil haben – besser noch zu einem Markenangebot werden – haben nachhaltig Erfolgsaussichten im Wettbewerb.

Dazu sollte jede Region ihre Stärken und Schwächen und ihre Zielgruppen sehr gut kennen. Einstellungsänderungen und neue Trends müssen jederzeit berücksichtigt werden, so wie aktuell das Bedürfnis der Gäste nach Sicherheit und Sauberkeit, Hygiene und frischer Luft. Auch der gute Ruf spielt eine wichtige Rolle: Nachhaltigkeit und Fairness, Anstand und Ehrlichkeit, Integrität und Moral werden öffentlich eingefordert.

Erfolgreicher Regionaltourismus ist eine Gemeinschaftsaufgabe, sie stellt Herausforderungen an alle regionalen Tourismusakteure. In vielen touristischen Regionen mangelt es noch immer an einem professionellen Tourismus- oder besser Destinati-

https://doi.org/10.1515/9783486849424-201

onsmarketing. Dieses Fachbuch zeigt auf, wie Kooperation und Profil verbessert werden können, ggfs. auch im Verbund mit Standort- und Wohnortmarketing.

Das Buch bietet praxisorientierte Anregungen und Handreichungen, um vorhandene Chancen zu nutzen und neue Herausforderungen zu meistern. Viele Praxisbeispiele aus dem deutschsprachigen Raum und etliche Abbildungen veranschaulichen die dargestellten Zusammenhänge und Instrumentarien. Das Werk eignet sich gleichermaßen für Praktiker aus dem Destinationsmarketing bzw. den DMO als auch für regionale Verwaltungen zur Vertiefung des vorhandenen Wissens und zur Erweiterung des fachlichen Horizonts. Auch erleichtert es interessierten Studierenden den Zugang zu diesem spannenden und facettenreichen Themenbereich.

Bonn, im April 2021   Prof. Dr. Knut A. Wiesner (prof.wiesner@t-online.de)

Inhalt

Abbildungsverzeichnis

https://doi.org/10.1515/9783486849424-202

Abkürzungsverzeichnis

4 I	Innovation, Individualität, Integration und Integrität
7 P	7 Marketinginstrumentalbereiche
ABA	Austrian Business Agency
ADAC	Allgemeiner Deutscher Automobil Club
ADFC	Allgemeiner Deutscher Fahrrad-Club
AMA	American Marketing Association
AUMA	Ausstellungs- und Messe-Ausschuss der Deutschen Wirtschaft
BIP	Brutto-Inlandsprodukt
BMWE	Bundesministerium für Wirtschaft und Energie
BMBF	Bundesministerium für Bildung und Forschung
BSC	Balanced Scorecard
BTW	Bundesverband der Deutschen Tourismuswirtschaft
BW	Baden-Württemberg
CA/DA	Corporate/Destination Acoustic
CB/DB	Corporate/Destination Behavior
CC/DC	Corporate/Destination Communication
CD/DD	Corporate/Destination Design
CGG	Commission on Global Governance
CI/DI	Corporate/Destination Identity
D-A-CH	Deutschland – Österreich – Schweiz
DEHOGA	Deutscher Hotel- und Gaststättenverband
DHV	Deutscher Heilbäderverband
DIHK	Deutscher Industrie- und Handelskammertag
DMO	Destination Marketing/Management Organisation
DRV	Deutscher Reise Verband
DTV	Deutscher Tourismusverband
DZT	Deutsche Zentrale für Tourismus
EFCT	Europäische Vereinigung der Kongress- und Tagungsstädte
EHV	Europäischer Heilbäderverband
EITW	Europäisches Institut für TagungsWirtschaft GmbH
ERIH	European Route of Industrial Heritage
ET	Eifel Tourismus GmbH
ETC	European Travel Commission
EU	Europäische Union
F. U. R.	Forschungsgemeinschaft Urlaub und Reisen e. V.
GCB	German Congress Bureau
g. g. A.	geschützte geographische Angabe
GRF	Graubünden Ferien
g. U.	geschützte Ursprungsbezeichnung
HHT	Hamburg Tourismus
HMG	Hamburg Marketing GmbH
IATA	International Air Transport Association
IDM	Südtirol AG – Innovation, Development, Marketing
IHK	Industrie- und Handelskammer
IKT	Informations- und Kommunikationstechnik
IoT	Internet of Things/Internet der Dinge

https://doi.org/10.1515/9783486849424-203

ITB	Internationale Tourismusbörse
KI	Künstlich Intelligenz/Artificial Intelligence – AI
MEBa	Meeting- & Event Barometer (Deutschland-Studie)
MICE	Meetings, Incentives, Conventions, Events4
NBI	Nation Brands Index
NGO	Nichtregierungsorganisationen
NPO(n)	Nonprofit-Organisation(en)
NPM	New Public Management
NRW	Nordrhein-Westfalen
NSM	Neues Steuerungsmodell
ÖW	Österreich Werbung
OWL	Ostwestfalen-Lippe
PESTE	Umfeldanalyse in fünf Bereichen
POS	Point of Sale
PPP	Public Private Partnership (PPP)
RA	Reiseanalyse (+Jahreszahl)
RPL	Rheinland-Pfalz
SEP	Strategische Erfolgsposition
SGE	Strategische Geschäftseinheit
SMG	Südtiroler Marketing Gesellschaft
SRM	Stakeholder Relationship Management
ST	Schweiz Tourismus
SW-OT	Stärken-Schwächen und Chancen-Risiken Analysen
TMBW	Tourismus Marketing GmbH Baden-Württemberg
TOWS	Strategische Gesamtanalyse (auch SWOT)
UN/VN	Vereinte Nationen
UNWTO	United Nations World Tourism Organization
UDP/URP	Unique Destination/Regional Proposition
USP	Unique Selling Proposition
VDR	Verband Deutsches Reisemanagement
VIR	Verband Internet Reisevertrieb
WEF	World Economic Forum
WKO	Wirtschaftskammer Österreich
WTM	World Travel Monitor
WTTC	World Travel and Tourism Council

1 Aktuelle Ausgangslage

Bereits seit vielen Jahren spricht man von einem „Europa der Regionen". Auch gibt es einen EU-Ausschuss der Regionen, über den regionalpolitische Einflüsse auf die EU kanalisiert werden, und die EU betreibt eine umfassende Regionalpolitik, die u. a. regionalen touristischen Infrastrukturen zugutekommt.

Immer wieder hört oder liest man über einen „Wettbewerb der Regionen". Denn im Zeitalter der Globalisierung würde die weltweite Konkurrenz so stark ansteigen, dass jede Region mit jeder anderen in der Welt im globalen Wettbewerb stünde: Im Wettbewerb um Geschäftsreisende und Touristen, Erholungsuchende und Kulturinteressierte, (touristische) Hochschulen und Fachkräfte, (touristische) Unternehmer und Investoren.

Doch seit einiger Zeit ist die Globalisierung ins Stocken geraten, es zeigen sich zunehmend nationale Egoismen. Spätestens seit 2020 wird wieder vermehrt über die Bedeutung von Regionen gesprochen. Eine neue Regionalität scheint nach den Erfahrungen mit der Pandemie die Antwort auf die Globalisierung zu sein. Regionale Beschaffung und Lieferketten sollen die internationalen Abhängigkeiten und Risiken reduzieren. Die Verbraucher haben es bereits vorgemacht, bei vielen stehen regionale Produkte schon seit Jahren hoch im Kurs.

Auch Touristen orientieren sich um: Anstelle internationaler Reisen, bei denen die Risiken schwer abzuschätzen sind, setzen viele Reisende wieder auf Urlaub im eigenen Land und regionale Nähe. Internationale Geschäftsreisen werden bei reduziertem internationalem Geschäft abnehmen und teilweise durch Skype- und Zoom-Meetings ersetzt. Gleiches gilt für Konferenzen, Tagungen und sogar Messen, die vermehrt elektronisch oder hybrid abgehalten werden.

Der Tourismus ist nicht nur in Deutschland, Österreich und der Schweiz, sondern weltweit einer der führenden Wirtschaftszweige. Nach Angaben der United Nations World Tourism Organization (UNWTO) war 2019 weltweit jeder dreizehnte Beschäftigte in der Tourismuswirtschaft (ca. 330 Mio. Menschen) tätig – bei bisher leicht steigender Tendenz. Indirekt ist sogar jeder zehnte Arbeitsplatz vom Tourismus abhängig. Nach der Pandemie in 2020/21 wird es allerdings einige Jahre dauern, bis wieder das Niveau des Jahres 2019 erreicht sein wird.

Auch in Europa wurden nach Angaben der European Travel Commission (ETC) bisher ca. 5 % des Bruttoinlandsprodukts (BIP) direkt, indirekt sogar bis zu 12 % durch den Tourismus erwirtschaftet. Damit hing auch in Europa fast jeder achte Arbeitsplatz ganz oder teilweise vom Tourismus ab. In Österreich und in der Schweiz war bisher sogar jeder fünfte Arbeitnehmer in der Tourismuswirtschaft tätig, in Deutschland jeder fünfzehnte, also fast viermal so viele wie in der Automobilindustrie. Damit hat die Tourismusbranche, die mittelfristig auch diese Krise überstehen wird, nicht nur für touristische Regionen eine hohe wirtschaftliche Bedeutung.

https://doi.org/10.1515/9783486849424-001

Im Jahr 2019 entstanden direkte ökonomische Effekte in Höhe von 105,3 Mrd. € durch den Tourismus in Deutschland (DTV 2020, S. 6), die indirekten Effekte dürften bei ca. 230 Mio. € liegen, der touristische Gesamtkonsum nahezu 300 Mio. €.

Die Wettbewerbsfähigkeit der D-A-CH-Region ist hoch, wie der Travel & Tourism Competitiveness Report 2019 belegt, den das WEF seit 2007 im Zweijahres-Rhythmus herausgibt: Deutschland rangiert dort weiterhin auf Rang 3, die Schweiz auf Platz 10 und Österreich auf Platz 11 (WEF 2019).

Deutschland behauptet 2020 zum vierten Mal in Folge die Spitzenposition im Nation Brands Index (NBI von Anholt-Ipsos) vor 49 weiteren Nationen. Zuvor landete Deutschland bereits 2008 und 2014 auf Rang eins. Die Schweiz rangiert 2020 auf Rang 7.

Deutschland führt als Reisedestination in Europa: 2019 übernachteten hierzulande 496 Mio. Gäste, gefolgt von Spanien mit 470 Mio., Frankreich mit 447 Mio., Italien mit 434 Mio. und Österreich mit 128 Mio. Reisenden (DZT 2020). Allerdings verzeichneten die deutschen Beherbergungsbetriebe im Jahr 2020 ein deutliches Minus von fast 40 %, sie konnten lediglich gut 300 Mio. Gästeübernachtungen verbuchen. Die Übernachtungen inländischer Gäste sank im Vergleich zu 2019 um gut ein Drittel, die Incoming-Übernachtungen fielen im gleichen Zeitraum sogar um knapp zwei Drittel. Auch in Österreich sank die Zahl der Übernachtungen in Beherbergungsbetrieben um etwa 55 %, in der Schweiz um 40 % (−15,8 Mio.) gegenüber 2019. Das Jahr 2021 verspricht kaum Besserung.

Die gesamte deutsche Reisebranche erreichte Statista-Schätzungen zufolge 2020 lediglich einen Umsatz von 26 Mrd. € im Vergleich zu ca. 59 Mrd. € in 2019 (−56 %). Es wird erwartet, erst im Jahr 2024 wieder das Niveau von 2019 zu erreichen. Der deutsche Reise Verband (DRV) gibt in seiner Presseerklärung vom 3.3.21 einen Rückgang von 54 % im Reisejahr 2019/20 (bis 31.10.) an. Von insgesamt 32 Mrd. € entfielen 12,5 Mrd. € (−65 %) auf die organisierten Reiseangebote. Die Ausgaben für selbstorganisierte Reisen sanken etwas geringer auf aktuell 19,5 Mrd. € (−43 %). Innerhalb Deutschlands waren die Nord- und Ostseeküste und Bayern am meisten nachgefragt.

Deutsche Reisende suchen während und nach der Coronapandemie vor allem Sicherheit, mehr Information, Flexibilität und Kulanz. Diese Wünsche kommen tendenziell Reisezielen in Deutschland und angrenzenden Ländern zugute, zumal hier auch keine Sprachbarrieren bestehen (vgl. Abb. 1.1). Auch wenn man die konkret erwarteten Aspekte bei Reisebuchungen betrachtet, ist erkennbar, dass die Kriterien am besten von der D-A-CH-Region zu erfüllen sind (vgl. Abb. 1.2).

Grundsätzlich führen die internationale Reisefreiheit und schnellere Transportmittel, die Digitalisierung mit grenzenlosem Internet und Mobilnetzen zu einer höheren Transparenz aller touristischen Angebote. Auch die Kosten der Raumüberwindung reduzieren sich bisher stark, sodass das Angebot der Destinationen einem überregionalen Wettbewerb ausgesetzt ist. Aber viele Menschen reagieren auch auf den Klimawandel und suchen nach CO_2-reduzierten Reiseangeboten – ein Vorteil für Nahziele.

Abb. 1.1: Wirkungen auf Reisepläne der Deutschen (FUR RA 2021)

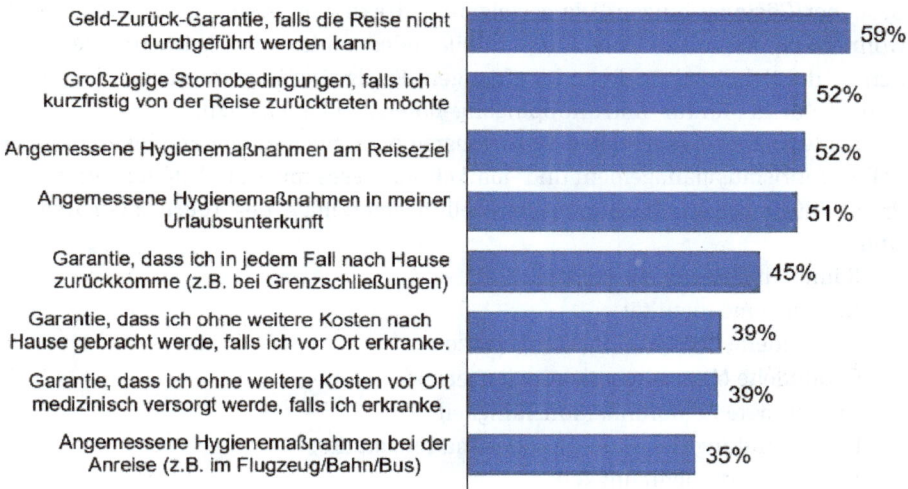

Frage: *Wenn Sie in Zukunft ein konkretes Reiseangebot buchen, auf welche dieser Aspekte werden Sie dann besonders achten?*
Basis: deutschsprachige Bevölkerung 18-75 Jahre; Quelle: RA 2021, Corona Recovery Modul 09/2020

Abb. 1.2: Kriterien für Urlaubsbuchungen der Deutschen (FUR RA 2021)

Die sehr hohe Mobilität (coronabedingt derzeit und in näherer Zukunft allerdings eingeschränkt) und die unbegrenzten Kommunikationsmöglichkeiten erweitern nicht nur den Horizont der Menschen. Viele Menschen nutzten bisher die vielfältigen Angebote nach neuen Reiseerlebnissen und Zielgebieten – damit entstand eine neue Qualität im Wettbewerb der touristischen Zielgebiete untereinander. Die höhere Anzahl der Touristen führte z. T. auch zu „Overtourism" und reduzierter Tourismusakzeptanz in besonders betroffenen Regionen. Angesichts der aktuellen Veränderungen geht es um nichts Geringeres als um die Zukunftsfähigkeit der Regionen in Zentraleuropa als touristische Zielgebiete.

In Mitteleuropa entfalten weitere „Megatrends" ihre Wirkung, wie der demografische und soziale Wandel (längere Lebenserwartung, sinkende Geburtenraten, Emigration, Immigration und Integration), ein deutlicher Wertewandel (Fairness, Nachhaltigkeit) sowie die Individualisierung. Die Risikoscheu vor zu vielen und engen Kontakten, der Wunsch nach Sicherheit und Sauberkeit/Hygiene wird Distanz bietenden Angeboten in nächster Zeit Auftrieb verleihen.

Touristische Orte und Regionen, die von den aktuellen Trends profitieren wollen, müssen angesichts knapper Kassen ihre touristischen Angebote kooperativ vermarkten. Regionales Destinationsmarketing wird zur Gemeinschaftsaufgabe aller Tourismusakteure der Regionen. Das regionale touristische Potenzial/Angebot muss aufgewertet, strategisch positioniert und vermarktet werden, um die Chancen durch neue Besucher/Gäste zu nutzen. Die gesteigerte Attraktivität kommt dann auch den Bewohnern der Region zu Gute. Ein profilbildendes touristisches Marketing der Regionen ist der Schlüssel zu deren langfristigem Erfolg. Der Tagestourismus mit seinen Naherholungs-, Kultur- und Shoppingangeboten zählt auch dazu.

Leider mangelt es in vielen Tourismusregionen noch immer an einem professionellen Tourismusmanagement und -marketing. Dieses muss auf Differenzierung und Profilbildung setzen. Wichtige Alleinstellungsmerkmale des Tourismusmarketings sind:
- Räumlicher Bezug zur Region
- Gemeinsame Identität
- Vorhandene Kooperationskompetenzen
- Gebündelte Managementkompetenzen
- Ausgeprägte Kommunikationsfähigkeit
- Markenbildung (Regions- bzw. Destinationsmarke)
- Fairness und Nachhaltigkeit

2 Begriffe und Grundlagen

Bevor wir tiefer in die Materie des Regionaltourismus als Gemeinschaftsaufgabe aller regionalen Tourismusakteure einsteigen, müssen grundlegende Begriffe erläutert und definiert werden. Dazu gehören auch der Begriff der Destination und die Unterscheidung zwischen Tourismus- und Destinationsmanagement/-marketing.

2.1 Regionen – Identitäten – Außensicht

Der Begriff der Region wird häufig verwendet, doch was genau ist denn eine Region? Ein Gebiet, ein geografisch umrissener Bereich, ein Küstenstreifen, ein Gebirge, ein Landkreis, ein Regierungsbezirk, ein Bundesland oder sogar aus globaler Sicht ein Staat bzw. eine Weltregion? Lässt sich eine Region geografisch, psychologisch, politisch oder anhand anderer Kriterien erfassen und beschreiben? Als homogene Regionen gelten Gebiete, die ähnliche Gegebenheiten aufweisen, wie beispielsweise geographische Beschaffenheit oder Historie. Bei anderen kann ein Zusammenschluss funktional sinnvoll sein.

Landkreise oder Regierungsbezirke zählen sicherlich zu solchen Gebieten – genauso wie kleinere oder auch größere abgegrenzte Gebiete, die als Regionen wahrgenommen werden. Dies gilt auch für eine Stadt mit Umland, eine Metropolregion, ein Bundesland (Kanton, Provinz), Staaten wie Deutschland, Österreich oder die Schweiz, die D-A-CH-Region oder Benelux, die EU oder ganz Europa, je nach Blickwinkel der Betrachter (Reisende/Touristen). Viele der genannten Regionen bilden eine Verwaltungseinheit und sind gleichzeitig Teil einer größeren (vgl. Abb. 2.1). Je größer eine Region, desto größer ist der politische Gestaltungsraum.

Muss ein Gebiet eine Mindestgröße aufweisen, um als Region bezeichnet zu werden? Welche Größe sollte es nicht überschreiten, damit die Konturen in der Außensicht nicht unscharf werden? Regionen sollten für Reisende ein homogenes, konsistentes Bild abgeben und ein gemeinsames, attraktives Image aufweisen.

Es gibt einige objektive Gründe, weshalb Regionen zukünftig wichtige Bezugseinheiten sein werden:
- EU-Staaten gaben viele Gestaltungskompetenzen an die EU ab
- Bundesländer, Kantone oder Provinzen sind nur bedingt geschlossene touristische Zielregionen
- Viele Gemeinden sind zu klein, allenfalls Großstädte und prägnante Regionen sind für Touristen/Reisende attraktiv
- Viele Gemeinden und Städte verfügen allein nicht über ausreichende Mittel und ein nennenswertes Marketingbudget

https://doi.org/10.1515/9783486849424-002

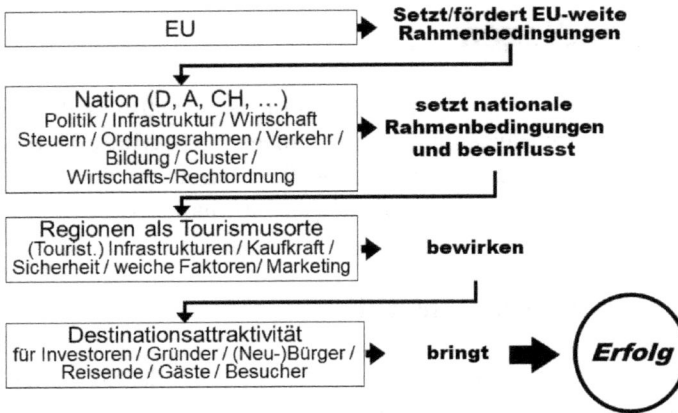

| EU | Setzt/fördert EU-weite Rahmenbedingungen |

```
┌──────────────────────────────────┐    ┌──────────────────────────────┐
│              EU                  │ ▶  │ Setzt/fördert EU-weite       │
│                                  │    │ Rahmenbedingungen            │
└──────────────────────────────────┘    └──────────────────────────────┘
```

Nation (D, A, CH, …)
Politik / Infrastruktur / Wirtschaft
Steuern / Ordnungsrahmen / Verkehr /
Bildung / Cluster /
Wirtschafts-/Rechtordnung

setzt nationale Rahmenbedingungen und beeinflusst

Regionen als Tourismusorte
(Tourist.) Infrastrukturen / Kaufkraft /
Sicherheit / weiche Faktoren/ Marketing

bewirken

Destinationsattraktivität
für Investoren / Gründer / (Neu-)Bürger /
Reisende / Gäste / Besucher

bringt ➡ *Erfolg*

Abb. 2.1: Staatliche Einflüsse auf touristische Regionen (nach Wiesner 2013, S. 20)

Ein Blick in Wörterbücher klärt auf, dass sich der Begriff Region vom Lateinischen „regio" herleitet und Gegend oder Bereich bedeutet. Wie groß dieser Bereich oder diese Gegend üblicherweise ist, bleibt offen. Allerdings handelt es sich i. d. R. um ein zusammenhängendes Gebiet.

Ist die Größe überhaupt relevant oder ist es eher die regionale Identität, ein Zusammenhalt der Bevölkerung? Auch bei diesem Kriterium kommt man kaum zu eindeutigen Abgrenzungen. Manch einer sagt: „Kommt er/sie nicht aus der Gegend hinter dem Wäldchen"? Bietet ein solch relativ kleines Gebiet den Bewohnern eine regionale Identität? Vielleicht nicht die wenigen Häuser hinter dem Wäldchen aber sicher ein Wohnviertel, ein Quartier, ein Stadtteil oder eine Innenstadt. Sie alle sind Teile einer Stadt oder Gemeinde, die häufig Stadtmarketing, ggf. auch City- oder Stadtteilmarketing, aber meist kein Regionalmarketing betreibt. Touristisch dürfte ein solches Viertel meist wenig relevant sein. Also sollte eine Region zumindest überörtlichen Charakter haben und nicht zu klein sein, damit sie ein gewisses touristisches Mindestpotenzial bietet.

Welche touristischen Regionsbezeichnungen sind uns geläufig? Afrika oder Australien, Mittel- oder Südeuropa, Skandinavien oder die iberische Halbinsel, Spanien oder Italien, Süd- oder Norddeutschland, Bayern oder Tirol, der Teutoburger Wald oder die Rhön, Sylt oder Rügen. Bei den genannten handelt es sich zweifelsfrei um eingrenzbare touristische Regionen oder Gebiete, wenn auch von deutlichem Größenunterschied. Konkret kommt es dabei auf die Sichtweise des Reisenden und seine Erfahrung an (vgl. Abb. 2.2 und 2.3).

Die ETC bewirbt beispielsweise mit ihrem Marketingportal „visiteurope.com" Europa als touristische Region, was sicherlich Besucher aus den USA, Japan oder China auch so sehen. Offensichtlich ist die Größe einer Destination aus der Sicht Reisender von der Entfernung dorthin abhängig (vgl. Abb. 2.2 und 2.3). Also sind offensichtlich

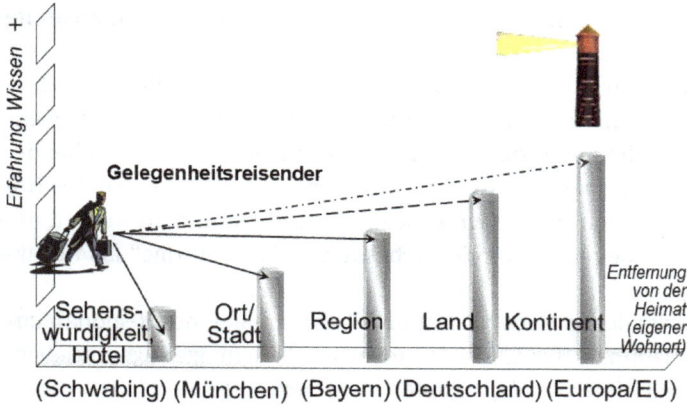

Abb. 2.2: Wahrnehmung unterschiedlich entfernter Zielregionen (nach Wiesner 2013, S. 21)

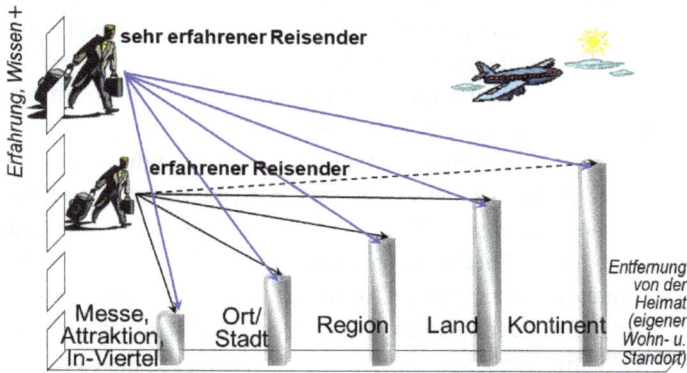

Abb. 2.3: Erfahrung verändert Blickwinkel und Zielregionskenntnis (nach Wiesner 2013, S. 22)

je nach Entfernung und Perspektive der Reisenden Europa, Deutschland, Bayern, die Rhön oder Sylt gleichermaßen touristische Zielregionen. Je erfahrener ein Reisender ist, desto genauer wird er in einem anderen Kontinent oder Land einzelne Regionen oder Städte, vielleicht sogar bekannte Stadtteile oder Attraktionen wahrnehmen und auswählen (vgl. Abb. 2.3). Die Raumwahrnehmung der Reisenden hängt also von der Reisedistanz, ggfs. auch vom Reiseziel ab.

Betrachtet man die Region Bodensee, wird eine regionale Eingrenzung etwas schwieriger: Ist damit nur die Uferregion, das Gewässer selbst oder das Einzugsgebiet in einem oder allen drei angrenzenden Ländern gemeint? Noch komplizierter wird es bei einer großen Region wie den Alpen oder der Ostsee. Müssen Regionen geografisch klar abgegrenzte Verwaltungseinheiten sein (vgl. Abb. 2.1) oder gibt es auch Regionen ohne einheitliche Verwaltung? Das Siebengebirge, die Eifel, die Alpen oder der Bodensee sind zweifelsfrei auch ohne einheitliche Verwaltungsstrukturen anerkannte touristische Regionen bzw. Destinationen.

Regionen lassen sich also grundsätzlich nach unterschiedlichen Kriterien abgrenzen, z. B. nach politischen und touristischen Strukturen, nach natürlichen Gegebenheiten oder kulturhistorischen Aspekten, als Planungseinheiten (Regionalverbände, -räte ...) sowie nach ökologischen oder (psycho-)sozialen Zusammenhängen. Die Homogenität einer Region ist von wesentlicher Bedeutung, insbesondere wenn diese auch Sicht der Reisenden betrachtet werden – bekannte „Leuchttürme" als Attraktionen sind hilfreich.

Bereits vor der tatsächlichen Entwicklung und Anwendung eines Regionalmarketings wurde Regionen oftmals (bewusst oder unbewusst) ein Image zugeschrieben, welches sich in der Gesellschaft oder bestimmten Zielgruppen etabliert hatte. Dieses bereits vorhandene Bild sollte im Prozess des regionalen Tourismusmarketings aufgenommen, analysiert und ggfs. in die Positionierung und Markenbildung einbezogen werden. Die regionale Zusammenarbeit erfordert die Verzahnung der unterschiedlichen touristischen Akteure und die Schaffung einer Plattform, auf der diese Zusammenarbeit koordiniert und vorangetrieben wird (vgl. Kap. 3).

Für Touristen ist es nicht nur wichtig in welche landschaftliche Region sie fahren, die Wahl wird auch von der in der Zielregion gelebten Alltagskultur beeinflusst: Typische Spezialitäten sind ein fester und wichtiger Bestandteil der Entscheidung für eine Zielregion. Abgesehen von den kulinarischen Erlebnissen vor Ort, sollen auch Souvenirs und regionale Spezialitäten als positive Erinnerung nach Hause mitgenommen werden können. Neben diesen neuen Entwicklungen touristischer Wünsche sind die Besuche von Museen, Denkmälern oder sonstigen Sehenswürdigkeiten weiterhin ein wichtiger Entscheidungsfaktor. Der Zugang zu Informationen darüber sollte auch im Rahmen des Destinationsmarketings möglich sein.

Regionen sind Heimat für Menschen und bieten Verbundenheit bzw. Loyalitäten sowie Geschichts- und Traditionsbewusstsein. Sie stellen also auch psychosoziale Werte der dort lebenden Bürger im Sinne von Commitment bzw. Selbstbindung dar und bieten diesen Orientierungshilfen und Identifikationsmöglichkeiten. Es entsteht ein Zugehörigkeitsgefühl zu einer Region, eine regionale Identität. Ist diese Identitätsbildung stark, entsteht eine Differenzierung zu den Identitäten anderer Regionen mit einer klaren Profilierung.

Die Region als Heimat verspricht sogar einen gewissen Schutz vor unbekannten Einflüssen. Regionale Verbundenheit und regionale Nähe (zum Kunden/Gast) schützen in gewisser Art und Weise vor den Folgen der Globalisierung: Wer seine (Dienst-)Leistungen nur regional anbietet, hat also gewisse Vorteile. Aus diesem Grund sind regionale (Lebensmittel-)Spezialitäten bei den Verbrauchern immer beliebter: Man weiß oder glaubt zu wissen, woher sie kommen und wie sie hergestellt wurden. Man könnte von einer Renaissance des Regionalen in einer unsicheren globalen Welt sprechen.

In Regionen, in denen man sich zu Hause fühlt, möchte man immer wiederkommen. Sie definieren sich meist über:

- Werte
- Personen
- Sprache
- Regionale Produkte
- Regional verankerte Marken und Unternehmen
- Regionale Attraktionen
- Vertrautheit und Sicherheit

Regionen können sich geografisch überlagern, wie z. B. im Fall von Lippe, dem Teutoburger Wald, dem Regierungsbezirk OWL (Ostwestfalen-Lippe), Westfalen, NRW und Deutschland sowie ggfs. noch mit der EU bzw. Europa (www.visiteurope.com). Auf allen diesen unterschiedlich großen regionalen Ebenen bilden sich Identitäten und somit lassen sich diese identitätsstiftenden Gebiete jeweils als touristischer Standort oder Destination vermarkten. Allerdings bilden sich nicht auf der Ebene aller Bundesländer Identitäten. So wird sich kaum jemand als Nordrhein-Westfale oder Baden-Württemberger bezeichnen, doch eher als Schwabe, Badener, Rheinländer oder Westfale. Selbst in Bayern haben viele (Unter-, Ober-, Mittel-)Franken ein Problem, sich mit dem Bundesland zu identifizieren, zumal auch außerhalb Bayerns Franken leben.

Hier betrachtete Regionen sollten grundsätzlich in der Lage sein, Potenziale zu bieten und (touristische) Standortbedingungen zu beeinflussen, daher sollten sie über entsprechende Befugnisse verfügen und dürfen sie nicht zu klein sein. Allerdings lassen sich meistens nicht alle Rahmenbedingungen bzw. Attraktivitätskriterien durch eine Region allein festlegen, sie werden in unterschiedlicher Intensität durch höhere regionale Ebenen vorgegeben bzw. beeinflusst (vgl. Abb. 2.1).

Trotz häufig sich überlagernder Regionen mit eigenen Marketingaktivitäten findet offensichtlich i. d. R. keine ineffiziente Doppelvermarktung statt. Alle unterschiedlichen Marketingorganisationen vermarkten nämlich jeweils eine andere Leistung bzw. ein anderes (touristisches) Angebot unter einer anderen Marke und oftmals auch an unterschiedliche Zielgruppen gerichtet. Je weiter die Zielgruppen von einer Region entfernt sind, desto weniger nehmen sie kleinere Regionen war (vgl. Abb. 2.3). Trotz dieser banalen Erkenntnisse gibt es zwischen den unterschiedlichen Trägern des Regional- oder Tourismusmarketings nicht selten Animositäten und lokale Rivalitäten.

Gelegentlich treten inzwischen auch Städtenetze (z. B. Sächsisch-Bayerisches Städtenetz, die Historic Highlights of Germany, die länderübergreifende QuattroPole, die 9 Städte in Niedersachsen) oder touristische Routen (z. B. Burgenstraße, Route der Industriekultur im Ruhrgebiet oder die überregionale Initiative European Route of Industrial Heritage – ERIH) als regionale Kooperationen auf. Sie vermarkten ein eigenständiges touristisches Angebot mit differenziertem Image und nicht selten an eigenständige Zielgruppen.

2.2 Tourismus und Tourismuspolitik

Als Tourismus wird das Verreisen bzw. Verlassen des Wohnortes bezeichnet, um eine bestimmte Zeit an einem anderen entfernten Ort zu verbringen, und die spätere Rückkehr an den Heimatort (vgl. Abb. 2.4). Bei Rundreisen kann es auch mehrere Zielorte geben. Relevant ist, dass der Ortswechsel nur vorübergehend stattfindet, dass eine bestimmte Entfernung überbrückt wird und dass dabei mindestens eine Übernachtung stattfindet. Andernfalls spricht man von Naherholungs- oder Ausflugsverkehr bzw. Tagesreisen oder -ausflügen.

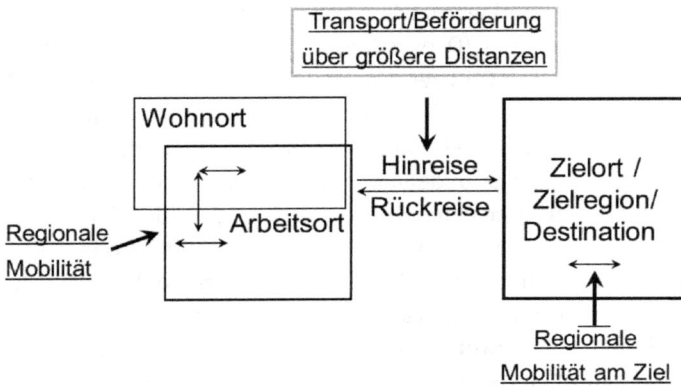

Abb. 2.4: Bestimmungsfaktoren des Tourismus (Wiesner 2016-2, S. 19)

Motive für Reisen können sowohl privat als auch geschäftlich oder eine Kombination aus beidem sein. Privat motivierte Reisen können z. B. Urlaubsreisen, Sightseeing- oder Naturreisen, Kultur- oder Eventreisen, Bildungs- oder Sportreisen, Erholungs- bzw. Kuraufenthalte, Verwandten- und Bekanntenbesuche, Freizeit- und Vergnügungsreisen, Bade- oder Erlebnisreisen, Genuss- oder Shopping-Reisen sein. Man unterscheidet je nach Transportmittel zwischen Flug-, Bahn-, Bus-, Auto-, Motorrad-, Fahrrad- oder Schiffsreisen. Messe-, Kongress- oder Tagungsreisen haben häufig einen geschäftlichen, gelegentlich auch (zusätzlich) einen privaten Anlass (= Aktentaschentourismus).

Nach der UNWTO-Definition umfasst „Tourismus" alle Aktivitäten von Personen, die an Orte außerhalb ihrer gewohnten Umgebung reisen und sich dort zu Freizeit-, Geschäfts- oder bestimmten anderen Zwecken (z. B. Besuchen) nicht länger als ein Jahr ohne Unterbrechung aufhalten.

Diese sehr weite Tourismusverständnis wird nicht von allen Akteuren im Tourismus geteilt. Vielfach sprechen diese nur dann von Tourismus (vgl. Abb. 2.5), wenn mindestens eine Übernachtung erfolgt (also ohne Tagesausflüge) und eine gewisse Mindestdistanz zwischen Wohn- und Zielort/-region liegt (also ohne Naherholung,

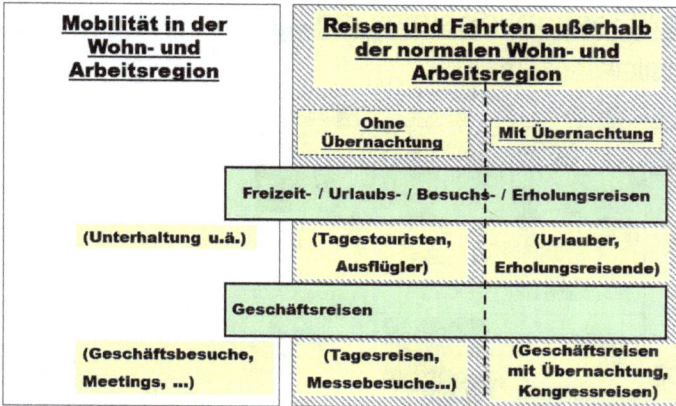

Abb. 2.5: Arten des Reisens (Wiesner 2016-2, S. 21)

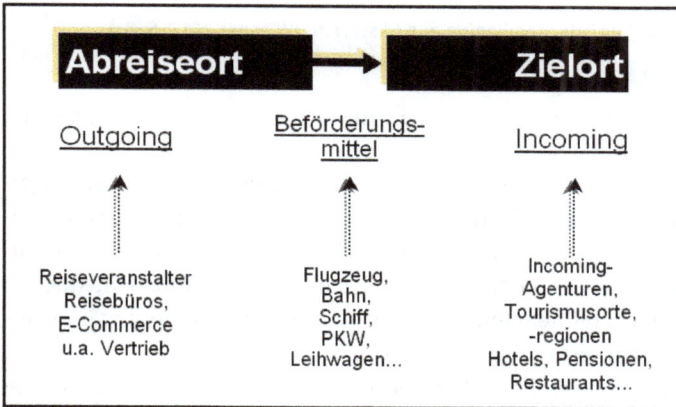

Abb. 2.6: Elemente und Perspektiven des Tourismus (Wiesner 2016-2, S. 22)

Ausflug oder Einkaufs- bzw. Theaterbesuch in der Nachbarregion). Schätzungsweise werden in Deutschland ca. 3,5 Mio. Tagesreisen unternommen, die den Zielgebieten immerhin fast 100 Mrd. € Umsatz bringen, also ein nicht zu vernachlässigender Faktor in der Tourismuswirtschaft (DZT 2020).

Tourismus hat unterschiedliche Sichtweisen, nämlich die des vom Wohnort Wegreisenden (Outgoing) und die des aufnehmenden Empfängers (Incoming) in der Zielregion. Je nach Standpunkt erbringen dabei unterschiedliche Tourismusdienstleister ihre Leistungen (vgl. Abb. 2.6).

Eine Destination ist eine geografisch eingrenzbare und zusammenhängende Region, die Menschen als Reiseziel wählen und dort i. d. R. auch übernachten. Eine solche touristische Region verfügt über sämtliche für einen (ggf. längeren) Aufenthalt notwendigen Einrichtungen zur Beherbergung und Verpflegung, zur Unterhaltung

Abb. 2.7: Gesamtleistung einer touristischen Region aus Gästesicht (Wiesner 2013, S. 31)

und Zerstreuung, zum Shoppen und Sightseeing, zum Genießen und Wohlfühlen etc. (vgl. Abb. 2.7).

Das Angebot einer Destination wird von sehr unterschiedlichen Akteuren erbracht, die teils der Privatwirtschaft (Betriebe), teils dem staatlichen Sektor (Verwaltung, Institutionen und öffentliche Betriebe) oder privaten NPOn (Vereine) zuzuordnen sind. Aus diesem Grund ist nicht immer sichergestellt, dass alle unterschiedlichen Akteure einer Region gleichgerichtete Interessen hinsichtlich Positionierung und Vermarktung als Destination haben.

Touristische Regionen umfassen nicht nur bestimmte natürliche Vorzüge, touristische Infrastrukturen und Einrichtungen, sondern auch den Wohn- und Lebensraum der ansässigen Bevölkerung (Heimat, Kultur, Sport ...). Sie sind nicht nur Standort für touristische Anbieter sondern auch für andere Wirtschaftsunternehmen. Im besten Fall ist eine touristische Region auch ein geschlossener Verwaltungsraum mit politischen Gestaltungsmöglichkeiten.

Das Angebot einer Tourismusregion lässt sich nach überregional vorgegebenen Rahmenbedingungen, ursprünglichen Gegebenheiten, künstlich geschaffenen Infrastrukturen, touristischen Services und tourismusbeeinflussenden Faktoren unterscheiden. Vielfach sind die gleichen Faktoren für alle Regionszielgruppen relevant, wie beispielsweise Gastronomie, Unterhaltung, Kultur- oder Freizeitangebote.

Unterschiedliche Tourismusdienstleister (auch wenn ggfs. Teilleistungen von einem Reiseveranstalter gebündelt werden) erbringen ihre jeweiligen Leistungen, um Reisende zum Zielort, wieder zurück und vor Ort zu transportieren, zu beherbergen, zu beköstigen, zu unterhalten oder zu vergnügen etc. Aus der Sicht der Reisenden bilden die einzelnen Leistungen einer regionalen Destination eine Gesamtleistung, die gemeinsam bewertet wird und so ein bestimmtes Image erhält. Im besten Fall entsteht ein Markenbild in der Vorstellung der Zielgruppen (vgl. Abb. 2.7).

Regionale Gebietskörperschaften können die Rahmenbedingungen über eine nachhaltige Destinationspolitik (ggfs. als Teil einer übergeordneten nationalen oder europäischen Tourismuspolitik) positiv beeinflussen oder gestalten. Mittels diverser Methoden der Zukunftsforschung lassen sich touristische Entwicklungsszenarien einschätzen und wahrscheinliche Vorhersagen treffen, so dass wirkungsvolle Strategien in Abstimmung mit anderen wichtigen Akteuren der Region ergriffen werden können.

In Deutschland wird die Tourismus- und Wirtschaftsförderung vor allem durch die Bundesländer getragen. Finanziell betrachtet engagiert sich auch die Bundesregierung, so werden wichtige Aufgaben werden als Gemeinschaftsaufgaben von Bund und Ländern abgewickelt. Die konkrete Durchführung der Tourismusförderungsmaßnahmen wird i. d. R. speziellen Institutionen übertragen.

Die Tourismuspolitik wird insbesondere gestaltet/getragen durch:
- (Über-)staatliche Träger
  - UN-Organisation UNWTO
  - EU-Kommission, Ausschuss der Regionen, Europäischer Wirtschafts- und Sozialausschuss, EU-Strukturfonds, ETC
  - Wirtschaftsministerien
  - Ministerien der Bundesländer und deren Initiativen wie Tourismus NRW e. V. oder die Tourismus Agentur Schleswig-Holstein
  - Regionale Gebietskörperschaften und deren Tourismusförderungen
  - Verwaltungen und Ämter der Kommunen
- Public Private Partnerships
  - DZT
  - Destinationsorganisationen/DMO
- Verbände/Vereine
  - Tourismusverbände verschiedener Ebenen (BTW, DTV, DHV, DEHOGA ...)
  - Mobilitätsverbände (ADAC, ADFC, IATA ...)
  - Andere Verbände (EFCT ...)
  - Werbegemeinschaften

Zu kleine räumliche Einheiten haben aber kaum Möglichkeiten, die touristischen Rahmenbedingungen maßgeblich zu gestalten, dies gilt ebenso für Regionen (z. B. Eifel) oder Kooperationen (z. B. Magic Cities), die nicht identisch mit Gebietskörperschaften sind. Auch sehr große Regionen (Bundesländer) haben es schwer, den Tourismus akzentuiert zu gestalten und einheitlich zu handeln. Oft bestehen Zielkonflikte und die Wirkungszusammenhänge der vielfältigen Stakeholdereinflüsse führen zu einer steigenden Komplexität, ggfs. sogar zu unauflösbaren Widersprüchen.

Die grundsätzlichen Rahmenbedingungen werden auf der Bundes- und allenfalls auf der Länderebene gesetzt, während die konkrete Umsetzung und Ausgestaltung der Tourismus-/Destinationspolitik meist auf der Ebene der Regionen/Kreise oder Städte erfolgt. Ähnlich verhält es sich mit der Raum- und Landesplanung (Raumordnung). Diese ist übergeordnet, hat also als nationale oder Landesplanung (z. B. Metropolregionen, Regierungsbezirke) Vorrang vor Planungen der Kommunen.

Es gibt Investitonsförderungen für Existenzgründer sowie kleine und mittlere Unternehmen (KMU) der Tourismusbranche über das European Recovery Programm (ERP). Über das ERP-Regionalförderprogramm können Angehörige der Freien Berufe und mittelständische Unternehmen zinsgünstige Kredite erhalten. Über die Gemeinschaftsaufgabe von Bund und Ländern zur „Verbesserung der Regionalen Wirtschaftsstruktur" (GA) sollen mittels regionaler Beihilfen Standortnachteile in strukturschwachen Regionen und deren Entwicklungsrückstände ausgeglichen werden. Mit Hilfe von Investitionszuschüssen können die Strukturverbesserung und Entwicklung strukturschwacher Räume gefördert werden.

Auch die EU stellt Mittel zur Förderung mittelständischer Unternehmen und zur (touristischen) Strukturförderung zur Verfügung. Instrumente sind u. a. der Europäische Fonds für regionale Entwicklung (EFRE), der Europäische Sozialfonds (ESF) und der Europäische Landwirtschaftsfonds für die Entwicklung des ländlichen Raums (ELER). Über diese werden z. B. die EU-Gemeinschaftsinitiativen „Interreg" (grenzüberschreitende Zusammenarbeit) oder „Leader+" (lokale Entwicklung) finanziert. Das Kompetenzzentrum Tourismus des Bundes bietet eine tourismusspezifische Übersicht über aktuelle Fördermöglichkeiten. Tourismus- und unternehmensspezifische Beratungen sind ein weiterer Erfolgsgarant für attraktive (touristische) Standorte (vgl. auch Abb. 2.8)

Weitere wichtige Parameter liegen beispielsweise im Angebot von Kurparks, touristischen oder Sportanlagen, Sehenswürdigkeiten und Einkaufsmöglichkeiten sowie weicher Faktoren, die die Attraktivität und Lebensqualität eines touristischen Standorts ausmachen. Dazu zählen auch der Aufbau von Branchennetzwerken und ein touristisches Clustermanagement. Ein gut ausgestattetes Tourismusmanagement bedarf

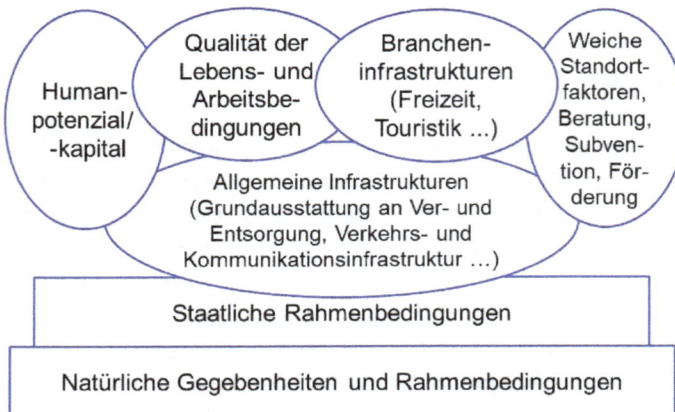

Abb. 2.8: Erfolgsparameter des Regions- oder Destinationsmanagements (Wiesner 2021 -1, S. 33)

professionell agierender, unternehmerisch planender Menschen und Strukturen sowie der Unterstützung aller relevanten politischen und wirtschaftlichen Partner (vgl. Kap. 3).

2.3 Touristische Standortfaktoren und Angebote

Menschen, die privat unterwegs sind, wollen meist in eine angesagte oder attraktive Reiseregion reisen. Die präferierten Regionen weisen aufgrund entsprechender Ausrichtung/Planung mehr oder weniger umfangreiche touristische Infrastrukturen und Angebote der Touristikbetriebe oder Destinationsorganisationen auf. Geschäftsreisende wählen Zielorte, in denen ihre Geschäftspartner tätig sind oder wichtige Messen und Kongresse veranstaltet werden.

Touristische Zielgebiete/Destinationen stellen üblicherweise, ähnlich wie Wirtschaftsstandorte, eine Synthese mehrerer natürlicher (Ressourcen) und/oder durch Menschen gestalteter Einzelfaktoren dar, die sich zu einem mehr oder minder harmonischen und klaren Gesamtbild mit einem unverwechselbaren touristischen Profil ergänzen, im besten Fall attraktiv für die jeweiligen Zielgruppen. Zusammen mit vielen zielgruppengerechten Dienstleistungen entstehen so ein oder mehrere Leistungsbündel, die das Interesse ausgesuchter Zielgruppen wecken sollen (vgl. Abb. 2.8). Ein touristisches Zielgebiet muss Attraktionen und Annehmlichkeiten aufweisen sowie An- und Abreiseinfrastrukturen bieten, um Gäste für sich zu gewinnen.

Jede touristische Region stellt also ein Leistungsangebot auf Basis der Standortgegebenheiten dar. Gleichzeitig ist sie ein touristisches Anbieternetzwerk, aber auch Vermarkter sowie zumindest in Teilen Nutznießer dieses Angebots. Um erfolgreich zu sein, ergibt sich eine komplexe Managementaufgabe: Diese kann durch ein Tourismus- oder Destinationsmanagement, aber auch durch ein umfassendes Standortmanagement oder eine Marketingorganisation (DMO, s. Kap. 3.5) erfolgen.

Grundvoraussetzungen jedes Destinationsangebots sind zunächst die natürlichen Gegebenheiten durch Landschaft, Vegetation, Gewässer, (Heil-)Quellen, Rohstoffe, wirtschaftlich oder touristisch nutzbare Landflächen, das Klima und die Lage (Gebirge, Fluss oder Meer, Insel ...). Die Lage bestimmt u. a. Erreichbarkeit und Rahmenbedingungen.

Zu den überregional/national vorgegebenen Rahmenbedingungen zählen die Verfassung, Wirtschaftsordnung, Rechtsordnung und Gerichtsbarkeit, innere und äußere Sicherheit, Steuern, Zölle, Sozialabgaben/-politik, Geldwertstabilität u. ä.

Darauf basieren allgemeine Grundinfrastrukturen sowie das Stadtbild, die sowohl Touristen als auch Einwohner schätzen. Dazu zählen Verkehrswege/-flächen wie Straßen, Fuß- und Radwege, Parkplätze/-häuser oder Campingmobil-Stellplätze, Verkehrsknotenpunkte wie Bahnhöfe, S- und U-Bahn- sowie Busbahnhöfe, Flughäfen, See- und Flusshäfen oder Anlegestellen an Flüssen, Kanälen und Seen. Breitbandleitungen für Telefon, (schnelles) Internet, Fernsehen etc. stehen allen Nutzern genauso zur Verfügung wie Strom-, Gas- und Wasserversorgung, Müll- und Abwasserentsorgung. Auch Bildungs- und Kulturinstitutionen sind dazuzurechnen.

Das Humankapitel ist wichtig, weil erst durch vorhandene Arbeitskräfte und Unternehmer/Gründer touristisches Agieren möglich wird. Das soziale Miteinander ermöglicht Kooperationen und Innovationen. Gleichzeitig sind die Menschen an einer Destination mit ihrer Sprache/Mundart, Kultur und Brauchtum die Basis für das von Touristen geschätzte Flair, die Gastfreundschaft und Offenheit einer Region – alles beeinflusst auch die Lebensqualität der Regionsbewohner.

Lebensqualität ist ein „öffentliches Gut". Es basiert auf den objektiven Lebens- und Arbeitsbedingungen des Standorts, wird aber vor allem durch soziale Faktoren, wie Gesundheit, Freizeit, Sicherheit, relatives Einkommen und Bildung bestimmt.

Touristische Infrastrukturen fördern den Branchenerfolg und ermöglichen den Aufbau von touristischen Clustern. Zu den Freizeit- und Tourismusinfrastrukturen zählen Bäder, Skilifte, Wellness- und Sportanlagen, Park- und Kuranlagen, Zoos, Wanderwege, Gastronomie, Galerien, Museen, Geschäfte und Restaurants, schnelles Internet, freie Grundstücke oder Bebauungspläne. Die vielseitige Infrastruktur dient gleichzeitig sowohl den Gästen als auch den Einwohnern der Region.

Zu den sogenannten weichen touristischen Standortfaktoren zählen gleichermaßen bürgernahes, touristikfreundliches und effektives Verwaltungshandeln, eine erfolgreiche Netzwerk- und Standortpolitik, Veranstaltungen und Events, Aus- und Weiterbildungsmöglichkeiten, Einkaufs- und Gesundheitsangebote, Sauberkeit und Hygiene sowie eine niedrige Kriminalitätsrate.

Für das Tourismusmanagement spielen auch die Gründungs-, Förder- und Ansiedlungsberatung, vergünstigte Grundstücke/Erschließungen, ggfs. weitere Subventionen und Steuervergünstigungen, die Netzwerk-, Cluster- und Innovationsförderung eine große Rolle. Dies alles kommt auch den Tourismusbetrieben zugute oder beschränkt diese ggfs. wegen ihrer Standortgebundenheit.

Die wirtschaftliche Prosperität von Regionen entsteht nicht zufällig, sie ist stets das Ergebnis positiver Rahmenbedingungen und aktiven wirtschafts- und tourismuspolitischen Agierens. So wird der Destinationswettbewerb selbst zwischen Nachbarkreisen immer aktiver und notwendigerweise professioneller. Aber auch größere Regionen, Bundesländer oder sogar Nationen stehen im Wettbewerb um Tourismusunternehmen oder Reisende und versuchen sich daher als attraktive Destinationen zu positionieren (vgl. Abb. 2.11).

Der Tourismus verbessert die Ausstattung jeder Region mit begehrten und interessanten Infrastrukturen und Angeboten sogenannter weicher Standortfaktoren. Mit ihnen lässt sich die Attraktivität jeder Region auch als Wohn- und Wirtschaftsstandort deutlich steigern (vgl. Abb. 2.9).

Alle Regionen müssen sich verstärkt um ihre vorhandenen Touristikbetriebe, um Neuansiedlungen und Neugründungen, aber auch um qualifizierte Mitarbeiter kümmern – gleiches gilt für Bildungsinstitutionen und touristische Verbände. Jene Regionen, die davor die Augen verschließen, passiv bleiben und nicht mit einem Mindest-

Der Tourismus **verbessert** die
Infrastrukturausstattung,

... wirkt als **Stabilisator**
oder gar Motor **der**
Regionalentwicklung,

Beitrag
zum Volks-
einkommen

Kommunale
Steuer-
einnahmen

Kaufkraftbindung
der Bevölkerung

Arbeitsplätze
aller Quali-
fikations-
stufen

Wohnwert-
steigerung

Erhöhung
Bekannt-
heitsgrad

Effekte

Beherbergung

Erhöhung Freizeitwert
& Lebensqualität der
Bevölkerung

Baugewerbe

**Attraktivitäts-
effekte**

Einzelhandel

höhere Identifikation
der Bevölkerung
mit der Region

Dienstleister

Image-
verbesserung

Land-
wirtschaft

**Umsatz- &
Einkommens-
effekte**

Bewältigung der
Folgen des demo-
grafischen Wandels

Schwimmbäder

Gastronomie

Rad-,
Wanderwege

Kurparks

Verringerung
Saisonalität

Vielfalt Hotellerie,
Gastronomie

**Infra-
struktur-
effekte**

Erhöhung
Auslastung
ÖPNV

**Standort-
effekte**

Erhöhung
Standortgunst für
Unternehmens-
ansiedlungen

Verbesserung Infra-
strukturausstattung:
Einzelhandel, Kultur,
Freizeit etc.

Events

Museen

... **erhöht** die
Attraktivität der Orte,

Wirtschaftsförderung

und **stärkt** die **regionale**
Standortqualität!

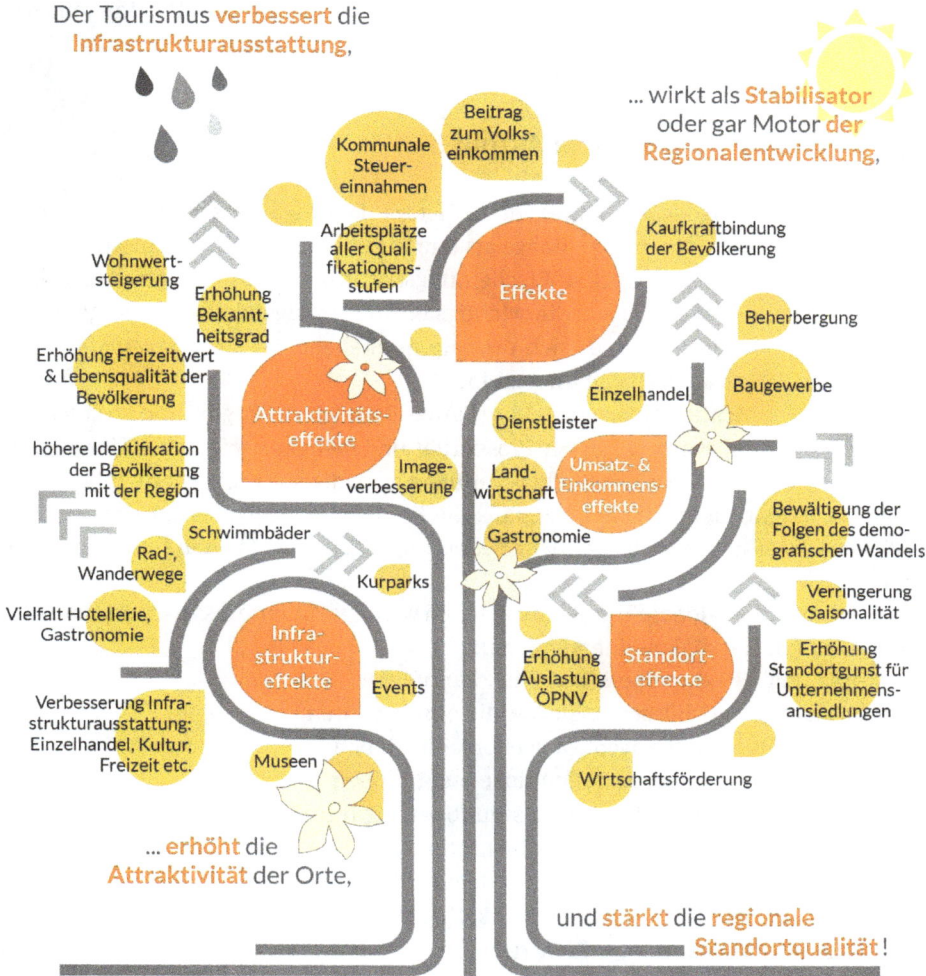

Abb. 2.9: Tourismus stärkt Regionen (dwif 2017)

maß an Professionalität agieren, laufen Gefahr, in ihrer touristischen Attraktivität und
Wohlstandsentwicklung zurückzubleiben. Gefragt ist eine integrierte Ansprache aller
(interessanten) Zielgruppen, der (potenziellen) Gäste und andere Stakeholder.

Das Destinationsangebot wird von sehr unterschiedlichen Akteuren erbracht, die
teilweise der Privatwirtschaft (Betriebe und NPOn/Vereine) und teilweise dem staatlichen Sektor (Verwaltung und öffentliche Betriebe) zuzuordnen sind. Diese Angebote
müssen koordiniert, organisiert, gefördert und vermarktet werden, eine strategisch-
unternehmerische Aufgabe. Leider ist nicht immer sichergestellt, dass alle Akteure einer Region gleichgerichtete Interessen hinsichtlich der Positionierung und Vermark-

tung als Destination verfolgen – im Rahmen des Tourismus- oder Destinationsmanagements muss ein Konsens bzw. Interessenausgleich gefunden werden.

2.4 Regionale touristische Akteure

In einer Region tragen alle interessierten Netzwerkpartner, einschließlich der Einwohner, zum wahrgenommenen Image als touristisches Zielgebiet bei. Diese machen das besondere, ggfs. einzigartige Erscheinungsbild für reiseinteressierte Menschen aus. Daher muss der Blick auf die wichtigsten imageprägenden Akteure gerichtet werden – bei ihnen handelt es sich um interne Stakeholder einer Destination, sie verfolgen meistens auch eigene Interessen.

Besonders wichtige Akteure sind die (Partei-)Politiker der Region, die an guten Lebensbedingungen, wirtschaftlicher Prosperität und stetigen/steigenden Einnahmen interessiert sind. Über großen Einfluss verfügen auch diverse organisierte Interessengruppen, in manchen Gebieten ebenfalls die Kirchen. Bestehende Betriebe, Banken und Sparkassen haben wirtschaftliche Bedeutung. Presse und Medien sind meinungsbildend.

Folgende für regionale Tourismusregionen wichtige Akteure lassen sich (ohne Anspruch auf Vollständigkeit) identifizieren:
- Kommunal-/Regionalpolitiker, Räte, Parlamente
- Landräte, (Ober-)Bürgermeister, Ministerpräsidenten
- Parteien, Bürgerinitiativen, Umweltorganisationen
- Behörden, Verwaltungen, öffentliche Institutionen
- Schulen und (Weiter-)Bildungsinstitutionen für Tourismus
- Hochschulen und Wissenschaftsinstitutionen
- Ansässige und sich potenziell ansiedelnde Betriebe
- Kammern, Tourismusverbände, Marketingvereinigungen
- Destinations-, Standort- und Wirtschaftsförderungsinstitutionen (privat, öffentlich, PPP)
- Tourismusorganisationen, Fremdenverkehrsämter
- Medien und Presse
- Religiöse Gemeinschaften und Kirchen
- Naturschutz-, Forstwirtschafts- und Landwirtschaftsinstitutionen
- Hotels und andere Beherbergungsbetriebe
- Gastronomie: Restaurants, Gasthöfe, Cafés, Bars, Imbisse etc.
- Verkehrsunternehmen des Bus-, Bahn-, Flug-, Schiffs- und Fährverkehrs, Autovermietungen, Taxiunternehmen, Carsharing etc.
- Tourismus-, Sport- und Freizeit-Infrastrukturbetriebe: Schwimmbäder und Wellnessanlagen, Kurbetriebe, Sportvereine/-studios, Sportveranstalter, Tennis- und Golfclubs, Diskotheken, Tanzbars, Spielbanken und Eventveranstalter
- Gesundheitsbetriebe: Kliniken, Ärzte, Therapeuten, Apotheken etc.

- Kulturbetriebe: Museen, Kunsthallen, Galerien, Theater, Opern, Konzerthallen, Festspielveranstalter, Festivalorganisatoren, Kinos, Burgen- oder Schlösserverwaltungen
- Stadt-/Gäste-/Wanderführer, Ausflugsanbieter
- Organisationen des regionalen Brauchtums (Volksfeste, Karneval/Fasnacht etc.)
- Messe-, Ausstellungs- und Kongressveranstalter
- Banken und Sparkassen
- Handel
- Handwerk und Landwirtschaft
- Bürger/Einwohner in diversen Rollen: Familien, Künstler, Studierende etc.

Darüber hinaus gibt es Akteure weiterer örtlicher, (über-)regionaler, nationaler, europäischer oder internationaler Ebenen, die einen Einfluss auf die touristische Entwicklung und das Angebot einer Region haben (vgl. Abb. 2.1 und 2.10). Neben der Eigenvermarktung der touristischen Angebote spielen inzwischen auch Reiseveranstalter und -büros eine wichtige Rolle.

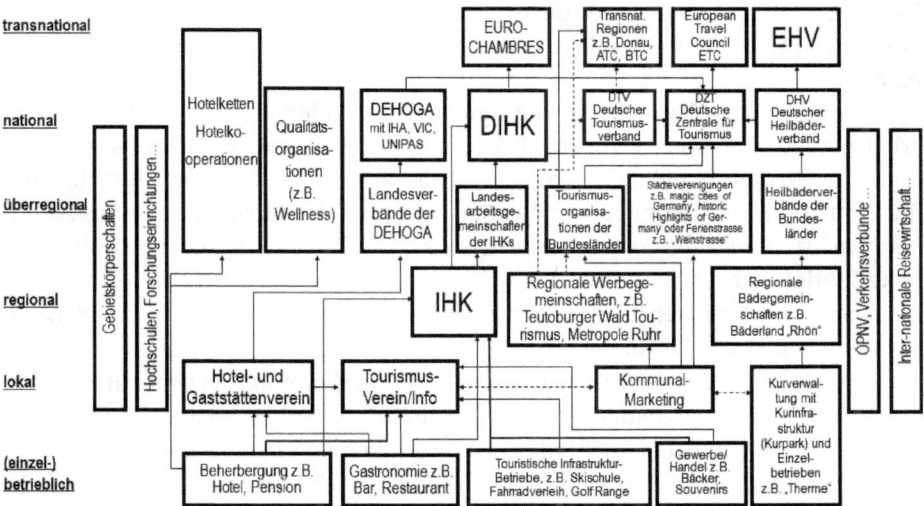

Abb. 2.10: Ebenen und Akteure des Regionaltourismus (nach Wiesner 2007, S. 33)

Angesichts der Vielfalt der Akteure wird schnell deutlich, dass wegen der Interessenvielfalt nicht immer gleichartige Vorstellungen hinsichtlich der Positionierung der Region und ihrer touristischen Vermarktung bestehen. Diese Interessen stehen auch nicht immer in Einklang mit denen von Geschäfts- und Privatreisenden. Die verschiedenen Vorstellungen müssen zusammengeführt oder zumindest berücksichtigt werden, um als touristische Region Erfolg zu haben (vgl. Kap. 3).

Beispielsweise werden von vielen Akteuren der unteren Ebenen (Städte, Kreise …) die bisherigen Bemühungen des Landes NRW, Tourismusmarketing zu betreiben, zumindest skeptisch beurteilt oder sogar ganz abgelehnt – in anderen Bundesländern sieht dies ähnlich aus. Auch wollen sich häufig Orte an einem übergeordneten Regionalmarketing nur dann beteiligen, wenn z. B. der eigene Kirchturm gleichberechtigt neben dem Kölner Dom oder Ulmer Münster zur Geltung kommt. Dabei wird völlig verkannt, dass überregional oder sogar weltbekannte Sehenswürdigkeiten eine Leuchtturmfunktion haben und somit neue Zielgruppen aus weit entfernten Gebieten in die jeweilige Region locken können.

2.5 Regionen als Destinationen

Der international gebräuchliche Begriff der Destination leitet sich vom Lateinischen „destinatum" (bestimmtes Ziel, Vorsatz, Entschluss) bzw. „destinatio" (Bestimmung) ab und bedeutet Reiseziel. Eine Destination ist also ein vom Reisenden ausgewähltes/nachgefragtes Reiseziel, im Sprachgebrauch des statistischen Bundesamtes auch Reisegebiet (als geografischer Raum) genannt. Solche Gebiete/Räume lassen sich geografisch, natürlich/landschaftlich, kulturell/sozial oder politisch/organisatorisch abgrenzen.

Destinationen sollen aus Sicht der Touristen/Reisenden attraktiv, interessant oder erholsam sein. Menschen reisen nach Amerika, ins Rheinland, in den Spessart, nach Bonn, ins Phantasialand, Ötzi-Dorf oder Heidi-Land. Auch die Autostadt Wolfsburg, die Swarowski Kristallwelten oder das Glasi Hergiswil sind frequentierte Destinationen. Die Kristallwelten kooperieren auch eng mit der Region Tirol, um als Destination neue Touristen anzusprechen.

Aber reisen Touristen nicht auch in einen Center Park, zur Schalke Arena oder zum Factory-Outlet Center Wertheim Village? Zusätzlich haben sich inzwischen diverse Destinationen zur Industriekultur, wie beispielweise die Ferropolis in Gräfenhainichen, die Zeche Zollern in Dortmund oder der Gasometer in Oberhausen entwickelt.

Die Aufzählung verdeutlicht, dass sich Destinationen unterschiedlich groß sein und sich geografisch überlagern können, wie z. B. das Phantasialand: Es liegt gleichzeitig in Brühl, im Rheinland und in Deutschland. Erholungssuchende einer Region schauen häufig zunächst im engen Umfeld nach Attraktionen oder Orten für kleine Fluchten aus dem Alltag, bevor sie an entferntere Destinationen denken (und diese eher bei längeren Urlauben aufsuchen).

Allen Destinationen ist gemein, dass Menschen dahin reisen, um dort eine gewisse Zeit zu verbringen. Bestimmte Destinationen sind dabei interessanter oder beliebter als andere: Die einen kommen, um Urlaub zu machen, Sehenswürdigkeiten zu besichtigen, Natur oder Kultur zu genießen, zu schwimmen, zu wandern, zu reiten, zu biken oder sich anderweitig körperlich zu betätigen. Andere reisen an, um sich auszuruhen, zu genesen, Wellnessanwendungen zu genießen, zum Shoppen oder an angesagten

Konzerten oder anderen Events teilzunehmen. Allerdings gibt es auch Menschen, die Kongresse besuchen, an Tagungen oder Seminaren teilnehmen oder Messen und Ausstellungen besuchen – sie alle reisen in Destinationen.

Ist es deshalb sinnvoll zwischen touristischen und anderen Destinationen unterscheiden? Davos, Salzburg, Timmendorfer Strand oder Bonn sind zweifelsohne touristische Destinationen, aber genauso beliebt als Tagungs- und Kongressorte. Die Motive für Reisen in diese Destinationen können sowohl privater als auch geschäftlicher Natur oder eine Kombination aus beidem sein.

Eine Destination ist also ein geografisch eingrenzbarer und zusammenhängender Raum (Stadt, Ort, Region, Gebiet, Insel, Staat ...), den Menschen ganz bewusst als Reiseziel wählen und dort i. d. R. auch übernachten. Eine Destination verfügt über sämtliche für einen (ggfs. längeren) Aufenthalt notwendigen Einrichtungen zur Beherbergung und Verpflegung, zur Unterhaltung und Zerstreuung, zum Shoppen und Sightseeing, zum Genießen und Wohlfühlen etc. (vgl. Abb. 2.7). Diese Angebote eignen sich ebenfalls zur Nutzung durch Tagestouristen/Ausflügler.

Das Angebot einer Destination ist also sehr unterschiedlichen Dienstleistern aus der Privatwirtschaft, dem staatlichen Sektor oder den Vereinen zuzuordnen. Sie erbringen ihre jeweiligen Leistungen, um Reisende in die Destination und vor Ort zu transportieren, zu beherbergen, zu verpflegen, zu unterhalten oder zu heilen (vgl. Abb. 2.7). Reisende bewerten allerdings meist nicht (nur) die einzelnen Teilleistungen, sondern die der gesamten Destination bzw. des Urlaubs als kooperatives Angebot (vgl. Abb. 2.11). So erhält jede Destination aus Gästesicht ein bestimmtes Image, im günstigsten Fall entsteht ein positiv besetztes Markenbild (welches aktiv unterstützt werden muss – s. Kap. 8.1).

Abb. 2.11: Destination als kooperatives Angebot einer Region (Wiesner, 2021, S. 29)

Destinationen umfassen nicht nur natürliche und künstlich geschaffene Vorzüge, touristische Infrastrukturen und Einrichtungen (vgl. Abb. 2.8), sondern auch den Lebensraum der ansässigen Bevölkerung (Heimat, Kultur, Sport). Destinationen sind nicht nur Standort für touristische Anbieter, sondern auch für andere, oft bedeutende, Wirtschaftsunternehmen. Im optimalen Fall ist eine Destination ein geschlossener Verwaltungsraum mit politischen Gestaltungsmöglichkeiten, der allen regionalen Akteuren eine gute Basis bildet. In diesem Buch wird der Fokus auf solche Destinationen gelegt, die schon die zuvor genannten Mindestkriterien einer Region erfüllen (vgl. Kap. 2.1).

Bei der Verwendung des Begriffs der Destination ist zu berücksichtigen, dass sich dieser von einer touristischen Region unterscheidet: Er beschreibt nicht die Angebotssicht, sondern die Nachfragersicht der Gäste. Damit wird eine Destination zu einer sich differenzierenden Wettbewerbseinheit im Incoming-Tourismus. Um erfolgreich zu sein, muss die Destination auf ein professionelles Management und Marketing setzen und regionale Kooperationspotenziale nutzen.

Vielfach wird in Regionen oder Kommunen noch immer von Tourismuspolitik oder Tourismusmarketing gesprochen, da man schließlich die regionalen Tourismusakteure am Standort fördern will. Hierbei geht es vorrangig um die Gestaltung/Ausstattung der Regionen mit touristischen Infrastrukturen und die Unterstützung der Tourismusanbieter im Rahmen vorhandener Verwaltungsstrukturen.

Stattdessen sollten alle Regionsakteure angesichts der Wettbewerbssituation bevorzugt die Sichtweise der Gäste/Touristen einnehmen, um erfolgversprechende Strategien und Maßnahmen zu entwickeln. Nachdem die wichtigsten Zielgruppen bestimmt sind müssen alle Regionsakteure eine interessante und attraktive Destination für ihre Gäste/Touristen gestalten und positionieren, ggfs. auch unabhängig von Verwaltungsstrukturen durch eine professionelle DMO. So wird ein kooperatives touristisches Angebot der Region zum begehrten Reiseziel bestimmter Zielgruppen.

Häufig reisen unterschiedliche Zielpersonen/-gruppen in eine Region, die ganz unterschiedliche Angebote suchen. Gründe sind private Besuchs- und Urlaubswünsche, religiös oder politisch bedingte Motive, medizinisch-gesundheitliche Veranlassungen, die Lust auf Neues oder Unbekanntes (Neugier), wissenschaftliche, sportliche oder kulturelle Beweggründe, ökonomische Herausforderungen oder berufliche Notwendigkeiten, Shopping oder Sightseeing. Die Reisemotive lassen sich in folgende sechs Hauptgruppen unterteilen:

- Ökonomische Motive: Geschäftliche/berufliche Gründe, Aus-/Weiterbildung, Messen, Kongresse ...
- Physische Motive: Erholung, Heilung, Regeneration, Wellness, Fitness ...
- Psychische Motive: Erlebnishunger, Zerstreuung, Herausforderung, Neues kennen lernen, Zerstreuung ...
- Interpersonelle bzw. Interkommunikative Motive: Soziale Kontakte, Geselligkeit, Besuche ...
- Kulturelle Motive: Kunst-/Bildungsinteresse, religiöse/spirituelle sowie ethnologische Gründe ...
- Status- und Prestigemotive: Befriedigung von Anerkennung und Wertschätzung, persönliche Entfaltung ...

Jede Region sollte sich auf Zielgruppen mit den Motiven konzentrieren, die am leichtesten erreicht werden können. Es werden sich kaum Regionen finden, die Menschen aller sechs Motivkategorien in gleicher Weise ansprechen können. Es gilt also, ein besonders positives Profil für bestimmte Zielgruppen aufzubauen und ggfs. andere Zielgruppen zu vernachlässigen.

Anders als bei Unternehmensleistungen sind viele regionale Rahmenbedingungen, die aus der Sicht der Zielgruppen positiv oder negativ bewertet werden können, nicht oder kaum veränderbar: Natürliche und geografische Gegebenheiten bestimmen in hohem Maße die Attraktivität einer Destination (z. B. Berge, Wälder, Klima, Meer oder Flüsse). Sie sind gar nicht oder nur sehr langfristig durch ein aktives Regionalmanagement zu beeinflussen. Destinationen müssen Profil besitzen, sie können nicht allen alles recht machen.

Erfolgreiche Destinationen sind bekannt und werden bevorzugt als Reiseziel ausgewählt. Das touristische Beratungsunternehmen Inspektour befragt jährlich Touristen (in 2019 nur Niederländer), welche Destinationen ihnen in Deutschland spontan für eine Urlaubsreise einfallen. Beim „Destination Germany Day" der touristischen Fachzeitschrift fvw/Travel Talk anlässlich der Reisemesse CMT in Stuttgart werden jährlich die Auszeichnungen vergeben. Anfang 2020 erhielt Berlin den Destination Brand Award 2019 (Kategorie „alle Destinationen"), gefolgt von Köln und München. Der Schwarzwald bekam die Auszeichnung als bekannteste Region vor der Eifel und Bayern (fvw 2020).

3 Organisation und Management des regionalen Tourismus

Obwohl Destinationen im Wettbewerb bestehen müssen, müssen sie anders organisiert werden als Unternehmen, in denen die Entscheidungen zielgerichtet von einer verantwortlichen Stelle überwiegend unter Renditeaspekten getroffen werden. In einer Region treffen ganz unterschiedliche Akteure und deren Interessen aufeinander (vgl. Kap. 2.4). Gerade öffentliche Institutionen müssen auch bei der Förderung von Partikularinteressen der Tourismuswirtschaft stets das Gemeinwohl und die Wünsche vieler weiterer Anspruchsgruppen im Blick haben. Eine Destination kann nur dann dauerhaft erfolgreich arbeiten, wenn sich die regionale Wohnbevölkerung mit dieser weitgehend identifiziert.

3.1 Stakeholder – Zielgruppen

Als Stakeholder werden (interne und externe) Personen, Gruppen oder Organisationen angesehen, die ein grundsätzlich berechtigtes Interesse an einer Region bzw. Destination und deren Ausprägungen haben, in irgendeiner Weise von deren Handeln gegenwärtig oder zukünftig direkt oder indirekt betroffen sind und das Bestreben haben, Einfluss auf die Gestaltung der Destination und das Handeln der regionsinternen Akteure auszuüben. Dabei geht es um Interessen und Ansprüche – Stakeholder nennt man deshalb auch oft Interessengruppen, „Pressure-Groups" oder Anspruchsgruppen, aus Sicht von Verwaltungen auch Adressaten(-gruppen), Teilöffentlichkeit(en) oder Bezugsgruppen.

Freeman bezeichnete bereits 1984 Stakeholder als Gruppen oder Einzelpersonen, die durch die Umsetzung von Organisationszielen betroffen sind und diese beeinflussen können. 2004 beschränkte er diese Sicht ausschließlich auf diejenigen Gruppen mit relevantem Einfluss auf den Erfolg oder das Überleben der Organisationen. Stakeholder können also das „Wohl oder Wehe" der Region mitbestimmen.

Je nach Anlass und Zeitpunkt kann sich die Interessenslage der relevanten Regionsstakeholder aber auch verändern. Im Destinationsmanagement sollte daher nicht vergessen werden, dass Stakeholder über Einfluss verfügen (z. B. Parteien, Medien, Bürgerinitiativen, Finanzmittelgeber...), der zum Nutzen der Destinationsziele genutzt werden kann und sollte. Für Destinationsorganisationen ist es von größter Bedeutung über 360-Grad-Marketing (Wiesner 2020) alle Stakeholder einzubeziehen. Dabei müssen auch Bürgerinteressen berücksichtigt werden. Das Destinationsmanagement muss daher für ein effektives Stakeholdermanagement im Sinne einer Governance Sorge tragen (vgl. Kap. 3.2).

Wird das Destinationsmanagement von einer Regionsverwaltung wahrgenommen, gibt es neben den externen Stakeholdern auch mächtige interne Stakeholder,

https://doi.org/10.1515/9783486849424-003

wie die Verwaltungsspitze, den Personalrat und gewählte Volksvertreter (die wieder-
gewählt werden wollen). Da deren Einflüsse nicht transparent sind und andere be-
rechtigte Interessen aus dem Tourismus nicht immer eingebunden werden (können),
ist eine Destinationsorganisation außerhalb der Verwaltung (aber mit deren aktiver
Beteiligung) erstrebenswert. In den Aufsichtsgremien und als Teilhaber können viele
Stakeholder eingebunden werden (vgl. Abb. 3.1).

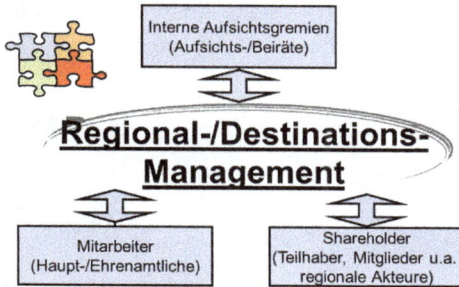

Abb. 3.1: Interne Destinationsstakeholder (nach Wiesner 2013, S. 46)

Bei verwaltungsexternen Destinations-/Tourismusorganisationen liegt die Führungsverantwortung i. d. R. bei einem Gremium (Vereinsvorstand), das idealerweise Personen ganz unterschiedlicher Stakeholdergruppen umfasst. Allerdings haben diese
nicht immer die gleichen Vorstellungen und Ziele. Sie vertreten oftmals neben den
Eigen- auch noch Gruppeninteressen (externe Stakeholder wirken auf interne Stakeholder ein – vgl. Abb. 3.2) anstatt vorrangig das Destinationsinteresse im Blick zu haben. Somit gestaltet sich bereits die Zielfindung für eine Destination als ein oft schwieriger Konsensprozess, bei dem möglichst viele Stakeholderinteressen berücksichtigt
werden müssen, um ideell und finanziell an einem Strang zu ziehen.

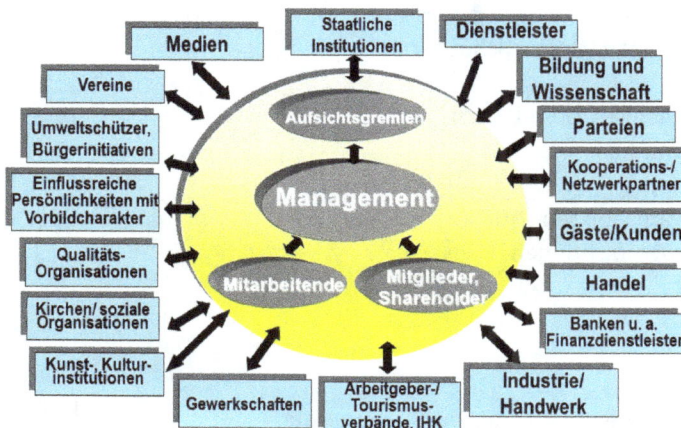

Abb. 3.2: Interne und externe Wirkungen im Regionsmanagement und -Marketing (nach Wiesner
2013, S. 36)

Insbesondere Lokalpolitiker fallen häufig dem „Kirchturmdenken" zum Opfer. Argwöhnisch wird auf eine ausreichende Repräsentanz und eine gleichmäßige Berücksichtigung gepocht, oftmals ohne Rücksicht auf die Stärken und die Außenwirkung der gesamten Destination. Je mehr Gremien es gibt und je größer diese sind, desto schwieriger ist eine wirklich klare und erfolgversprechende URP (Unique Regional Proposition) aufzubauen, ein attraktives Leistungsbündel zu schnüren und beides an die potenziellen Zielgruppen zu kommunizieren.

Destinationen sollten folgende Stakeholdergruppen – ohne Anspruch auf Vollständigkeit – exemplarisch berücksichtigen:
– Mitarbeitende und ihre Gremien
– Organisationsführung und -management
– Anteilseigner oder (Vereins-)Mitglieder
– Gäste/Touristen/Reisende/Kunden
– Potenzielle Gäste und Wunsch-Gäste
– Handel und andere (Reise-)Mittler
– Kooperationspartner
– Dienstleistungspartner, ggfs. Lieferanten/Dienstleister
– Messe- und Kongressveranstalter
– (Bus-)Reiseveranstalter
– Freizeit- und Erlebnisparks
– Betreiber touristischer Infrastruktur (Ski-Lift, Minigolfanlage, Bäder etc.)
– Anbieter von Beherbergung und Verpflegung (Hotels, Gasthöfe, Pensionen, Ferienwohnungen/-häuser, Privatzimmer, Campingplätze etc.)
– Kultur- und Sportveranstalter
– Externe Geldgeber
– Versicherungen
– Forscher und Wissenschaftler
– Qualitätsorganisationen
– Ausbildungsinstitutionen (Hoch-/Schulen)
– Wettbewerber
– Interessierte Öffentlichkeit/Gesellschaft
– Verbände und Kammern
– Vereine
– Nichtregierungsorganisationen (NGOn)
– Verbraucherschutzorganisationen
– Gewerkschaften
– Kirchen
– Bürgerinitiativen
– Be-/Anwohner
– Kommunale Verwaltungen und Landräte/Bürgermeister
– Kommunalpolitiker/Parteien/Räte
– Landesverwaltungen/-regierungen

- Landespolitiker/Parteien/Parlamente
- Bundesregierung/-ministerien und nachgeordnete Behörden
- Bundespolitiker/Parteien/Parlament
- Überregionale und nationale Standort-Vermarktungsorganisationen
- Europapolitiker/Europa Parlament/Europäische Parteien
- Journalisten/Presse/Klassische Medien
- Medien des Web 2.0

Bei einer individuell betrachteten Region lässt sich diese Liste problemlos noch erweitern, die genannten Gruppen können je nach Bedeutung in Sub-Gruppen unterteilt oder konkretisiert werden. Solch lange Stakeholder-Listen erweisen sich allerdings in der Praxis kaum noch als handhabbar. In einem kritischen Umfeld lassen sich neue Regionsprojekte häufig nur schwer umsetzen, wenn sie nicht auf einem breiten Konsens aller Stakeholder basieren, wie dies z. B. Stuttgart 21 sehr eindrücklich zeigt.

Um die Ziele der Region und seiner Destinationsorganisation mit den Interessen der Stakeholder in Einklang zu bringen sind möglichst alle wichtigen Stakeholder aktiv einzubeziehen. Um ggfs. deren Widerstände zu reduzieren oder sogar zu eliminieren, bedarf es einer kooperativen und ggfs. mehrfachen Abstimmung, auch wenn dazu erhöhte Personal- und Finanzressourcen notwendig sind. Neue Denkansätze aus der Stakeholderkommunikation können auch zu touristischen Innovationen und Angebotsverbesserungen führen. Eine offene Kommunikation kann aber auch zu höheren Anforderungen der Stakeholder führen und bringt die Gefahr mit sich, die Kernfelder der Regionsaufgaben zu vernachlässigen (GPM 2015, S. 19).

Also wäre zuerst zu klären, welchen Stakeholdern besondere Beachtung zu schenken ist – dazu eignet sich die Betrachtung des (touristischen) Markts und des relevanten Regionsumfelds mittels PESTE-Analyse (vgl. Kap. 5). Es gibt vielfältige Modelle, die bei der Stakeholderidentifikation helfen – eine allgemein gültige und vollständige Checkliste existiert aber nicht. Insofern gibt es auch keine Gewähr, dass nicht doch noch wichtige Stakeholder außerhalb des Blickfelds der Region existieren. Identifizierte Stakeholder lassen sich in einem Stakeholder-Portfolio beispielsweise in Bezug auf ihre Ansprüche/Interessen, Nähe und Bedeutung sowie die Beeinflussbarkeit darstellen.

Die Identifikation der Stakeholderinteressen ist ein wichtiger Schritt zu deren Integration. Die Erfassung der jeweiligen Ziele ermöglicht einen Abgleich mit den Regionsinteressen und lässt gegensätzliche Interessenlagen zwischen den Stakeholdern erkennen. Konkret geht es darum,
- positiv und negativ Betroffene zu erfassen,
- mögliche Unterstützer/Promotoren zu erkennen,
- mögliche Hindernisse und Widerstände einzelner Stakeholder zu identifizieren,
- mögliche Gegner und Koalitionen auszumachen und
- die Basis für ein Stakeholdermanagement zu legen (Wiesner 2020, S. 59).

Die Stakeholderanalyse stößt aufgrund beschränkter zeitlicher, finanzieller und personeller Ressourcen der Regionen allerdings oft an ihre Grenzen: Die Erfassung der jeweiligen Interessenslagen ist sehr komplex und ein Ausgleich zwischen diesen manchmal kaum möglich. Nicht alle Stakeholder können umfassend ins Regionenmarketing eingebunden werden. Da nicht alle Gruppen für die Region von gleicher Relevanz sind, müssen die bedeutsamsten Stakeholdergruppen identifiziert werden.

Im nächsten Schritt lassen sich diese mit ausgewählten Analysemethoden strukturieren, bevor diese anschließend eingeteilt, gewichtet und bewertet/priorisiert werden können. Danach lassen sich Strategien und Maßnahmen zur Stakeholdereinbindung entwickeln, die regelmäßig auf ihre Wirksamkeit überprüft werden müssen (vgl. Abb. 3.3).

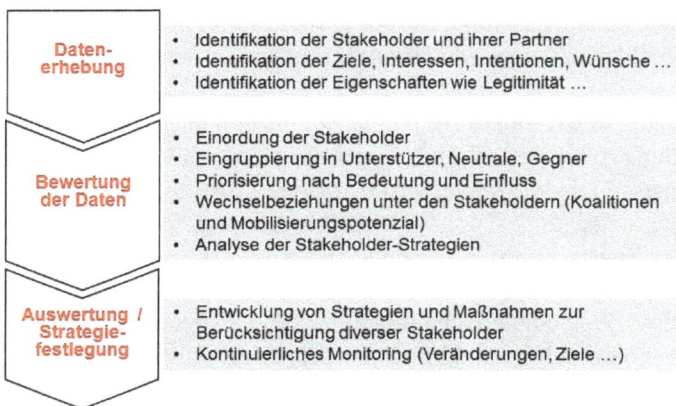

Datenerhebung	• Identifikation der Stakeholder und ihrer Partner • Identifikation der Ziele, Interessen, Intentionen, Wünsche … • Identifikation der Eigenschaften wie Legitimität …
Bewertung der Daten	• Einordung der Stakeholder • Eingruppierung in Unterstützer, Neutrale, Gegner • Priorisierung nach Bedeutung und Einfluss • Wechselbeziehungen unter den Stakeholdern (Koalitionen und Mobilisierungspotenzial) • Analyse der Stakeholder-Strategien
Auswertung / Strategiefestlegung	• Entwicklung von Strategien und Maßnahmen zur Berücksichtigung diverser Stakeholder • Kontinuierliches Monitoring (Veränderungen, Ziele …)

Abb. 3.3: Stakeholderanalyse (Wiesner 2020, S. 63)

Angesichts beschränkter Ressourcen können nicht alle Stakeholder im gleichen Ausmaß berücksichtigt werden. Trotz aller Komplexität und Vielfalt der Ansprüche dürfen aber wirklich wichtige Stakeholder auf keinen Fall übersehen oder vernachlässigt werden. Bei der Konzentration auf die wichtigsten Anspruchsgruppen muss anhand festgelegter Kriterien eine Auswahl und Bewertung vorgenommen werden – dazu gibt es unterschiedliche Methoden.

Eine Bewertung der Stakeholderbedeutung kann beispielsweise mittels Punktesystemen, Schulnoten oder Skalierungen erfolgen. Besonders relevant ist eine Unterscheidung nach Partnern, Neutralen und Gegnern der Region/Destination. Eine Klassifizierung der Relevanz nach Themen oder Zeiträumen kann sich ebenfalls als sinnvoll erweisen. In diesem Zusammenhang spielt auch das Unterstützungs- bzw. Bedrohungspotenzial der Stakeholdergruppen eine Rolle (vgl. Abb. 3.4).

Besonders wichtig ist das Einflusspotenzial (Macht), über welches eine Stakeholdergruppe verfügt. Ob und wie eine tatsächliche oder potenzielle Einflussnahme begründet werden kann, ist dabei unerheblich. Maßgeblich ist, dass/ob Anspruchsgrup-

Bedrohungspotenzial

	hoch	niedrig
hoch	„Gemischte" Stakeholder	Unterstützende Stakeholder
niedrig	Nicht-unterstützende Stakeholder	Marginale Stakeholder

Unterstützungspotenzial

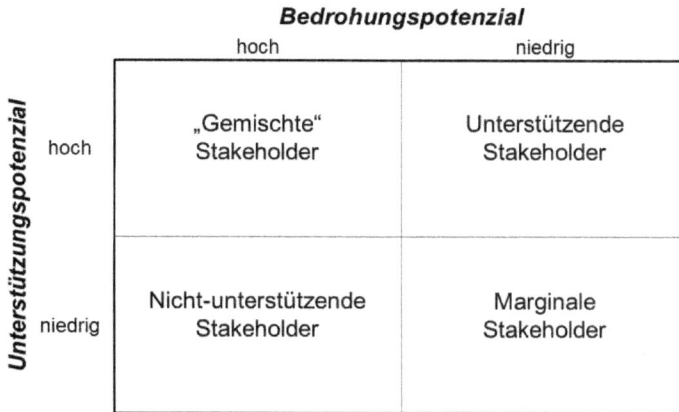

Abb. 3.4: Stakeholderklassifizierung nach Unterstützung und Bedrohung (Wiesner 2020, S. 64)

pen in der Lage sind, kurz- oder langfristig sowohl positive als auch negative Einflüsse auf den Standort und seine Aktivitäten ausüben zu können.

Das Modell der Stakeholdertypologie von Mitchell, Agle und Wood (1997) verknüpft die Möglichkeiten zur Identifizierung, Kategorisierung und Priorisierung der Stakeholder miteinander. Diese werden anhand einer Kombination der Eigenschaften Macht, Dringlichkeit und Legitimität identifiziert. Legitimität steht dabei für die Rechtmäßigkeit der Ansprüche, die sich aus Gesetzmäßigkeiten, aber auch aus moralischen Werten ergeben können. Mit „Dringlichkeit" sollen die Auswirkungen abgebildet werden, die die Region bzw. seine Organisation bei nicht zeitgerechter Berücksichtigung zu erwarten hat (vgl. Abb. 3.5).

Aus den verschiedenen Kombinationsmöglichkeiten können sieben Typen mit unterschiedlichen Eigenschaften bzw. Kombinationen gebildet werden:
1. Ruhende Stakeholder → Eigenschaft: Macht
2. Beliebige Stakeholder → Eigenschaft: Legitimität
3. Fordernde Stakeholder → Eigenschaft: Dringlichkeit
4. Dominante Stakeholder → Eigenschaften: Macht + Legitimität
5. Gefährliche Stakeholder → Eigenschaften: Macht + Dringlichkeit
6. Abhängige Stakeholder → Eigenschaften: Legitimität + Dringlichkeit
7. Definitive Stakeholder → Eigenschaften: Macht + Legitimität + Dringlichkeit
Weitere Gruppierungen gelten nicht als Stakeholder.

Die Gruppen lassen sich nun je nach Kombination der Attribute in folgende Kategorien gliedern: „Latente Stakeholder" weisen lediglich eine der Eigenschaften auf. „Erwartende Stakeholder" verfügen über zwei und „Definitive Stakeholder" über alle drei Eigenschaften. Bei der Zuordnung handelt es sich um eine Momentaufnahme, die Eigenschaften einzelner Gruppen können sich im Zeitablauf oder situationsbedingt ver-

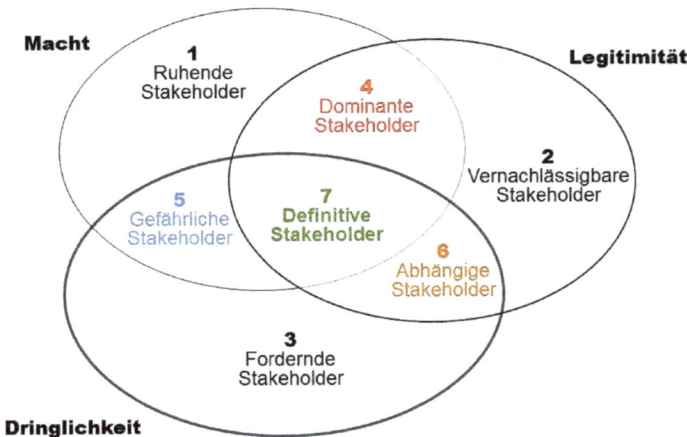

Abb. 3.5: Stakeholdertypologie nach Legitimität, Macht und Dringlichkeit nach Mitchell, Agle und Wood (Wiesner 2020, S. 65)

ändern. Eine Zusatzbewertung nach unterstützenden bzw. bedrohenden Anspruchsgruppen ist ggfs. sinnvoll (vgl. Abb. 3.5).

Diese Bewertung und Priorisierung ist relativ aufwändig, eine Komplexitätsreduzierung bringt eine Portfoliodarstellung der sogenannten Relevanz-Matrix, die Stakeholder nach ihrer Bedeutung in vier Typen einteilt. In dieser lassen sie sich in Bezug auf ihren Einfluss bzw. ihre Macht und die Beeinflussbarkeit durch die Regionsverwaltung oder -organisation darstellen (vgl. Abb. 3.6).

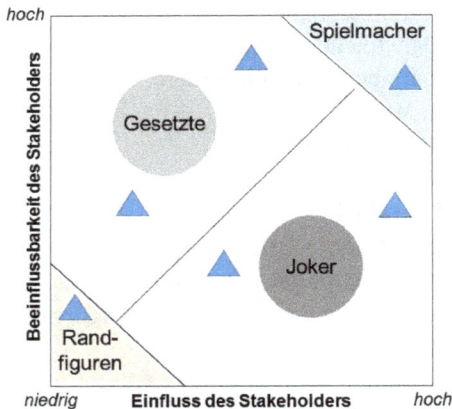

Abb. 3.6: Stakeholder-Relevanz-Matrix für das Stakeholdermanagement (Wiesner 2020, S. 66)

Höchste Priorität kommt den sogenannten „Spielmachern" oder „Gamechangern" (wie Anteilseigner, Mitglieder, Politiker oder Mitarbeitende) zu, mit denen ein permanenter Dialog bestehen sollte. Es bestehen gegenseitige Abhängigkeiten zwischen dieser Gruppe und der Destinationsorganisation. Die sogenannten „Joker" (wie Verwaltungen oder Medien) können großen Einfluss ausüben, lassen sich dabei allerdings nur schwer beeinflussen. Da dies den „Jokern" eine gewisse Macht verleiht, sollte versucht werden, sie beeinflussbarer zu machen.

Die sogenannten „Gesetzten" (wie Partner oder Mittler) verfügen zwar nur über ein geringes Einflusspotenzial und sind stark von der Regionsorganisation abhängig, sollten aber dennoch eingebunden werden. Die sogenannten „Randfiguren" (wie Wettbewerber, Bildungseinrichtungen oder Kirchen) spielen meist nur kurzfristige, untergeordnete Rollen. Es reicht in der Regel aus, diese ohne großen Aufwand allgemein zu informieren.

Ein anderes Stakeholderportfolio kategorisiert die Anspruchsgruppen nach Einfluss und Einstellung gegenüber der Destinationsorganisation, um Verbündete und Gegner zu lokalisieren. Gleichzeitig lassen sich den identifizierten Gruppen vier Strategieansätze zuordnen, wie sie behandelt werden sollen:

1. Eng managen: positive Einstellung, hoher Einfluss.
2. Informieren: positive Einstellung, geringer Einfluss.
3. Zufriedenstellen: negative Einstellung, hoher Einfluss.
4. Überwachen: negative Einstellung, geringer Einfluss (vgl. Abb. 3.7).

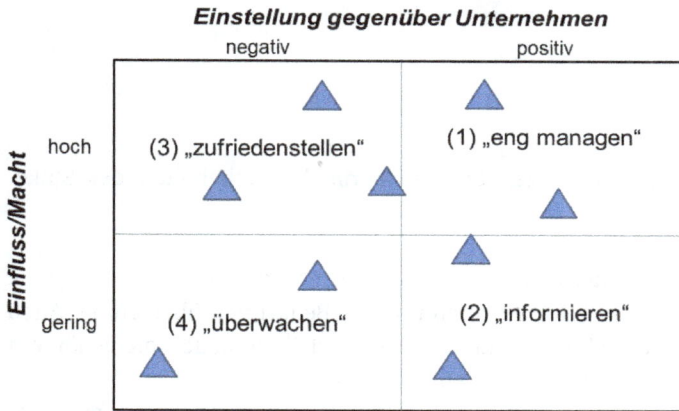

Abb. 3.7: Einfaches Stakeholder-Portfolio mit Strategieansätzen (Quelle: Wiesner 2020, S. 66)

„Eng managen" bedeutet in diesem Zusammenhang, dass wichtige und mächtige Unterstützer-Anspruchsgruppen möglichst weitgehend in das Stakeholdermanagement eingebunden werden sollten, um den Erfolg zu verbessern. Diese Fürsprecher sollten stets zeitnah und transparent informiert werden und ihre Vorstellungen sollten Berücksichtigung finden, damit das gute Verhältnis auch erhalten bleibt.

Diejenigen Gruppen, die über eine positive Einstellung aber nur geringen Einfluss verfügen, sollten regelmäßig informiert werden – ein aktiver Einbezug ist nicht notwendig. Gruppen, die eine negative Einstellung und gleichzeitig einen hohen Einfluss haben, sind problematisch und müssen – falls möglich – zumindest zufriedengestellt werden. Dazu eignen sich regelmäßige Befragungen und Besprechungen.

Alle Gruppen, die eine negative Einstellung haben, aber über geringe Macht verfügen, sind zu überwachen bzw. zu beobachten. Eine regelmäßige Information über die Region, ihr Destinationsmarketing und weitere Aktivitäten ist angebracht, gelegentliches Feedback könnte im Rahmen des Stakeholdermanagements eingeholt werden.

Nachdem alle Anspruchsgruppen identifiziert und hinsichtlich ihres Einflusses, ihrer Beeinflussbarkeit und Einstellung etc. beurteilt sind, lassen sich die besonders wichtigen Stakeholder nach Bedarf noch detaillierter analysieren. So können Anforderungen, Ziele, Interessen, Erwartungen und Einstellungen eines jeden Stakeholders bezogen auf die Region genau ermittelt, sein Verhalten (einschl. Ursachen und Hintergründen) beschrieben und bewertet werden. Mögliche Aspekte und Kriterien dieser Analyse sind:

1. Interessen
2. Erwartungen
3. Anforderungen
4. Ziele
5. Motive
6. Bedürfnisse
7. Wünsche
8. Einstellungen
9. Werte
10. Verhaltensweisen
11. Umfeld und Rahmenbedingungen (z. B. in Form der Stakeholder des Stakeholders)

Da sich Einstellungen, Ziele oder Wünsche mit der Zeit verändern können, sollten die Regionen ihre Stakeholder im Blick behalten und bei Bedarf neu überprüfen. Auch Rahmenbedingungen und Machtverhältnisse können sich ändern, deshalb gehört ein regelmäßiges Stakeholder-Monitoring zu den Pflichtaufgaben.

Nach der Identifikation der Stakeholder und ihrer Ansprüche auf einer quasi rationalen Ebene erfolgt eine Priorisierung und Klassifizierung/Segmentierung, ähnlich wie bei den touristischen Kunden. Zu beachten sind möglicherweise die Interdependenzen zwischen allen Stakeholdern. Auf der prozessualen Ebene erfolgt anschließend die Integration der Stakeholder über den Aufbau einer Beziehung mit der Chance auf Beeinflussung im Sinne der Region. Auf der transaktionalen Ebene geht es konkret um die Ausgestaltung der Stakeholderkommunikation der Destination.

Jede Destination, die ihre Gäste und anderen Stakeholder gut kennt, ist in der Lage, ihre gesamten Aktivitäten im Rahmen des normativ-strategischen Marketingprozesses auf die relevanten Gäste-/Stakeholderanforderungen abzustimmen (vgl. Kap. 3.3).

3.2 Management – Governance

Destinationen lassen sich angesichts der vielfältigen Stakeholder nur aufwändig managen, denn in einer Region treffen ganz unterschiedliche Interessen aufeinander. Allein beim touristischen Angebot müssen viele regionsinterne Akteure kooperieren und sich abstimmen. Eine Destinationsorganisation muss die Vorstellungen unterschiedlicher Gäste-/Zielgruppen und weiterer Stakeholder aufgreifen, um diese mit den Vorstellungen der internen Stakeholder zu koordinieren. (vgl. Abb. 3.8) und eine wettbewerbsfähige Einheit zu formen.

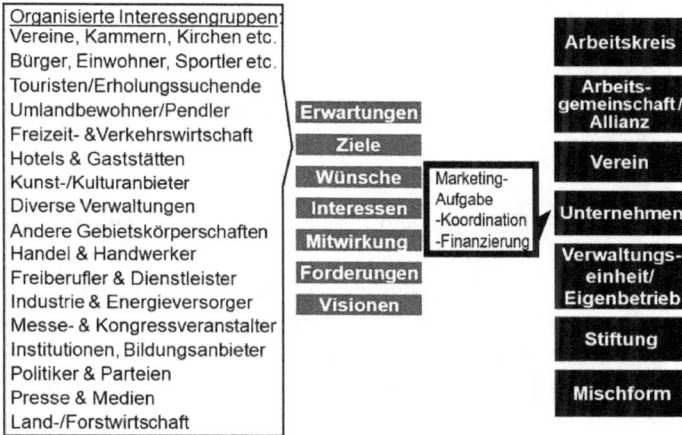

Abb. 3.8: Akteure und Organisationsformen des Regionenmanagements (nach Wiesner 2013, S. 44)

Die vielfältigen Kommunikations- und Marketingdimensionen einer Destination lassen sich nur schwer in einem klassischen Marktmodell darstellen. Wenn es eine Regions-/Destinationsorganisation gibt, scheint zwar vordergründig ein Unternehmen oder eine andere Organisation für das touristische Angebot und dessen Vermarktung zu stehen, allerdings müssen Rücksichten auf alle regionalen Partner, Netzwerker und Bewohner genommen werden. Also entsteht eine weitere (destinationsinterne) Aktivierungs- und Kommunikationsebene mit diesen Partnern und ggf. auch noch mit deren (ehrenamtlich) Mitarbeitenden, wie dies schematisch in Abb. 3.9 dargestellt ist.

Nur in einem ausgewogenen und stabilen Zusammenwirken mit den internen Zielgruppen entsteht das gewünschte Bild einer Destination in ihrer Außenwirkung, welches Gäste und andere Stakeholder ansprechen soll. Sie allein bewerten dann das Regionsangebot anhand der für sie entscheidenden Kriterien. Eine eindeutige Positionierung und ein klares Markenprofil/-image (s. Kap. 6.4) hilft den Gästen meist,

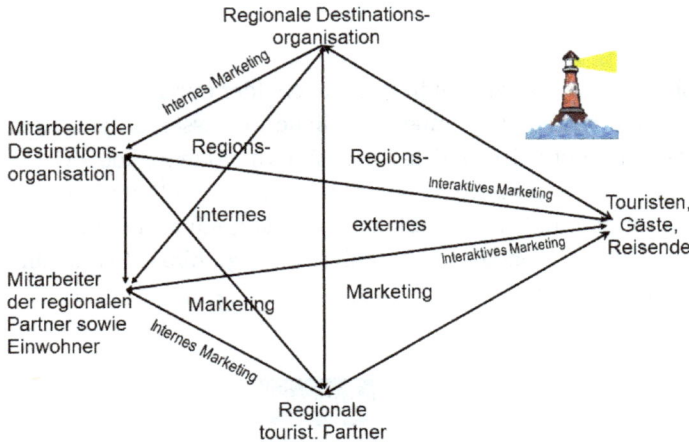

Abb. 3.9: Interne und externe Wirkungszusammenhänge in regionalen Destinationsorganisationen (nach Wiesner 2013, S. 36)

das komplexe Bündel vernetzter Einzelleistungen der potenziellen Zielregion zu erfassen.

Um die Vorstellungen einer Region mit den Interessen der Stakeholder in Einklang zu bringen sind wichtige Stakeholder (vgl. Kap. 3.1) aktiv und kooperativ einzubeziehen. Nur so lassen sich ggfs. deren Widerstände reduzieren oder sogar zu eliminieren (vgl. Abb. 3.10). Neue Denkanstöße aus der Stakeholderkommunikation können zu Innovationen und Angebotsverbesserungen der Destination führen. Kann klassisches Management diese Aufgaben leisten?

Der Managementbegriff ist relativ diffus und durchaus mit unterschiedlichen Inhalten belegt. So wird die Bezeichnung Manager in den USA bereits für Mitarbeiter unterer und mittlerer Führungsebenen gebraucht, die nur über eine geringe Organisationsverantwortung verfügen (Pool Manager, Desk Manager oder Facility Manager). In Deutschland hingegen wird der Begriff mit einer gewissen Führungsverantwortung verbunden, die eher im gehobenen Management angesiedelt ist. An diesem Beispiel wird deutlich, dass der Begriff Management recht schwammig ist, zumal es noch weitere Begriffe wie Wissensmanagement, Ressourcenmanagement, Informationsmanagement, Projektmanagement u. v. m. gibt.

Unterschiedliche Begriffsdefinitionen von Management finden sich auch in der Wissenschaft, die im Zeitablauf einem Wandel unterlagen. War der Begriff Management zunächst eng mit der Vorstellung von Betriebsführung bzw. der Organisation eines Unternehmens verbunden, wurde die Definition nach einer Bürokratiediskussion um Effizienzgesichtspunkte erweitert. Dies entspricht einer ähnlichen Entwicklung wie seit der Einführung des NPM und NSM in der Öffentlichen Verwaltung vor ca. 25 Jahren.

Abb. 3.10: Stakeholdereinbindung durch 360-Grad-Marketing (GPM 2015, S. 19)

Bereits vor mehr als 100 Jahren postulierte Henri Fayol einen durchaus heute noch relevanten Ansatz von Management. Er unterschied beim Unternehmensmanagement technische, kommerzielle, finanzwirtschaftliche sowie sicherheitsbezogene und administrative Vorgänge und Maßnahmen. Er verband mit dem Managementbegriff vor allem Planung, Organisation, Anordnung, Koordinationsaufgabe und Kontrolle (Wiesner 2005, 26 f.).

Ende des letzten Jahrhunderts beschrieb der Austro-Amerikaner Peter Drucker in seinem Werk „People and Performance" im Wesentlichen sechs elementare Managementaufgaben, nämlich:

– Zielsetzung
– Organisation
– Bewertung
– Kommunikation (mit allen Stakeholdern)
– Motivation
– Entwicklung und Förderung von Menschen (Wiesner 2005, 26 f.).

Dies sind wichtige Aspekte eines operativen Managements in allen Arten von Organisationen, unabhängig davon, ob sie gewinnorientiert sind oder nicht. Mit den Begriffen Zielsetzung und Bewertung (Controlling) werden aber auch Aspekte des strategischen Managements angesprochen. Elemente des strategischen Managements sind wesentlicher Bestandteil des in diesem Buch zugrunde gelegten Managementbegriffes.

Bezieht man Management auf die üblichen Funktionsbereiche eines Unternehmens, wie Beschaffung, Finanzierung, Produktion oder Absatz, stehen häufig der Organisationsaspekt und die Entscheidungsfindung im jeweiligen Funktionsbereich im Vordergrund. Die Entscheidungsbildung und die Entscheidung selbst sind allein nicht ausreichende Merkmale des Managements. Da Menschen geführt und koordiniert werden müssen, bedarf es auch einer Kommunikations-, Motivations- und Durchsetzungsfähigkeit. Dazu kommen heute Faktoren wie Agilität/Flexibilität, Resilienz/Robustheit und Lernfähigkeit.

Management bedeutet also nicht nur eine effiziente und effektive Organisation eines bestimmten Funktionsbereiches oder einer Institution, sondern unter Berücksichtigung des strategischen Aspektes tatsächliches Führungsverhalten, das richtungs- und impulsgebend für die jeweilige Institution ist. Erst durch die bewegende Kraft des Managements werden Leistung und Wirksamkeit der jeweiligen Organisation entfaltet. Dies ist in besonderem Maße in Krisenzeiten gefordert, um das eigene Geschäftsmodell grundlegend zu hinterfragen (welche Angebote/Services sind wirklich marktrelevant?) und sich gegenüber neuen Erkenntnissen und bisher nicht erprobten Potenzialen zu öffnen. Besonders hilfreich kann es sein, sich gegenüber (neuen) Partnern zu öffnen und einen häufig übertriebenen Wunsch nach Autonomie zu hinterfragen.

Dazu bedarf es entsprechender Management- bzw. Führungsmethoden und Instrumentarien, die der jeweiligen Organisation und Situation angepasst sind. Management heißt also zu gestalten und zu steuern, Vision und Ziele (vgl. Kap. 6 ff.) zu entwickeln, zu kommunizieren, Menschen zu fördern und zu motivieren, zu organisieren, Optionen zu schaffen sowie Resultate zu messen und zu bewerten. Dabei sind neben den Managementherausforderungen in Destinationen stets auch die Interessen und Einflüsse relevanter Stakeholder zu berücksichtigen (vgl. Kap. 3.1).

Das Destinationsmanagement muss insbesondere der Bedeutung des „Faktors Mensch" sowie einer umfassenden Stakeholderkommunikation Rechnung tragen. Es wird neben einer zukunftsorientierten Regionalplanung, der Gestaltung öffentlicher Räume und der Tourismusförderung stets auch andere Ausprägungen aufweisen, wie
– Wohnortmanagement (Wohn- und Lebensraum)
– Kunst- und Kulturmanagement
– Sport- und Eventmanagement
– Messe- und Kongressmanagement
– City- oder Stadtteilmanagement
– Standortmanagement
– Gesundheitsmanagement etc.

Die Hauptfunktionen des Regionalmanagements sind die Gestaltung der Projekt- und Netzwerkarbeit sowie die Festsetzung von Handlungsschwerpunkten. Die Arbeit zielt darauf ab, vorhandene Potenziale der Region zu erkennen, optimal zu erschließen und aufgabengemäß zu nutzen: Um erfolgreich zu sein, muss es dem Destinationsmanagement im Zusammenwirken mit allen Leistungsträgern immer wieder gelingen, das Angebot der Region attraktiv zu gestalten und die gewünschten Gäste- und Stake-

holdergruppen zu überzeugen. Daher müssen
- die vorhandenen Stärken bei den harten und weichen touristischen Standortfaktoren gesichert und ständig verbessert,
- die Schwächen der Region im notwendigen Umfang kompensiert,
- ausreichende Ressourcen an Mitwirkenden und Finanzmitteln beschafft sowie
- ein strategisches und professionelles 360-Grad-Marketing (vgl. Kap. 3.3) betrieben werden.

Aufgrund der umfangreichen und heterogenen Struktur der Akteure einer Region ist es unerlässlich eine Institutionalisierung in Form eines sich selbst organisierenden regionalen Netzwerks (Regional Governance) vorzusehen. Diese Organisation (vgl. Kap. 3.5) sollte auf einer interessengesteuerten Kooperation der internen Akteure/ Stakeholder i. d. R. unter politischer Führung in den Bereichen Destinations-/Tourismusmarketing beruhen.

Governance ist nach der Commission on Global Governance (CGG) der UN die Gesamtheit aller denkbaren Wege, auf denen Individuen sowie öffentliche und private Institutionen ihre gemeinsamen Angelegenheiten regeln. Es handele sich dabei um einen kontinuierlichen Prozess, durch den kontroverse und unterschiedliche Interessen ausgeglichen werden und kooperatives Handeln initiiert werden soll. Good (Public) Governance soll mittels Verhaltenskodizes „gutes" – gesellschaftlich verantwortliches und faires – Management und Verwalten fördern (CGG 1995). Governance bedeutet also eine nicht-hierarchische Steuerung gleichberechtigter staatlicher und nicht-staatlicher/privater Akteure in Netzwerken.

Sawatzki und Wöhler verstehen unter Governance „alle Arten kollektiver, selbstorganisierender Regelung komplexer gesellschaftlicher Sachverhalte zwischen voneinander unabhängigen, sowohl staatlichen als auch halb- und nicht-staatlichen Akteuren im Rahmen einer konsens- und kommunikationsbasierten Integration unterschiedlicher formeller und informeller Steuerungs- und Koordinationsmechanismen" (Saretzki/Wöhler 2013, S. 38).

Regional Governance stellt also einen Steuerungsansatz für komplexe, sich meist selbst organisierende regionale Netzwerke dar. Er beruht auf einer interessengesteuerten Kooperation und Interaktion der Akteure i. d. R. unter politischer Führung u. a. im Bereich des Destinations-/Tourismusmarketings. Vermehrt entstehen gemeinsame Organisationen für diesen und weitere Bereiche (Standort-, Event-, Messemarketing), um Synergien zu erreichen. Manche Landesregierungen unterstützen den Aufbau solcher Netzwerk-Organisationen.

Regional Governance benötigt ebenfalls ein professionelles Management, das Regeln der Koordination und Selbststeuerung festlegt (vgl. Abb. 3.11). Die Potenziale einer Destination/Region entfalten sich erst durch ein konstruktives Zusammenspiel der Akteure (Saretzki/Wöhler 2013, S. 46).

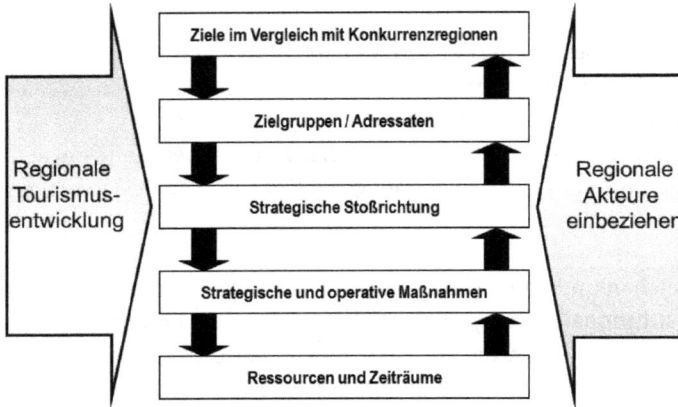

Abb. 3.11: Strategie-Prozess einer Destination/Region (nach Wiesner 2013, S. 49)

Im Destinationsmanagement oder -marketing wird man Management- und Governance-Elemente in einer Weise kombinieren müssen, so dass eine Wohlstandssteigerung der Region erreicht wird. Bei der Governance lassen sich eine explizite (gesetzlicher Rahmen, institutionelle Rollen etc.) und eine implizite (Beziehungen, Abhängigkeiten etc.) Ebene unterscheiden.

Um erfolgreich zu agieren ist es wichtig, Partner zu finden, die sich in ihren Stärken und Schwächen ergänzen und so ein vermarktungsfähiges „Produkt Destination" entstehen lassen. Am ehesten erfolgversprechend sind Kooperationen, wenn es hohe Übereinstimmungen in der strategischen Zielsetzung und der Organisationskultur der diversen Akteure gibt. Daher sollte der Strategieprozess (s. auch Kap. 5 ff.) der Destinationsorganisation (vgl. Abb. 3.8) alle Partner/Akteure einbeziehen und zu zielgerichtetem Handeln im Sinne der gemeinsamen Ziele motivieren bzw. zusammenschweißen.

Destinationen müssen sich nicht nur mit der Kundenbeziehung, sondern auch mit den Beziehungen zu ihren Wettbewerbern sowie den Einflüssen des Organisationsumfelds aus mindestens fünf wichtigen Bereichen (PESTE: Politik, Ökonomie, Gesellschaft, Technik, Ökologie – siehe Abb. 3.12 und Kap. 5.1) auseinandersetzen. In diesem Umfeld lassen sich auch die wesentlichen Stakeholder identifizieren. Mitarbeitende (auch der Netzwerkpartner) sind als interne Kunden in erheblichem Umfang für die Gestaltung und Erbringung der Leistung gegenüber den Zielgruppen und deren Zufriedenheit verantwortlich. Daher sind Mitarbeitende besonders wichtige (interne) Stakeholder jeder Standort- und Destinationsorganisation (vgl. Abb. 3.9).

Marketing hat im Laufe der letzten Jahrzehnte eine zunehmende Bedeutung eingenommen: Es kann die entscheidende Rolle als Kontaktfunktion zu den Kunden und allen anderen Stakeholdern (360-Grad-Marketing) übernehmen. Marketing beinhaltet eine bzw. die zentrale Organisationsfunktion und ist damit Kernaufgabe jedes wettbewerbsorientierten Managements. Dies wird auch anhand einer Marketingdefinitionen

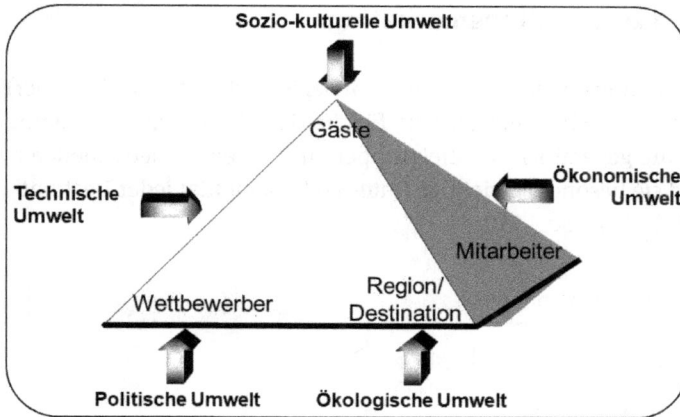

Abb. 3.12: Erweitertes Absatzmarkt-Modell mit Umfeld-Einflüssen (nach Wiesner 2013, S. 35)

der American Marketing Association (AMA) deutlich, die noch Anfang dieses Jahrhunderts Marketing folgendermaßen beschrieb:

- Marketing umfasst die Planung, Realisierung und Kontrolle
- der Gestaltung, Preispolitik, Kommunikation und des Vertriebs (= sog. 4 P; bei (touristischen) Dienstleistungen weitere Instrumentalbereiche → 7 P)
- von Ideen, Gütern und Dienstleistungen,
- die der Befriedigung von Bedürfnissen bzw. des Bedarfs von Einzelpersonen und Organisationen dienen,
- um daraus Austauschprozesse zu begründen oder diese zu erleichtern bzw. zu verbessern.

Seit mehr als 15 Jahren vertritt die AMA eine umfassendere Sichtweise, die dem Führungsanspruch des Marketings in einer Organisation gerecht wird. Danach ist Marketing (weitgehend gleichgesetzt mit Management):

- eine Führungsfunktion und
- ein Prozessinstrumentarium
- zur Schaffung, Kommunikation und Lieferung von Werten für die Kun-den/Abnehmer und
- zum Management (bzw. zur Pflege) von Kundenbeziehungen
- zum Vorteil der (marketingtreibenden) Organisation und ihrer Stakeholder (Wiesner 2016-2, S. 35)

Gerade der Blick auf die Stakeholder bestimmt seitdem die Marketingtheorie und -praxis. Zunächst entwarfen Bruhn und Meffert das Konzept des Relationshipmarketings, inzwischen erfolgte die Erweiterung zum 360-Grad-Marketing (Wiesner 2020, vgl. Kap. 3.3).

3.3 Tourismus- und Destinationsmarketing

Mitarbeitende der Destinationsorganisation (auch diejenigen der Netzwerkpartner) sind als interne Kunden in erheblichem Umfang für die Gestaltung und Erbringung der touristischen Leistung gegenüber den Zielgruppen und deren Zufriedenheit verantwortlich. Daher sind sie besonders wichtige (interne) Stakeholder jeder Destinationsorganisation (vgl. Abb. 3.12 und 3.13).

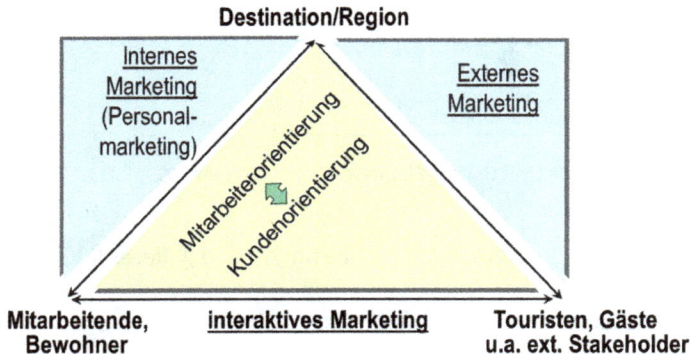

Abb. 3.13: Marketingansätze für touristische und erklärungsbedürftige Dienstleistungen (nach Wiesner 2020, S. 37)

Gerade das Personal steht bei touristischen und erklärungsbedürftigen Leistungen in regem Austausch und engen Kontakt mit den (potenziellen) Gästen und anderen Stakeholdern. Wenn sie gut ausgebildet und motiviert sind, können Mitarbeitende ihre Aufgaben im Dialog mit diesen optimal erfüllen. Mitarbeiterorientierung ist somit die Basis für eine erfolgreiche Gäste- und Stakeholderorientierung. Internes Marketing und interaktives Marketing ergänzen also das externe Marketing jeder Destinationsorganisation (vgl. Abb. 3.13).

Aber nicht nur die Mitarbeitenden beeinflussen die Gäste bei ihrer Auswahlentscheidung, sondern auch andere (vorwiegend externe) Stakeholder wie Mittler, Freunde, Bekannte, Familienmitglieder, Verbände, Institutionen, Vorbilder, Journalisten, Influencer etc. vor allem über die Kanäle des Web 2.0 (vgl. Abb. 3.14).

Allerdings gibt es sehr viele unterschiedliche (interne und externe) Stakeholder, die wiederum auch von anderen Stakeholdern beeinflusst werden können, ebenso wie durch gesellschaftliche, ökonomische, technische, politisch-legislative oder ökologische Entwicklungen, die zu Veränderungen der Rahmenbedingungen führen (vgl. Abb. 3.15). Die Identifikation und Beeinflussung der wichtigsten bzw. einflussreichsten Stakeholder ist ähnlich wichtig wie die Identifikation der erfolgversprechendsten Zielgruppen – dies wurde bereits in Kap. 3.1 näher dargelegt (vgl. auch Kap. 5).

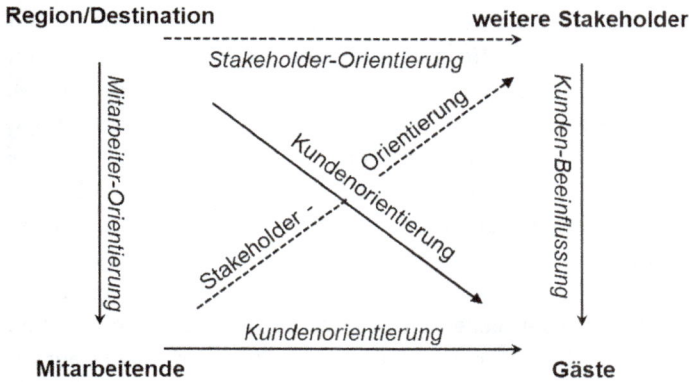

Abb. 3.14: Gästebeeinflussung durch Destinationsorganisationen, deren Mitarbeitende und weitere Stakeholder (nach Wiesner 2020, S. 38)

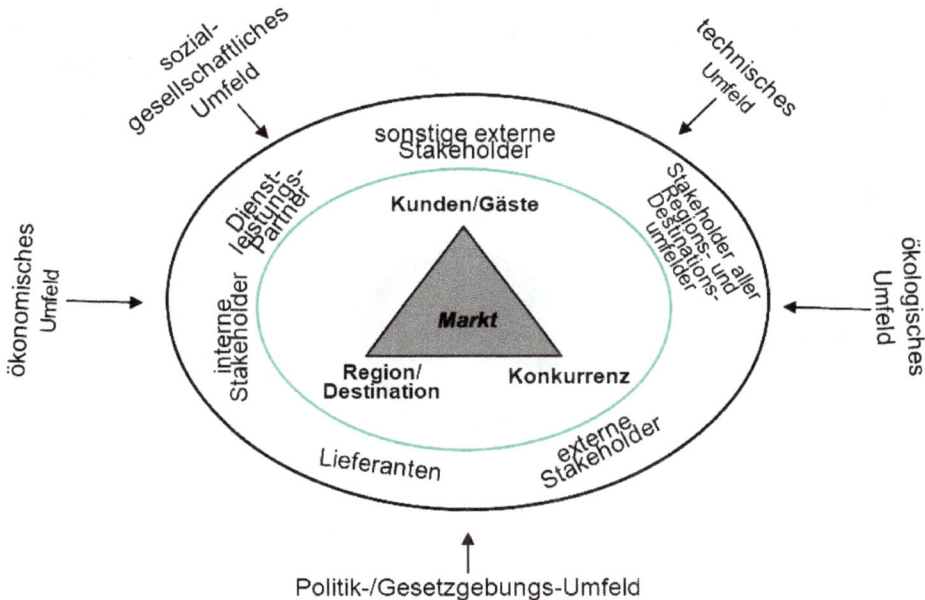

Abb. 3.15: Absatzmarkt mit Stakeholdereinflüssen (nach Wiesner 2020, S. 38)

Bruhn, Meffert und Hadwich fokussieren sich ebenfalls auf die Kunden-/Gäste- und Stakeholderbeziehungen und definieren Beziehungsmarketing (Relationship Marketing) wie folgt:

„Relationship Marketing umfasst sämtliche Maßnahmen der Analyse, Planung, Durchführung und Kontrolle, die der Initiierung, Stabilisierung, Intensivierung und

Wiederaufnahme sowie gegebenenfalls der Beendigung von Geschäftsbeziehungen zu den Anspruchsgruppen – insbesondere zu den Kunden – des Unternehmens mit dem Ziel des gegenseitigen Nutzens dienen." (Meffert, Bruhn, Hadwich 2018, S. 44). Dies gilt gleichermaßen oder sogar erweitert für die Regional- und Destinationsorganisationen und ihren Managementansatz der Governance.

360-Grad-Marketing zeigt diese erweiterte Marketingperspektive und steht für eine koordinierende Führungsaufgabe mit konsequenter Ausrichtung der gesamten Organisation auf die Erwartungen der Kunden und anderer Stakeholder (Wiesner 2020, S. 40). Mittels dieses Instrumentariums lassen sich die Geschäftsbeziehungen zu den Gästen und anderen Stakeholdern zum gegenseitigen Nutzen der Beteiligten gestalten und pflegen. Die Identifikation der internen und externen Stakeholder ist daher für jede Destinationsorganisation von besonderer Bedeutung und somit Teil ihrer Governance.

Seit 20 Jahren weise ich in meinen Publikationen (u. a. Wiesner 2001, 2009-3, 2016-1) und Veranstaltungen auf die Berücksichtigung der Stakeholder (vgl. Abb. 3.16) und ihrer Interessen im Management hin. 360-Grad-Marketing bezieht alle relevanten Stakeholder in die Interaktionen ein und reflektiert so das Governance Modell (vgl. Abb. 3.15).

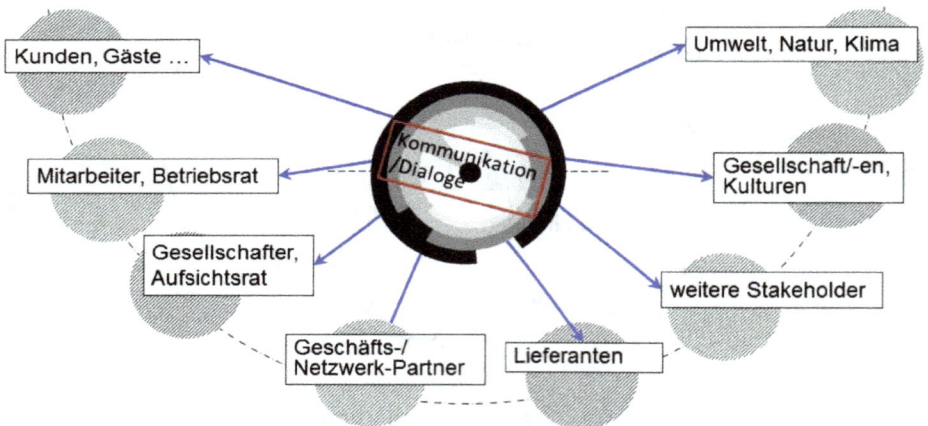

Abb. 3.16: Interaktion mit relevanten Destinationsstakeholdern (Wiesner 2020, S. 41)

Jede Destination, die ihre Gäste und anderen Stakeholder kennt, ist in der Lage, ihre gesamten Marketingaktivitäten im Rahmen des normativ-strategischen Marketingprozesses auf die relevanten Kunden-/Stakeholderanforderungen abzustimmen. Das Beziehungsgeflecht unterschiedlicher Marketingebenen einer Region/Destination ist in der folgenden Abb. 3.17 dargestellt. Eine Trennung zwischen internem und externem Marketing ist nicht möglich, da Lieferanten und Dienstleister häufig interne Stake-

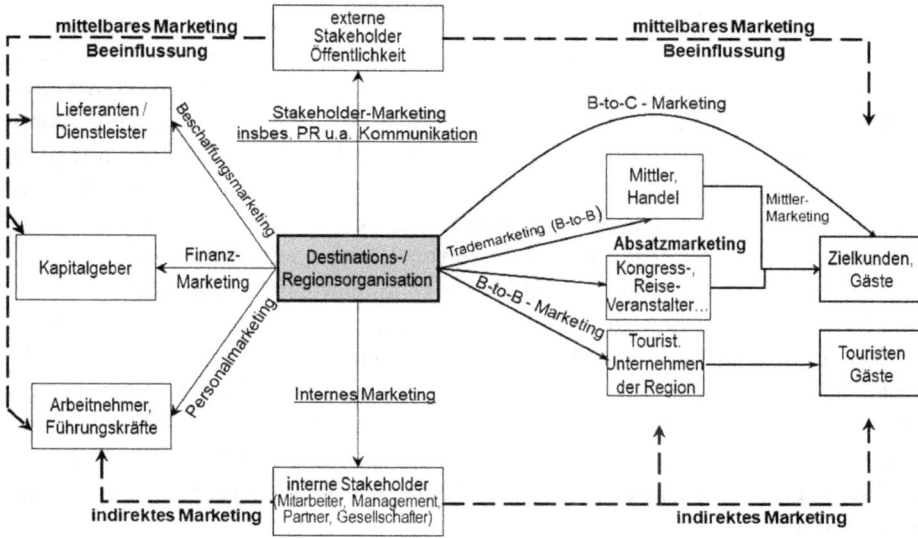

Abb. 3.17: Beziehungsgeflecht im 360-Grad-Destiantionsmarketing (nach Wiesner 2013, S. 50)

holder der Regionsorganisation und gleichzeitig auch wesentliche Kapitalgeber sind. Diese versorgen die Regionsorganisation auch oftmals mit relevanten (Zielgruppen-) Informationen.

3.4 Herausforderungen der Destinationen

Destinationen bzw. Regionen müssen sich heutzutage vielfältigen Herausforderungen stellen. Eine durch viele Medien sensibilisierte und kritischere Öffentlichkeit setzt auf mehr Nachhaltigkeit der Regionen/Destinationen, auf Fairness und moralisches Handeln der Verantwortlichen und erwartet die Einhaltung ethischer Standards sowie ein bürger- bzw. gesellschaftsorientiertes Agieren. Die Möglichkeiten des Web 2.0 erhöhen die Artikulationsmöglichkeiten vieler Stakeholdergruppen, die dadurch erhöhte Aufmerksamkeit und mehr Einfluss erhalten. So werden auch Destinationsverantwortliche zunehmend an ihre ökologischen und gesellschaftlichen Aufgaben und Versprechen erinnert – und die Ansprüche werden noch steigen („Fridays for Future" etc.). Ein Nicht-Beachten gesellschaftlicher Erwartungen kann zu dauerhaften Reputationsschäden der Destinationen/Regionen führen. Der Aufbau eines nachhaltigen und attraktiven (Marken-)Images/Profils zählt daher zu den zentralen Aufgaben des Destinationsmarketings.

In diesem Zusammenhang spielt auch die Debatte zum „Overtourism" eine wichtige Rolle. Einige bei Touristen besonders beliebte Destinationen sind inzwischen so überlaufen, dass Natur und Umwelt Schaden nehmen und die Bevölkerung unter den

Menschenmassen leidet – Venedig steht stellvertretend für solche Reiseziele. Dort wird inzwischen eine Touristengebühr insbesondere für Tagestouristen erhoben. Andere Städte erheben Einfahrtgebühren für Autos (London, Paris) oder sperren private PKW sogar ganz aus (Inseln, Bergregionen). Um negativen Auswirkungen des Tourismus vorzubeugen bedarf es tragfähiger und langfristiger Nachhaltigkeitsstrategien, ggfs. auch einer Besuchersteuerung. Bettenburgen sind „out"! Fairness- und Nachhaltigkeitssiegel bieten akzeptierte Standards für Verantwortliche und Gäste. Einige Destinationen arbeiten sogar mit Anbietern von CO_2-Kompensationen zusammen.

Gäste haben heutzutage generell höhere Qualitätsvorstellungen: Das betrifft die Hotels, andere Unterkünfte und weitere touristische Dienstleister, aber auch die (öffentlichen) regionalen Infrastrukturen. Es geht um Mindestqualitäten bei Dienstleistungen, Sauberkeit und Sicherheit. Aktuell spielen auch Hygienekonzepte und gesundheitliche Sicherheit eine wichtige Rolle für Gäste, die sich keinem Ansteckungsrisiko aussetzen wollen. Noch vor wenigen Jahren ging es vorrangig um die Sicherheit vor Terror-Anschlägen, die allerdings auch heute noch ein Risiko in einigen Weltregionen darstellen.

Eine weitere Herausforderung stellt das Handeln der Verwaltungen dar, bei denen trotz Einführung des New Public Managements (NPM) kaum Kundenorientierung zu finden ist. Kirchturmdenken, Rivalitäten und Mangel an Kunden- und Marketingkenntnissen unterschiedlicher Verwaltungen und Kommunalpolitiker erschweren häufig die Handlungsfähigkeit und den Erfolg regionaler Destinationen. Dies birgt genauso die Gefahr der Ineffizienz, wie die mangelnde Fokussierung des touristischen Angebots auf attraktive Zielgruppen: Nur eine klare Profilierung und Positionierung sind erfolgreich.

3.5 Destinationsorganisationen/DMO

In Kap. 3.3. wurde bereits darauf hingewiesen, dass es zur Umsetzung eines professionellen Managements schlagkräftiger Organisationsstrukturen bedarf, immerhin gibt es allein in Deutschland etwa 4.500–5.000 Tourismus- oder Destinationsorganisationen. Ein stakeholderorientiertes Destinationsmanagement beginnt daher mit der Auswahl der passenden Organisationsform als konstitutive Entscheidung: Welches ist die optimale Form zur Organisation und Vermarktung der Destinationsangebote?

Dazu sind folgende Fragen zu beantworten: Wie kann die Organisation die Erwartungen, Wünsche und Ziele interner Stakeholder realisieren? Wie können die Vorstellungen z. T. nicht direkt beteiligter Stakeholder ebenfalls berücksichtigt werden? Wie lässt sich die Mitwirkung der Stakeholder adäquat sichern (s. auch Kap. 3.1)? Wer muss wie viel besteuern, um die Destinationsorganisation erfolgreich zu starten und langfristig abzusichern? Wie lässt sich eine nachhaltige Finanzierung (angesichts klammer öffentlicher Kassen) sicherstellen? Gibt es externe Geldquellen (Zuschüsse, Fördermittel oder Subventionen), die nachhaltig erschlossen werden können? Wie kann alles möglichst effizient und effektiv organisiert, wie alles juristisch einwandfrei gestaltet werden (EU-Recht beachten)? Dafür erweist sich ein professionell gemanagtes Governance Modell als vielschichtiger und flexibler gegenüber dem klassischen Management Modell mit zentralistischem Ansatz.

Dazu bedarf es des Aufbaus einer geeigneten Organisation als verantwortlicher Träger der Tourismus- oder Destinationsinitiative. Als konstitutioneller Rahmen bieten sich verschiedene Varianten an: informelle Arbeitskreise, Arbeitsgemeinschaften oder Allianzen, Verwaltungseinheiten (falls es eine regionale Verwaltung gibt), Anstalten des öffentlichen Rechts, Institutionen interkommunaler Zusammenarbeit, Genossenschaften, Vereine oder Unternehmen (mit und ohne kommunaler Dominanz) sowie Stiftungen und diverse Mischformen (vgl. auch Abb. 3.8).

Eine generell optimale Organisationsform gibt es leider nicht, stets sind die jeweiligen Gegebenheiten in der Region genau zu prüfen. Häufig wird ein Public Private Partnership (PPP) in Form eines Vereins, einer GmbH, einer AG oder Genossenschaft gewählt, um sowohl öffentliche als auch private Akteure einzubinden und deren Kräfte und Kenntnisse zu bündeln. Die Wahl einer Unternehmensform ermöglicht ggfs. eine günstigere Steuergestaltung (EU-rechtliche Problemen beachten, z. B. Beihilferecht bei wirtschaftlichen Einnahmen von mehr als 20 %) sowie eine bessere Steuerung der Destinationsaktivitäten. In den Führungs- und Aufsichtsgremien sowie dem Kreis der Mitwirkenden finden sich meist die engagiertesten Akteure, die auch bereit sind, (finanzielle) Verantwortung zu übernehmen – die Gebietskörperschaften müssen sich auch engagieren.

Konkret gehören zu den Aufgaben des Destinationsmanagements (s. auch Kap. 3.2) u. a.:

- Analyse der Destinationsbedingungen (Stärken und Schwächen) sowie externer Einflüsse (Chancen und Risiken), Struktur- und Imageanalysen
- Entwicklung einer gemeinsamen nachhaltigen Vision, eines Leitbilds und die Formulierung allerseits anerkannter Ziele
- Moderation destinationsinterner Meinungsbildungsprozesse (Governance)
- Organisation und Durchführung professionellen Marketings (nicht nur Werbung)
- Profilbildung und Strategieentwicklung
- Schaffung eines attraktiven Images, evtl. sogar einer Marke
- Aufbau, Pflege und Zusammenführung eines Kontaktnetzwerkes zu den (relevanten) Stakeholdern (vgl. Abb. 3.2/3.8/3.9)
- Aktivierung des vorhandenen Ideenpotenzials und Digitalisierung
- Transfer externer Informationen, Ideen und Erfahrungen in die Destination
- Qualitätssicherung und Angebotsverbesserung
- Initiierung von touristischen Unternehmensgründungsaktivitäten
- Schaffung von Transparenz über alle potenziellen Schnittstellen und Aktivitäten
- Erarbeitung, Umsetzung und Koordination festgelegter Projekte/Aktionen/ Events

– Nutzbarmachung von Förderprogrammen der EU-, Bundes- und Landes-Ebene für Destinationsprojekte
– Rechenschaftslegung über die Aktivitäten und Erfolge
– Strategisches (zukunftsorientiertes) Controlling u. a.

Nach Bildung erster Destinationen in den beiden letzten Jahrzehnten der 20. Jahrhunderts mit Fremdenverkehrsbüros fand eine Evolution der Tourismusvereine und Verwaltungseinheiten zu professionelleren Organisationen statt. Um wettbewerbsfähige und langfristig finanziell abgesicherte Einheiten zu schaffen, entstanden vermehrt Regionsorganisationen, die professionell und unternehmerisch gesteuert werden müssen.

Für diese Destinationsorganisationen hat sich der Begriff DMO eingebürgert, der zunächst für Destination Marketing Organisationen stand. Eigentlich sollten sich die DMO zunächst nur mit Werbung, später in gewissem Umfang mit der Vermittlung oder dem Vertrieb der Unterkünfte und weiterer touristischen Angebote beschäftigen (Tourist-Information) – umfassende Marketingfunktionen (s. Kap. 3.3) waren nicht vorgesehen und häufig auch nicht erwünscht. Daher mangelt es heutzutage häufig an einer normativ-strategischen Ausrichtung.

Einige der DMO übernahmen inzwischen jedoch weitergehende (strategische) Aufgaben, professionalisierten das Management und entwickelten es zu einer partizipativen Governance (s. Kap. 3.2) weiter. DMO stand nun eher für Destination Management Organisationen, wie dies inzwischen die meisten Länderorganisationen in Deutschland sind. Damit einher ging häufig auch die Gründung von Kapitalgesellschaften (GmbH, AG), die das operative Geschäft nicht nur professioneller betrieben, sondern das Geschäft auch z. T. strategisch weiterentwickelten (z. B. Markenmanagement). Inzwischen wurde das wirtschaftliche Geschäft (mit Ausnahme von Nischenangeboten) aufgrund der EU-Vorgaben vielfach zugunsten einer reinen Vermittlungstätigkeit zurückgefahren. Das Management umfasst eine klare Positionierung und Angebotspolitik sowie die Schulung der touristischen Stakeholder. Wirtschaftliche Geschäfte werden allenfalls in Tochterunternehmen im größeren Umfang betrieben.

Nachdem nun Destinationen umfassender auch als Lebensraum der Anwohner, als Gesundheits- oder Wirtschaftsraum betrachtet werden, müssen die Aufgaben erweitert werden. Dies führt neuerdings häufig zu einer Zusammenlegung der wichtigen Aufgaben in umfassenden Standort- oder Regionalmarketingorganisationen (s. Wiesner 2021-1). Diese Organisationen sind dann auch in der Lage die gesamte Region weiterzuentwickeln und zu gestalten.

Auf Bundesebene in Deutschland betreibt die Deutsche Zentrale für Tourismus (DZT) weltweit Destinationsmarketing. Die DZT ist ein vom Deutschen Tourismusverband gegründeter Verein, der im Auftrag des Bundesministeriums für Wirtschaft und Energie (BMWi) die Destination Deutschland in allen interessanten touristischen Quellmärkten vermarktet. Die DZT wird finanziell zu 75 % vom BMWi, zu 25 % durch eigene Einnahmen und Beiträge der Mitglieder getragen. Jedes Bundesland verfügt über eine Landestourismusorganisation, das gilt ebenso für Österreich.

Für die touristische Bewerbung der Destination Österreich ist die nationale Tourismusmarketing-Organisation verantwortlich: gemeinnützige Österreich Werbung (ÖW). Sie wird vom Bundesministerium für Nachhaltigkeit und Tourismus und der Wirtschaftskammer Österreich (WKO) getragen. Das Budget finanzieren überwiegend der Bund und die WKO, geringere Anteile die Landestourismusorganisationen, Regionen und Betriebe (ÖW 2020). Die Austrian Business Agency (ABA) ist u. a. auch für die Qualitätsverbesserung im Tourismussektor zuständig und begleitet die digitale Transformation mit der „Digitalisierungsstrategie für den Tourismus" (ABA 2020).

Schweiz Tourismus (ST) als Unternehmen des öffentlichen Rechts ist die nationale Marketing- und Verkaufsorganisation für Schweizer Destinationsangebote (ST 2020). ST hat den Auftrag, die Schweiz als Reise-, Ferien- und Kongressland im In- und Ausland mittels Werbekampagnen zu fördern.

4 Touristische Handlungsfelder und Ausprägungen

Das touristische Marketing von Regionen ist in erster Linie auf die Wünsche und Bedürfnisse der (potenziellen) Gäste auszurichten. Andere Stakeholder (vgl. Kap. 3.3 und 5.2) sind ebenfalls beim 360-Grad-Marketing zu berücksichtigen, da sie die Entscheidungen der Reisenden auf vielfache Weise beeinflussen können. Dabei sind Megatrends und ebenso wie mittelfristige Trends zu berücksichtigen (vgl. Kap. 1). Aus den Kunden- und Stakeholderwünschen lassen sich touristische Handlungsfelder ableiten, um präferierte touristische Angebote bereitstellen zu können.

Als Basis touristischen Marketings sollte ein Regionalleitbild existieren bzw. entwickelt werden, um die normativen Vorstellungen der Region (und ihrer Akteure) als Grundlage zu formulieren. Aus diesem lassen sich dann (auch für jedes der im folgenden genannten Handlungsfelder) konkrete und messbare Ziele formulieren (vgl. Kap. 6). So lassen sich erfolgversprechende Strategien (vgl. Kap. 7) und operative Marketinginstrumente (vgl. Kap. 8) für jedes Handlungsfeld auswählen, die zur Zielerreichung geeignet sind.

Konkret bedeutet das, dass auch für jedes der im Folgenden genannten Handlungsfelder eine normativ-strategische Basis existieren muss, um den jeweiligen Bedürfnissen der Kundengruppen Rechnung tragen und attraktive Reiseangebote erfolgreich offerieren zu können. Neben Übernachtungsangeboten sollten Eintrittskarten, Führungen, Regionalverkehrstickets, Events, VIP-Programme oder Regionalkarten mit Vergünstigungen angeboten werden – selbstverständlich alles auch online!

4.1 Naherholungs- und Tagestourismus

Nach der in Mitteleuropa üblichen Auffassung, wie in Abb. 2.5 dargestellt, gehören auch touristische Kurzreisen ohne Übernachtungen zum Tourismus, der in den Regionen seine Berücksichtigung finden sollte: Solche regionalen Ausflüge, Einkaufs- oder Theaterbesuche bieten ökonomische Vorteile, da jeder Reisende im Durchschnitt fast 29 € am Zielort u. a. für Verpflegung, Einkäufe oder Unterhaltung ausgibt.

Nach Angaben des Deutschen Tourismusverbands/DTV unternahmen die Deutschen im Inland 2018 ca. 3,5 Mrd. Tagesreisen, also Ausflüge und Geschäftsreisen ohne Übernachtung, die den Zielgebieten einen Umsatz von mehr als 100 Mrd. € einbrachten (DZT 2020, S. 8). Aktuelle Zahlen zum Tagestourismus in Deutschland und seinen Regionen stellt die dwif-Consulting zur Verfügung (s. Abb. 4.1).

Beim Tages-(Ausflugsverkehr) und Tages-(Geschäftsreiseverkehr) wird das Wohnumfeld verlassen, allerdings ohne eine auswärtige Übernachtung. Der Ausflugsverkehr hat meist private Gründe, wohingegen Geschäftsreiseverkehr einschließlich Messe- und Kongressteilnahmen im Rahmen der Berufs- und Erwerbstätigkeit stattfindet. Hauptanlässe für Tagesreisen sind Besuche von Verwandten und Freunden

https://doi.org/10.1515/9783486849424-004

Niveau der privaten Tagesausflüge pro Kopf nach Kalenderwochen

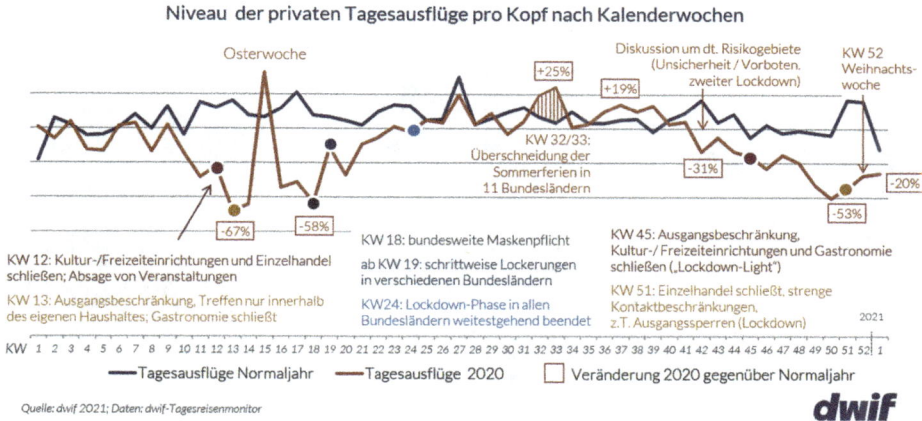

Abb. 4.1: Tagesreisen in Deutschland 2019–20 (dwif 2021)

(> 25 %), die Erholung (20–25 %), Ausflüge (>10 %), zu je 5–9 % Besichtigungen und Besuche von Attraktionen, Einkaufen/Shopping, Veranstaltungsbesuche und sportliche Aktivitäten. Essen gehen und organisierte Fahrten (z. B. Betriebsausflug) sind in je 2–3 % der Fälle Grund der Tagesreise.

Regionen, die Tagestouristen ansprechen wollen, müssen attraktive Landschaften oder Orte vorweisen und gut ausgeschilderte Wander-, Besichtigungs- oder Sportmöglichkeiten anbieten. Vielleicht reizen auch Superlative, z. B. der Mittelpunkt Deutschlands (Unstrut-Hainich-Kreis) oder der EU der 28 bzw. 27 Staaten (beide in Bayern) oder die sogenannten Zipfelorte Deutschlands (Sylt, Selfkant, Oberstdorf und Görlitz).

Andere Gäste präferieren vielfältige Einkaufserlebnisse und Gastronomieangebote, Attraktionen oder Events, Kinos und Theater, Spielbanken und andere Zerstreuungsmöglichkeiten, Museen und weitere Kulturangebote. In den folgenden Abschnitten finden sich genauere Angaben zu den jeweiligen Zielgruppenangeboten.

4.2 Shopping Tourismus

Die Deutschen reisen jährlich mehr als 300 Mio. mal zum Einkaufen in eine andere Stadt oder Region, meist als Tagestour – sie gaben durchschnittlich jeweils 12–15 € nur für Einkäufe aus. Außerdem kamen 2018 fast 23 Mio. ausländische Besucher nach Deutschland, von denen mehr als zwei Drittel in erheblichem Umfang in den Destinationen einkauften (EHI 2019 – vgl. Abb. 4.2). Allein deren Tax-Free-Einkäufe umfassen jährlich etwa 2,5 – 3 Mrd. €.

Meist bieten die Regionen nicht flächendeckend gleichartige Einkaufsmöglichkeiten für Shoppingtouristen, aber doch in einigen Städten oder Stadtzentren. Fast 57 %

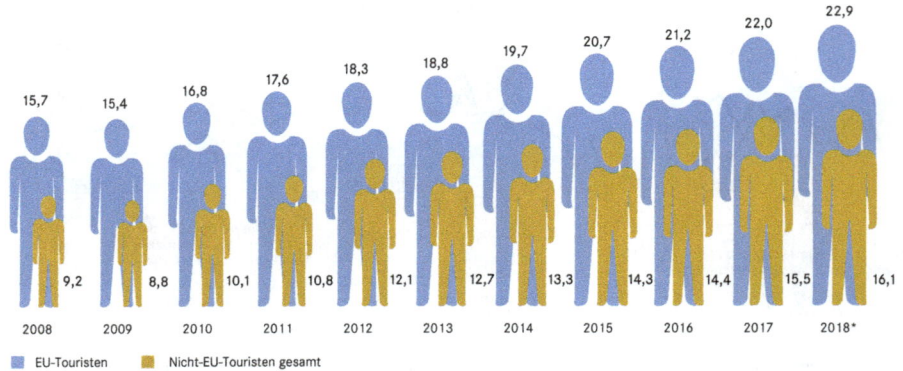

EU-Touristen ■ Nicht-EU-Touristen gesamt

* Werte für Dezember 2018 geschätzt auf Grundlage der gemessenen Entwicklung von Januar–November 2018 und Dezember der Vorjahre,
Datengrundlage: Statistisches Bundesamt 2008–2019

Quelle: EHI-Whitepaper Shopping-Tourismus 2019

EHI handelsdaten.de   EHI Retail Institute

Abb. 4.2: Ankünfte ausländischer Touristen in Millionen (EHI 2019)

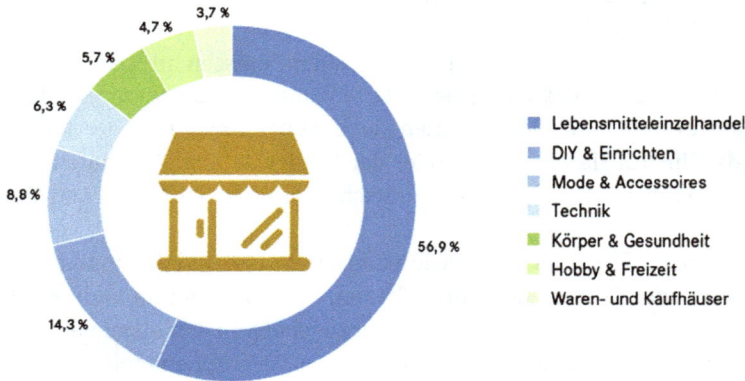

- ■ Lebensmitteleinzelhandel
- ■ DIY & Einrichten
- ■ Mode & Accessoires
- ■ Technik
- ■ Körper & Gesundheit
- ■ Hobby & Freizeit
- ■ Waren- und Kaufhäuser

Quelle: EHI-Studie Stationärer Einzelhandel Deutschland 2019

EHI handelsdaten.de   EHI Retail Institute

Abb. 4.3: Anteile der Einzelhandelslinien 2018 (EHI 2019)

aller Geschäfte in Deutschland sind Lebensmittelgeschäfte, sie profitieren vor allem von Einkäufen deutscher Reisender, ebenso wir die ca. 14 % Einrichtungshäuser und Baumärkte (vgl. Abb. 4.3). Ausländische Gäste präferieren eher Mode, Schmuck, Technik, Beauty- und Gesundheitsprodukte, v. a. wenn elektronische und Kreditkartenzahlung möglich sind. Die Pandemie brachte eine Stärkung der elektronischen Bezahlung.

In 2020 gab es in Deutschland wieder fast 500 Shopping-Center, die ebenfalls viele Einkaufstouristen anziehen, wenn sie gut erreichbar sind, ein umfangreiches Angebot und umfangreiche Parkmöglichkeiten aufweisen.

Ein Sonderfall sind die preisreduzierten Fabrikverkäufe (FVZ), die inzwischen attraktiven Factory-Outlet Centern (FOC) oder ganzen Outlet-Städten, wie dem Wertheim-Village, der Outletcity Metzingen oder dem City Outlet Monschau, mit Dutzenden von Marken gewichen sind. Darüber hinaus gibt es Designer-Outlet Center (DOC), wie in Ochtrup/NRW, Neumünster, Wolfsburg oder Soltau.

Um in- und ausländische Einkaufstouristen anzusprechen müssen Innenstädte ein breit gefächertes Angebot aufweisen, gut erreichbar, attraktiv und abwechslungsreich gestaltet sein. Viele Städte betreiben deshalb Citymarketing mit Aktivitäten zur Attraktivierung und Vermarktung der Innenstädte mit ihren Leistungen/Angeboten unter Einbindung der Stakeholder der (Kern-)Stadt. Fast 300 Städte beteiligen sich beispielsweise an den Aktionen freundliche oder „nette Toilette".

Citymarketing hat die primäre Aufgabe das Angebot, die Erreichbarkeit und Erlebnisqualität sowie das Erscheinungsbild der Innenstadt zu verbessern, um eine attraktive Positionierung zu ermöglichen. Auf diese Weise soll die Attraktivität der Innenstädte für unterschiedliche Zielgruppen wieder erhöht werden. Stadtfeste, Events, verlängerte Öffnungszeiten, Museumsnächte etc. zählen zu den vielfältigen Maßnahmen, um die Lebendigkeit und Lebensqualität der Innenstadt zu steigern. Bauern-, Wochen-, Bio- oder Regio-Märkte stellen ebenfalls beliebte Attraktionspunkte dar. Manche Städte setzen auf ähnliche Aktionen im Stadtteilmarketing, um ein Quartier oder den „Kiez" zu beleben.

Idealerweise wird die City durch einen abwechslungsreichen Geschäfte- und Dienstleister-Mix, identitätsstiftende Gebäude und Plätze, vielfältige Gastronomie- und Kulturangebote geprägt, die unterschiedliche urbane Funktionen erfüllen. Da diese in der Pandemie-Zeit besonders gefährdet sind, gibt es vielfältige Initiativen zu Stützung der (Innen-)städtischen Wirtschaft (vgl. Abb. 4.4). Auch geben manche Regionen oder Städte Regio-Geld oder Stadtgutscheine heraus, die nur in der jeweiligen Region eingesetzt werden können.

Mittels einer gesteigerten Einkaufs-, Erlebnis- und Aufenthaltsqualität (z. B. öffentliches W-Lan und Möblierung) sollen mehr Besucher/Gäste/Käufer auch zu publikumsschwachen Zeiten in die Innenstädte gelockt werden. Lebendige Innenstädte verheißen auch mehr Lebensqualität für die Bewohner. Die Angebote, Events und Attraktionen müssen breit über zielgruppengerechte Kanäle kommuniziert werden.

Digitalen Kanälen kommt eine zunehmende Bedeutung zu, indem Online-City-Gutscheine oder Location-based Services angeboten werden, wie mobile Coupons, Audio-Guides, VR-Angebote oder Push-Nachrichten zu lokalen Events oder Aktionen. Über QR-Codes lassen sich beispielsweise Informationen zu historischen Gebäuden vermitteln.

Kundenkarten zählen zu den gern verwendeten Instrumenten mit Rabatt- oder Bonusfunktionen – sie sollen möglichst viele Kunden mit interessanten Vorteilen häufi-

Abb. 4.4: Beispiele zur Stärkung der Innenstädte (Quelle: jeweilige Homepages)

ger in die angeschlossenen Geschäfte, Restaurants oder Parkgaragen etc. in der jeweiligen Region locken. So sollen Einwohner, Familien und Besucher an das regionale Einkaufs- und Dienstleistungsangebot gebunden werden. Manche dieser Karten werden gegen eine kleine Grundgebühr verkauft, allerdings reduziert sich dadurch das Verbreitungspotenzial.

4.3 Genuss- und Spezialitätentourismus

In vielen Lebensmittel- und Spezialitätengeschäften werden regionale Produkte angeboten, die sowohl bei Einheimischen als auch Gästen wegen der bekannten Herkunft hoch im Kurs stehen. 25–30 % der Reisenden schätzen regionale Küche, ebenso Verkostungen und Kochkurse.

Die räumliche (Produktions-)Nähe verursacht nicht nur weniger CO_2 Emissionen, sie schafft Vertrauen und Transparenz durch eine (zumindest theoretisch) nachvollziehbare Herkunft und Qualität. Lokal- bzw. regionaltypische Produkte stehen quasi mit ihrem Namen für eine Qualitäts- und Herkunftsgarantie, die auf das Vertrauen und die Umweltsensibilität der Kunden abzielt. Ähnliche positive Wirkungen erzielen Aktivitäten zur Profilierung als Fair Trade Region, Bio-Stadt oder Slow Food Region/„Cittaslow" (vgl. Abb. 4.5 und 4.6).

Spezialitäten mit regionalem oder lokalem Bezug sind Imageträger und Kommunikationsmittel jeder Region. So kennen die meisten Menschen Schwarzwälder Schinken und Kirschtorte, Harzer Roller, Hessischen Handkäse, Rheinischen Sauerbraten, Kölsch, Original Thüringer Rot- oder Rostbratwurst, Dresdner Stollen, Nürnberger Lebkuchen oder Würstel, Westfälische Mettenden, Aachener Printen, Rhönsprudel, Holsteiner Katenschinken, Tiroler Berg- oder Graukäse, Wachauer Marillen, Emmentaler Käse, Südtiroler Speck oder Schüttelbrot.

Abb. 4.5: Regionale Lebensmittelmarketing-Beispiele (Quelle: jeweilige Homepages)

Abb. 4.6: Vermarktung regionaler Lebensmittel (Quelle: jeweilige Homepages)

Aus diesem Grund gibt es auch Länderinitiativen wie „Gutes aus Hessen" (seit 1989) und „Bio aus Hessen" als geprüfte Qualitäten. Jedes Jahr veranstalten die Deutschen Bundesländer im Herbst einen „Tag der Regionen", der dezentral in allen interessierten Regionen stattfindet. Damit sollen regionale Produkte gestärkt werden (vgl. Abb. 4.5). NRW setzt auf kulinarische Experten aus den Regionen, die zum Botschafter der regionalen kulinarischen Besonderheiten werden. Unter dem Motto „Erlebe genussreiche Momente in NRW" wird auf Genussrouten durch NRW hingewiesen. Oberfranken präsentiert sich als Genussregion und Bayern vermarktet 100 Genussorte und www.1000genussorte.bayern.

Um die Stärke als gewachsene Kulturlandschaft mit landwirtschaftlichen und handwerklichen Familienbetrieben aktiv zu vermarkten hat sich z. B. der Verein „Lippequalität" als Träger der Dachmarke „Lippequalität – Gutes aus Lippe für Lippe" gegründet. Alle regionalen Mitglieder verbürgen sich für einwandfreie Produkte und transparente Herstellungsverfahren, möglichst naturbelassen und ohne Gentechnik – diese Selbstverpflichtung wird neutral kontrolliert. Es werden regelmäßig Busfahrten zu Lippequalität-Betrieben organisiert, um die Erzeugnisse vor Ort zu verkosten. Die Produkte werden nicht nur in Geschäften, sondern auch in Cafés, Bistros und Restaurants mit Qualitätssiegel angeboten (Lippequalität 2020, vgl. Abb. 4.5).

Die „AMA Genuss Region Österreich" ist eine Dachmarke (vgl. Abb. 4.5) des österreichischen Bundesministeriums für Landwirtschaft, Regionen und Tourismus sowie der Agrarmarkt Austria Marketing GesmbH, einer Körperschaft des öffentlichen Rechts. Die Initiative will Österreichs unverwechselbare Kulturlandschaften und die hier produzierten kulinarischen Spezialitäten als typische Lebensmittel mit regionaler Identität und Zugehörigkeit touristisch stärken. Sie kennzeichnet regionale landwirtschaftliche Produkte und Spezialitäten und macht sie damit für Außenstehende erkennbar. Auf einer GENUSS-REGION-Landkarte (www.genussregionen.at/landkarte/) finden sich derzeit rund 85 österreichische Lebensmittel-Spezialitäten mit ihren jeweiligen Erzeugungsorten, wie z. B. der Alpbachtaler Heumilchkäse, das Osttiroler Berglamm oder das Vorarlberger Ländle Kalb.

Walliser Raclette oder Schinken, Berner Rösti, Bündner Fleisch oder Kalberwurst sind Schweizer Regionalerzeugnisse, die auch außerhalb des Landes bekannt sind und Bezug auf die jeweilige Region nehmen. Die Schweizerische Vereinigung der AOP-IGP vertritt die Interessen der nach traditionellen Methoden und unter Wahrung des authentischen Geschmacks hergestellten Schweizer Lebensmittel. Eine Karte der europäisch geschützten Lebensmittel findet sich unter: www.aop-igp.ch/de/ueber-aop-igp/schweizer-karte-der-aop-igp/: Sie inspiriert auch Touristen zum Besuch.

Das Qualitätszeichen „Qualität Südtirol" (vgl. Abb. 4.5/4.6) wurde von der EU Kommission 2005 genehmigt und durch Landesgesetz der Autonomen Provinz Bozen geregelt. Die Maßnahmen zur Werbung und Absatzförderung für gekennzeichnete Produkte werden von Bozen gefördert und durch IDM Südtirol – Alto Adige durchgeführt (IDM 2020). Das Qualitäts- und Herkunftszeichen korrespondiert mit der Dachmarke Südtirol, um ein einheitliches Bild zu unterstützen und Synergien zum Tourismus zu nutzen. 1600 Bauernhöfe bieten unter der Marke „Roter Hahn" Urlaub auf dem Bauernhof in (vgl. Abb. 4.6).

Die EU hat sich ebenfalls des Themas regionaler Spezialitäten angenommen und schützt typische lokale/regionale Ursprungsbezeichnungen mit einer Registrierung und zwei Siegeln – die Gütezeichen „geschützte geografische Angabe" (g. g. A.) und „geschützte Ursprungsbezeichnung" (g. U.) (vgl. Abb. 4.5/4.6).

Neben Lebensmitteln gibt es auch viele andere regionale Produktspezialitäten die eine enge Verbindung zur jeweiligen Region aufweisen, wie z. B. Schweizer Uhren, Solinger Schneidwaren, Schwarzwälder Trachten mit dem „Bolle-Hut", der Tiroler Hut, Glarner Tüechli oder der sogenannte „Friesennerz". Diese Produkte stehen nicht nur als typische Erzeugnisse für die jeweilige Region, sondern werden als Andenken von vielen Gästen geschätzt.

Gerade Weinregionen stehen für Genuss und ein besonderes Lebensgefühl, für Gastfreundschaft, Kultur und reizvolle Landschaften. Weinstraßen führen die Besucher in vielen Weinbaugebieten an die schönsten Orte der jeweiligen Region. In den 13 deutschen, in 16 österreichischen und sechs Schweizer Weinregionen bieten Weingüter, Straußenwirtschaften und Weinfeste Verkostungen und Weinwanderungen an. In Südtirol sind viele Weinbauernhöfe gleichzeitig Urlaubunterkünfte (vgl. Abb. 4.7).

Abb. 4.7: Werbung für Wein- und Kultururlaub

Baden-Württembergs „Weinsüden Weinorte" sind seit Herbst 2020 die Aushängeschilder des regionalen Weintourismus. Sie pflegen die traditionelle Beziehung zum Weinbau und machen die Weinkultur sowohl für Einheimische als auch für Urlauber erlebbar. Das neue Siegel „Weinsüden Weinorte" prämiert Städte und Gemeinden, die auf eine lange Weinbaugeschichte zurückblicken können und ein breites weintouristisches Angebot aufweisen. 53 von ihnen erfüllen die Kriterien der Tourismus Marketing GmbH Baden-Württemberg (TMBW) und wurden erste Preisträger (TMBW 2020).

Regionale Lebensmittel, Getränke und Speisen bieten Gästen ein breites Genussspektrum und eignen sich als attraktive „Mitbringsel": Sie ziehen Touristen an, diese vor Ort zu erwerben, in den Gasthöfen und Restaurants der Region einzukehren oder sogar längere Aufenthalte zu buchen.

4.4 Kunst- und Kulturtourismus

Viele Touristen aus dem In- und Ausland interessieren sich für regionale Kultur- und Kunstangebote in Europa, mehr als die Hälfte schätzen historische und kulturelle Stätten, berühmte Sehenswürdigkeiten, Museen und Naturdenkmäler. Jeder Dritte schätzt Konzerte, Theater-, Musical- oder ähnliche Aufführungen. Mancher will auch unter sachkundiger Führung die aus Filmen oder dem Fernsehen bekannten Handlungsorte oder historische Plätze besuchen.

Abgesehen von kulturellen Großereignissen oder Festivals/Festspielen decken die Einnahmen aus Kunstausstellungen oder Kulturveranstaltungen bzw. -einrichtungen häufig nicht die entstehenden Kosten. Dennoch gibt die öffentliche Hand allein in Deutschland pro Jahr mehr als 8 Mrd. € für diesen Sektor aus, auch weil es sich bei den Angeboten um touristische Leuchttürme handelt. Zielgruppen sind neben den Bewohnern Touristen aus aller Welt, Tagesgäste, Besucher und potenzielle Neubürger, aber auch Kreative, Künstler und andere Kulturschaffende.

Aus diesem Grund propagiert die Deutsche Zentrale für Tourismus (DZT) Deutschland und seine Regionen regelmäßig als Kulturreiseziel Nr. 1 in Europa: 2017 das Lutherjahr, 2019 das Jahr des Mauerfalls. Das „Celebrating Bauhaus" (100 Jahre) begeisterte Kulturinteressierte aus zahlreichen Ländern für die Bauhausbewegung, die ihre Wurzeln in Deutschland hat. 2020 folgte das bis 2021 verlängerte Beethoven-Jubiläumsjahr in Bonn, für das die Telekom als Sponsor die BTHVN2020 Apps (Augmented Reality Stadtführung in Bonn) erstellte und die DZT mit Beethoven-Podcasts in sechs Sprachen (bei Spotify fünf Sprachen) wirbt:

- Deutsch: www.germany.travel/de/microsite/bthvn2020/beethoven-2020.html
- Französisch: www.germany.travel/fr/ms/bthvn2020/beethoven-2020.html
- Englisch: www.germany.travel/en/ms/bthvn2020/beethoven-2020.html
- Holländisch: www.germany.travel/nl/ms/bthvn2020/beethoven-2020.html
- Spanisch: www.germany.travel/es/ms/bthvn2020/beethoven-2020.html
- Japanisch: www.germany.travel/jp/ms/bthvn2020/beethoven-2020.html

Gemeinsam realisierten das Beethoven-Geburtshaus in Bonn und das Portal Google-Arts & Culture zum 250. Geburtstag Beethovens einen virtuellen 360-Grad-Rundgang (ähnlich wie bei Street View) durch das Museum: g.co/BeethovenEverywhere oder per App. Für Touristen gibt es Beethoven-Stadtführungen und den Beethoven-Wanderweg durch das nahe Siebengebirge. Der Beethoven-Rundgang erhielt sogar den Red Dot Award für seine Gestaltung und der Art Directors Club zeichnete ihn als Raumerlebnis im Freien aus. Postkarten, Pins und Statuen ergänzen das Angebot (vgl. Abb. 4.8). Viele internationale Reiseführer empfahlen Bonn und seine Region als Top-Reiseziel 2020.

Die regionale Tourismus & Congress GmbH Region Bonn/Rhein-Sieg/Ahrweiler stellt auf ihrer Homepage ebenfalls prominent das Beethoven-Jubiläum sowie die vielfältigen Museen und historischen Sehenswürdigkeiten der Region heraus (bonnregi-

Abb. 4.8: Beethoven-Jubiläum in Bonn 2020 – Anzeigen und (touristische) Angebote

on 2021): Dazu zählen auch Burgen und Schlösser sowie Highlights des romantischen Rheins mit ihren Events, Führungen und Wanderangeboten.

Allein 2019 unternahmen 21,8 Mio. Europäer Kulturreisen nach Deutschland. Nach einer Zwischenauswertung hielt insbesondere der Boom bei den Citytrips (STÄDTE & KULTUR) mit einem Marktanteil von 12 % der Reisen an. Daher führte die DZT ihre crossmediale Kampagne „German Summer Cities" auch 2020 fort (DZT 2019-2), auch wenn Städtereisen in Pandemie-Zeiten wegen räumlicher Enge weniger im Trend liegen. Über Museums-Apps, Werkpräsentationen in Kunstportalen, Live-Führungen in Social-Media-Netzwerken, Digitale Guides und Podcasts lassen sich Gäste inzwischen zumindest digital erreichen.

2021 stellte die DZT ihre internationale Kampagne unter das Motto „German.Local. Culture.". Sie bewirbt die Vielfalt deutscher Regionen, Städte und Gemeinden mit ihrem Brauchtum, traditionellem Handwerk und Manufakturen, mit ihren kulturellen Angeboten und einzigartigen Baustilen zu bewerben – bis hin zur Stille der Natur in ländlicher Umgebung (DZT 2020-3). Dabei setzt die DZT auf Empathie-Kampagnen und digitale Events/Workshops.

Das Bundesland NRW zelebriert 2021 u. a. den 100. Geburtstag von Joseph Beuys in zwölf Städten, insbesondere in seiner Geburtsstadt Krefeld und in Düsseldorf (Sterbeort), unter dem Motto Beuys, Beethoven und Bewegung.

Das kulturelle und geschichtliche Angebot gilt inzwischen als ein wesentlicher Faktor der wahrgenommenen Lebensqualität für Bürger und Gäste gleichermaßen. Das Management der österreichischen Kulturhauptstadt Linz sprach sogar vom „Lebensmittel Kultur", Kultur könne sowohl als Grundnahrungsmittel als auch als Genussmittel betrachtet werden. Das Zusammenkommen und der Dialog kreativer Menschen unterschiedlicher Milieus und Professionen bilde den Nährboden für Informations- und Wissensaustausch und Innovationen. Private Kulturveranstalter verstärken die inspirierende Wirkung durch Konzerte, Festspiele, Festivals, Filmevents oder andere Großveranstaltungen. Mit mehr als 500 Theatern bietet Deutschland die höchste Theaterdichte der Welt, Freilichtbühnen nicht mitgezählt.

Kleine Museen, insbesondere Heimatmuseen oder übliches Kunsthandwerk werden sicherlich diesem weit gefassten Anspruch häufig nicht gerecht und locken auch nur relativ wenige auswärtige Touristen oder Tagesausflügler als Besucher in eine Region. Das Heimatmuseum, ein Volksfest oder regionales/lokales Brauchtum haben aber oft eine wichtige Funktion als Teil einer Identitätsbildung, selbst wenn die Tradition noch nicht alt ist (z. B. „Lipper Tage"). Im besten Fall wird ein Volksfest wie das Münchener Oktoberfest oder der Cannstatter Wasen mit der Zeit zum Anziehungspunkt für die Stadt oder Region, zum Teil über nationale Grenzen hinweg (vgl. Kap. 4.5).

Der Raum Düsseldorf gilt mit mehr als 1.800 Künstlern als die dichteste Künstlerregion Deutschlands und ist mit seinen vielen Museen, Galerien und Kunsthallen wichtiger Angelpunkt der sogenannten „Kunststadt" Köln-Bonn-Düsseldorf entlang des Rheins. Einen internationalen Ruf genießt Kassel als Veranstaltungsort der „Documenta".

Traditionsreiche Künstlerorte entstanden bereits Ende des 19. Jahrhunderts in Worpswede/Teufelsmoor (Maler, Zeichner, Bildhauer und andere Objektkünstler, Dichter und Schriftsteller, Komponisten und Liedermacher, Architekten und Grafiker) oder Schwalenberg (insbesondere Maler, heute Schieder-Schwalenberg mit Wirkung für ganz Lippe). Es gibt aber auch neuere Kulturregionen, wie beispielsweise die LEADER-Region Kulturraum Oberes Örtzetal in Niedersachsen oder das Kulturland Kreis Höxter.

Die darstellenden Künste umfassten 2019 in Deutschland mehr als 21.000 Unternehmen mit fast 49.000 Mitarbeitern – diese erzielten einen Umsatz von etwa 5,7 Mrd. €. Fast 29 Mio. Gäste besuchten die deutschen Theater mit ihren gut 800 Spielstätten (WiWo 2020-2). Die ca. 1.700 Kinos in Deutschland konnten 2019 fast 120 Mio. Besucher (Umsatz ca. 1,8 Mrd. €) begrüßen, 2020 coronabedingt nur noch etwa ein Viertel davon (WiWo 2020-3).

Das Creative Cities Network der UNESCO beabsichtigt die Kreativwirtschaft weltweit zu fördern: Der internationale Austausch sollen verbessert, neue Kooperationen entwickelt werden. Im Netzwerk lassen sich Wissen, Erfahrungen und gute Praxisbeispiele austauschen. Innerhalb des Programms werden verschiedene Kulturaktivitäten (Musik, Film, Design ...) ausgezeichnet. Seit 2004 gibt es die Kultur-Auszeichnung „UNESCO City of Literature" – 2014 wurde Heidelberg ausgezeichnet (UNESCO 2020).

Über das Thema Kunst und Kultur lässt sich relativ leicht eine überregionale öffentliche Aufmerksamkeit (z. B. Ruhr Triennale, s. Abb. 4.9) erzielen, insbesondere durch Meldungen in Zeitschriften, Reportagen im Radio, Berichten im Fernsehen oder den Medien des Web 2.0. Gleiches gilt für gut inszeniertes Brauchtum wie z. B. den rheinischen Karneval oder die alemannische Fasnacht.

2010 präsentierte sich Essen als Teil der „Route der Industriekultur" zusammen mit den Nachbarstädten der „Metropole Ruhr" als Kulturhauptstadt Europas (Ruhr 2020 – vgl. Abb. 4.9). Von 1985 bis 1998 vergab die EU den Titel „Kulturstadt Europas" jeweils für ein Jahr an eine Stadt (u. a. West-Berlin 1988). Seitdem wurden mehrere Städte mit dem veränderten Titel „Kulturhauptstadt Europas" ausgezeichnet, darunter Weimar 1999, Graz 2003, Linz 2009, Essen/Ruhrgebiert 2010 und Breslau 2016. 2024 sollen mit Bad Ischl wieder eine Stadt aus Österreich und 2025 mit Chemnitz wieder eine Stadt aus Deutschland dabei sein, zuvor trägt das Luxemburger Esch den Titel in 2022. Kultur trägt so auch zur Markenbildung der Städte und Regionen bei.

Abb. 4.9: Kulturelles Erbe in der Metropole Ruhr (metropole ruhr)

Zur Europäischen Kulturtourismusregion des Jahres 2020 wurde übrigens die französische Region Le Voyage à Nantes gewählt. In Deutschland liegen 46 UNESCO-Welterbestätten (vgl. Abb. 4.10), darunter die Höhlen und Eiszeitkunst der Schwäbischen Alb und die Siedlungen der Berliner Moderne. Einzelne Bauwerke/-denkmäler gehören ebenso dazu wie Gebäude- oder Stadtensembles, archäologische Stätten, Kulturlandschaften und Naturgebiete. Sieben davon sind transnationale bzw. grenzüberschreitende Stätten (UNESCO 2019). Nähere Beschreibungen finden sich auch unter: https://welterbedeutschland.de/. In der Schweiz gibt es elf Welterberegionen oder -städte, in Österreich zehn.

Abb. 4.10: UNESCO Kulturerbe in Deutschland (Zahlenbilder Stand 2012, aktuelle interaktive Liste unter UNESCO 2019 oder https://welterbedeutschland.de/)

Das Weltkulturerbe ist ein magisches Stichwort für viele Regionen und Städte, die um diesen Titel ringen. So lockt nicht nur die Aussicht auf staatliche Förderung, sondern auch auf eine touristische Attraktion mit Leuchtturmcharakter für die ganze Region. Ähnliches gilt für Regionen, die zum Weltnaturerbe zählen oder in der Liste der Biosphärenreservate stehen: Nationale Titel, wie „Auengebiet nationaler Bedeutung" (CH), Naturpark, Naturdenkmal oder Nationalpark entfalten ebenfalls eine überregionale Außenwirkung. Schlossgärten und Parks sind als gestaltete Natur eher der Kultur zuzuordnen.

Der Europarat vergibt das Europadiplom jeweils für fünf Jahre als Auszeichnung für Naturgebiete von internationaler Bedeutung und von europäischem Interesse. Im Zentrum steht der Schutz des natürlichen Erbes und die Erhaltung ihres ästhetischen, kulturellen und/oder Erholungszwecken dienenden Wertes. Das Siebengebirge erhielt 2021 die Auszeichnung zum achten Mal als eines von acht in Deutschland.

2018 wurde erstmals das Kulturerbejahr von der Europäischen Kommission unter dem Motto „Sharing Heritage" ausgerufen. Bereits 1975 rief der Europarat das Europäische Denkmalschutzjahr aus, das sich mit der europäischen Baukultur befasste

Die Garten-Landschaft OstWestfalenLippe wird als kulturelles Markenzeichen der Region OWL betrachtet. Dort liegt auch die lippische Kreisstadt Detmold, die sich als Kulturstadt im Teutoburger Wald bezeichnet. Auch Rothenburg o. d. Tauber wirbt als Landschaftsgarten und mit Gartenparadiesen.

Attraktionen wie Sehenswürdigkeiten, Denkmäler, Burgen, Schlösser und andere Bauwerke, künstliche Erlebniswelten etc. wirken ebenfalls touristisch stark anziehend über eine Region hinaus und erfüllen nicht selten auch die Einheimischen mit

Stolz auf ihre Heimat. Also dienen Kunst und Kultur auch der Bildung bzw. Stärkung regionaler Identität. Um jedoch überregional Touristen anzusprechen bedarf es kultureller Leuchttürme mit überregionaler Strahlkraft. Fehlt dieser, muss mindestens eine ausreichende Anzahl an Kulturangeboten vorhanden sein, die sich für die kulturtouristische Vermarktung durch eine handlungsfähige DMO eignen.

Ostfriesland veranstaltet beispielsweise seit 2007 kulturtouristische Themenjahre, Schleswig-Holstein und der Rheingau jährlich bekannte Musikfestivals. Oberschwaben-Allgäu vermarktet die Oberschwäbische Barockstraße als Ferienstraße und Anhalt-Dessau-Wittenberg bietet mit der WelterbeCard eine Gästekarte, die viele bedeutende Kultur- und Freizeitanbieter umfasst. Um sich erfolgreich als Kulturtourismus-Region profilieren zu können, müssen entsprechende Grundlagen vorhanden sein, die Leistungsfähigkeit und die vorhandenen Ressourcen müssen realistisch eingeschätzt werden.

In den Jahren 2016–17 führten Bayern und Böhmen ein Projekt zum kulturellen Austausch im bayerischen und tschechischen Grenzraum in der Kultur- und Tourismusregion Zwiesel/ Bayerisch Eisenstein in Niederbayern unter dem Motto „Kulturregion Bayern-Böhmen 2017" durch.

Der Markt für Kulturtourismus lässt sich grob in zwei Gruppen teilen: Zum einen die klassischen Kulturtouristen (ca. 10 %) mit dem dominierenden Reisemotiv Kultur, zum anderen die weitaus größere Gruppe der Besichtigungs-/Sightseeingtouristen, die auch zahlreiche andere Urlaubsaktivitäten ausüben und unterschiedliche Reisemotive besitzen.

Einzelne Städte wie Lemgo werden mit ihrem Marketing allein nicht so erfolgreich sein, können aber im Verbund der Hansestädte vielleicht neue Touristen ansprechen. Das kulturelle Erbe der Hanse wird derzeit in 194 Städten wiederbelebt, mehr als die Hälfte davon liegen in Deutschland – die anderen vor allem rund um die Ostsee und an der Nordsee.

Braunschweig, Celle, Göttingen, Goslar, Hameln, Hannover, Hildesheim, Lüneburg und Wolfenbüttel haben sich zur überregionalen Vermarktungsgemeinschaft „Wonderful Nine" zusammengeschlossen. Sie wollen unter dem Motto „Neues hinter historischen Fassaden entdecken" insbesondere den deutschen Touristikmarkt erschließen. Die Städteverbünde „Magic Cities" (Berlin, München, Hamburg, Frankfurt, Köln, Düsseldorf, Stuttgart, Hannover und Dresden) und „Historic Highlights of Germany" (Augsburg, Bremen, Erfurt, Freiburg, Heidelberg, Koblenz, Lübeck, Münster, Potsdam, Regensburg, Rostock, Trier, Wiesbaden und Würzburg) wollen insbesondere internationale Touristen erreichen.

4.5 Eventtourismus

Events sind wiederkehrende Veranstaltungen, die eine regelrechte „Leuchtturmfunktion" mit hohem Aufmerksamkeitswert für eine Region haben. Zielgruppen können einerseits (Neu-)Bürger, andererseits aber auch Besucher, Reisende oder Tagesgäste sein, die aus anderen Regionen oder sogar dem Ausland kommen. Mit Events lassen sich Regionen beleben, emotionalisieren und attraktiver gestalten. Wesentliche Handlungsträger sind die Regionalverwaltungen/-politiker, Branchen-/Sportverbände oder professionelle Veranstalter.

Seit ca. 25 Jahren erhalten Events und Veranstaltungen eine zunehmende Bedeutung für jede Region: Seit der Entwicklung zur Erlebnisgesellschaft streben immer mehr Menschen nach besonderen Erfahrungen (Entertainment), die oft als Bereicherung der eigenen Persönlichkeit empfunden werden. Danach müssen sich auch Regionen richten, denn Events und Veranstaltungen können durch ihre Anziehungskraft und Wertschöpfung die Attraktivität der Region deutlich erhöhen und so zu einer klaren Differenzierung im Wettbewerb beitragen.

Veranstaltungen (auch Märkte, Weihnachtsmärkte und Jahrmärkte), die einen besonderen Charakter haben, können in zwei Richtungen wirken: Sie fördern einerseits die Identität und Verbundenheit mit der Region und sie haben andererseits eine über deren Grenzen hinausgehende attraktive Signalwirkung für potenzielle Gästegruppen. Events dienen also der Inszenierung und der Emotionalisierung von Besuchern und Bewohnern. Auch Schützenfeste und Karnevalsveranstaltungen können Eventcharakter haben, sie gehören zum regionalen Brauchtum, welches ohnehin eine hohe Anziehungskraft besitzt. Jubiläen und Jahres-/Geburtstage von früher ansässigen Prominenten schaffen (internationale) Aufmerksamkeit und sind zudem identitätsstiftend. Als besonders authentisch gelten Festakte (z. B. 250. Geburtstag Ludwig van Beethovens in der Region Bonn) mit historischer Verbindung.

Deutschlandweit werden jährlich fast 10.000 Volksfeste und etwa 3.000 Weihnachtsmärkte veranstaltet. Sie ziehen ca. 350 Mio. Besucher an, bieten ca. 50.000 Arbeitsplätze und stehen für Steuerzahlungen von mehr als 1,6 Mrd. € jährlich. Die größten Volksfeste sind das Oktoberfest in München (ca. 6,3 Mio. Besucher), der Freimarkt in Bremen (ca. 4,4 Mio. Besucher), die Düsseldorfer Rheinkirmes und die Cranger Kirmes in Herne mit jeweils ca. 4 Mio. Besuchern. Die größten Weihnachtsmärkte finden in Köln (ca. 6 Mio. Besucher), in Stuttgart (ca. 3,5 Mio. Besucher) und in München (ca. 3 Mio. Besucher) statt, deutlich vor dem Striezelmarkt in Dresden (2,5 Mio. Besucher, Rang 5) und dem Christkindlesmarkt in Nürnberg (2,1 Mio. Besucher, Rang 7) (WirtschaftsWoche 2020-1).

Events, Feste, Festivals und Veranstaltungen erzeugen breite Aufmerksamkeit und senden gewünschte Signale an ausgewählte Zielgruppen, daher können sie image- oder sogar markenbildend wirken und als Positionierungselement einer Region dienen: Das „Open Ohr Festival" zieht seit 1975 jährlich ca. 11.000 Besucher nach Mainz. Viele Events erzeugen allerdings nur eine vorwiegend lokale und regionale Wirkung.

Sportevents bzw. Sportgroßveranstaltungen, vor allem Wettkämpfe mit herausragender Bedeutung im gesamten Sport (Olympische Spiele, Weltmeisterschaften, europäische oder nationale Meisterschaften) oder in wichtigen Disziplinen schaffen eine hohe überregionale/internationale Aufmerksamkeit bei ihren (aktiven und passiven) Besuchergruppen. Regionen stehen häufig im intensiven Wettbewerb um publikumsträchtige Sportveranstaltungen, weil sie viele Gäste anziehen. Man geht davon aus, dass etwa zwei Prozent der Touristen (passive) Teilnehmer an Sportveranstaltungen sind. Die meisten Teilnehmer kommen aber als Tagesgäste aus der Region. Allein zu Spielen der Fußballbundesliga kamen in der Saison 2018/19 ca. 13,3 Mio. Fans und brachten einen Umsatz von ca. 4 Mrd. € in den Fußballstadien und außerhalb.

Events, Festivals, Feste und Veranstaltungen können jeder Region einen direkten finanziellen Erfolg bringen. Neben ökonomischen sind aber auch ökologische und soziale Auswirkungen zu berücksichtigen. Die sogenannte Festivalisierung verändert häufig die Regionalplanung und verbessert die Entwicklung der Destinationen. Veranstaltungen und Events fungieren oft als Motor/Impulsgeber für Destinationsprojekte, führen aber auch zu steigender Umweltbelastung. Weitere positive Effekte können sein:
- Steigende Identifikation der Bewohner
- Höherer Erlebnis- und Freizeitwert
- Steigender Bekanntheitsgrad der Destination
- Multiplikatorwirkungen innerhalb und außerhalb der Region
- Verbesserung des Destinationsimages
- Höhere touristische Attraktivität
- Verbesserte Infrastruktur
- Zusätzliche Wertschöpfungs- und Beschäftigungseffekte
- Bessere Differenzierung
- Markenbildung

Zu den publikumsträchtigen und imagebildenden Veranstaltungen zählen auch Bundes- oder Internationale Gartenschauen, die im Zweijahresturnus stattfinden, zuletzt 2019 in Heilbronn und 2021 in Erfurt. Gleichzeitig dienen diese zur Verbesserung der Lebensqualität und Ökologie der Regionen. Aus diesem Grund finden seit 1970 (in NRW und später in anderen Bundesländern, auch Österreichs) zusätzliche Landesgartenschauen im 2–3 Jahresrhythmus statt, beispielsweise die fünfte in Rheinland-Pfalz im Jahr 2023 in Bad Neuenahr-Ahrweiler. In den Niederlanden findet im Zehnjahresrhythmus die Gartenbau-Weltausstellung Floriade statt.

In NRW wird seit 2000 beispielsweise alle ca. 2–3 Jahre eine sogenannte „Regionale" veranstaltet, durch die die interkommunale Zusammenarbeit von Städten und Gemeinden verbessert und dadurch die Regionen mit ihrer Wirtschaft und dem Tourismus gestärkt werden sollen. Die REGIONALEN in NRW sind bundesweit einzigartig, sollen aber bald auch in der Schweiz stattfinden.

Eine internationale touristische Leuchtturmfunktion erfüllt eine Weltausstellung (EXPO). Seit 1928 ist das Bureau International des Expositions (BIE) die offizielle Institution zur Vergabe der Weltausstellungen. Diese werden über drei bis sechs Monate in einem Abstand von zwei bis fünf Jahren veranstaltet, beispielsweise im Jahr 2000 in Hannover oder 2021 in Qatar. An der EXPO 2000 unter dem Motto „Mensch, Natur und Technik – eine neue Welt entsteht" beteiligten sich 155 Nationen. 18 Mio. Besucher besuchten Hannover und die Region, in der weitere 280 EXPO-Projekte präsentiert wurden, u. a. im Rahmen der Regionale 2000 – EXPO Initiative OstWestfalenLippe.

4.6 Messe-, Ausstellungs-, Kongress- und Geschäftsreisetourismus

Sehr viele Messen, Ausstellungen und Kongresse haben eine hohe nationale oder internationale Anziehungskraft. Sie entfalten ihre Wirkung insbesondere außerhalb der jeweiligen Region und locken europa- oder weltweit Teilnehmer und Besucher an. Gerade internationale Veranstaltungen dieser Art können die Reputation einer Region maßgeblich mitbestimmen, weil „man einfach dabei gewesen sein muss". Deutschland hat generell einen hervorragenden Ruf als internationaler Messestandort mit 25 Messeplätzen von internationaler oder nationaler Bedeutung, allein vier der acht weltweit größten Messegelände finden sich darunter. Deutschlands Anteil am Weltmessemarkt beträgt knapp 10 %.

Seit vielen Jahren ist Deutschland weltweit führender Messestandort mit insgesamt etwa 100 Messeveranstaltern: 65 % aller internationalen Leitmessen finden nach Angaben des Ausstellungs- und Messeausschusses der Deutschen Wirtschaft (AUMA) im Lande statt – 160 bis 190 jedes Jahr bis 2019. Annähernd 200.000 Aussteller (davon 60 % aus dem Ausland) präsentieren sich und ziehen knapp 10 Mio. Besucher an, darunter ca. 3 Mio. aus dem Ausland (vgl. Abb. 4.11). Die regionalen Messen werden jährlich von weiteren 6 Mio. Menschen besucht. Aussteller und Besucher geben anlässlich dieser Messen pro Jahr über 14 Mrd. € in Deutschland aus.

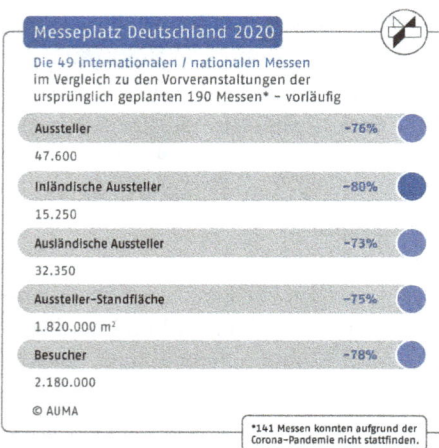

Messeplatz Deutschland 2020

Die 49 internationalen / nationalen Messen im Vergleich zu den Vorveranstaltungen der ursprünglich geplanten 190 Messen* – vorläufig

Aussteller	–76%
47.600	
Inländische Aussteller	–80%
15.250	
Ausländische Aussteller	–73%
32.350	
Aussteller-Standfläche	–75%
1.820.000 m²	
Besucher	–78%
2.180.000	

© AUMA

*141 Messen konnten aufgrund der Corona-Pandemie nicht stattfinden.

Abb. 4.11: Messestandort Deutschland (AUMA 2021)

Die Corona-Pandemie und Social Distancing haben seit 2020 gravierende Auswirkungen auf die Art und Organisation der Messen: Immer mehr Veranstaltungen wurden abgesagt oder fanden nur virtuell statt. Einige der Messen wurden in die nächsten Jahre verschoben. Insgesamt wurden 2020 in Deutschland lediglich 49 der 190 geplanten internationalen Messen durchgeführt (vgl. Abb. 4.11). Nur noch knapp 25 % der früheren Besuche rund Aussteller wurden in 2020 registriert. Von 165 geplanten regionalen Messen wurden in 2020 immerhin noch 65 durchgeführt, aber das Minus bei Ausstellern und Besuchern lag bei fast 60 % (AUMA 2021).

Nach einer Studie des Ifo-Instituts im Auftrag des AUMA erbringen Messen in Deutschland der deutschen Wirtschaft Produktionseffekte üblicherweise von ca. 28 Mrd. € pro Jahr (2014–17). Gleichzeitig erzeugen die jährlich etwa 160 bis 180 internationalen Messen einen Beschäftigungseffekt von mehr als 230.000 Vollzeitarbeitsplätzen. Zudem erhöhen sich die Steuereinnahmen von Bund, Ländern und Gemeinden aufgrund der Durchführung dieser Messen um mehr als 4 Mrd. € (vgl. Abb. 4.12).

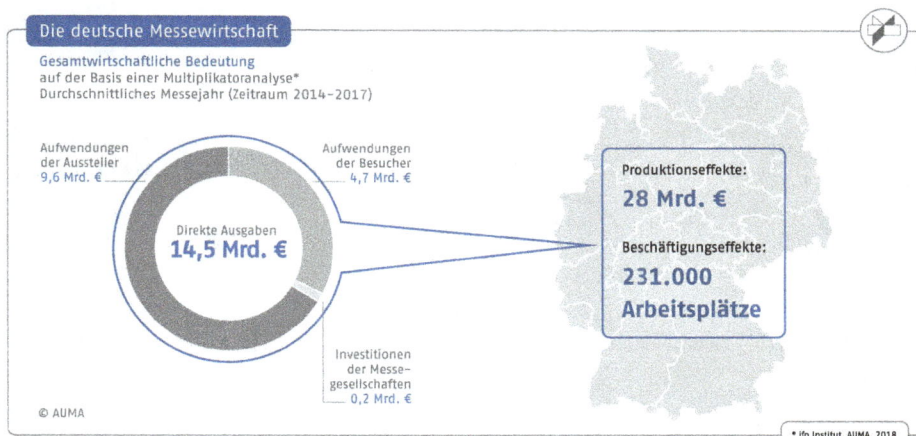

Abb. 4.12: Gesamtwirtschaftliche Bedeutung von Messen in Deutschland (AUMA 2020)

Bis 2018/19 wurden fast zwei Drittel aller globalen Leitmessen der verschiedenen Branchen in den 26 deutschen Messegeländen mit rund 2,8 Mio. qm Hallenfläche (vgl. Abb. 4.13) veranstaltet. Die deutschen Messeveranstalter erreichten 2018 einen Umsatz von 4 Mrd. €, allein fünf Veranstalter sind aktuell unter den TOP 10 im internationalen Umsatzvergleich.

Viele Regionen unterstützen aus diesem Grund solche internationalen Veranstaltungen finanziell oder materiell. Manche Messe-, Ausstellungs- oder Kongressgesellschaften befinden sich ganz oder teilweise im Eigentum staatlicher Organe, der Städ-

Messeplatz Deutschland 2020					
Ausstellungskapazitäten* brutto in m²					
Stadt	Halle	Freigelände	Stadt	Halle	Freigelände
Hannover	392.445	58.000	Dortmund	59.735	
Frankfurt/M	372.350	66.764	Augsburg	54.550	10.000
Köln	284.000	100.000	Karlsruhe	52.000	90.000
Düsseldorf	262.727	43.000	Bremen	39.000	100.000
München Messe	200.000	414.000	Erfurt	25.070	21.600
Berlin ExpoCenter City	180.000	157.000	Offenburg	22.570	37.877
Nürnberg	180.000	50.000	Freiburg	21.500	81.000
Stuttgart	119.800	40.000	Offenbach	20.100	
Leipzig	111.300	70.000	Berlin ExpoCenter Airport	20.000	57.000
Essen	110.000	20.000	Chemnitz Messe	11.000	8.000
Friedrichshafen	87.500	35.500	Wiesbaden	7.600	
Hamburg	86.465	10.000	Husum	4.800	70.000
Bad Salzuflen	78.000		Idar-Oberstein	4.500	1.000

© AUMA

* Messegelände mit mindestens einer Veranstaltung der AUMA-Kategorien international oder national / Stand: 1.1.2020

Abb. 4.13: Kapazitäten für internationale Messen in Deutschland (AUMA 2020)

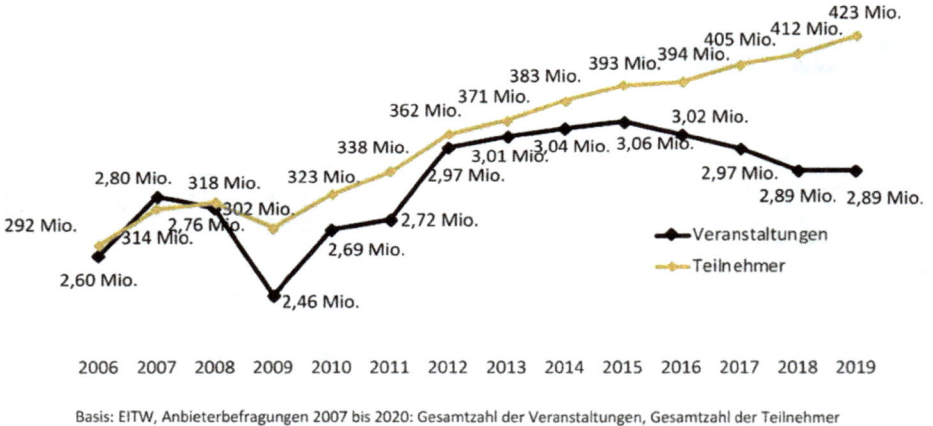

Basis: EITW, Anbieterbefragungen 2007 bis 2020: Gesamtzahl der Veranstaltungen, Gesamtzahl der Teilnehmer

Abb. 4.14: Kongress-Veranstaltungen und Teilnehmer in Deutschland zwischen 2006 und 2019 (EITW; S. 12)

te oder Regionen/Länder. Diese Veranstaltungen bringen nicht nur Gäste (mit ihren vielfältigen direkten und indirekten wirtschaftlichen bzw. monetären Auswirkungen – vgl. Abb. 4.11), sondern vor allem Ansehen.

Deutschland war 2019 erneut der TOP-Standort für Tagungen und Kongresse: 2019 nahmen circa 423 Mio. Teilnehmer (+2,7 %) an 2,89 Mio. Tagungen, Kongressen und Events in den deutschen Veranstaltungsstätten teil (vgl. Abb. 4.14), darunter 43,2 Mio. Teilnehmer aus dem Ausland (+15,9 %). Die Zahl der Veranstaltungen hielt sich auf vergleichbarem Niveau zum Vorjahr. Es gab 2019 noch 7.581 Veranstaltungsstätten (+1,5 %) mit jeweils mindestens 100 Sitzplätzen im größten Saal: 1.800 Veranstaltungs-Centren, 3.429 Tagungshotels und 2.352 Eventlocations (EITW; S. 9 ff.). Diese Zahlen wurden jedoch 2020 und werden voraussichtlich bis 2023 wegen coronabe-dingter Einschränkungen bzw. der Nachwirkungen nicht wieder erreicht werden.

Deutschland war 2019 mit 714 durchgeführten internationalen Verbandskongres-sen zum 16. Mal in Folge die Nr. 1 in Europa und weltweit auf Platz 2 (nach den USA). Insbesondere für Veranstaltungen aus den Bereichen „Medizin und Gesundheit" so-wie „Technologie und Innovation" bietet Deutschland ein attraktives Umfeld.

Im Meeting & Event Barometer belegt Deutschland seit 2015 weltweit den Spitzen-platz (GCB 2020). Zu den Kompetenzen deutscher Regionen zählen eine hervorragen-de Infrastruktur, moderne Locations, eine ausgezeichnete Hotellerie und Gastronomie sowie ein gutes Preis-Leistungs-Verhältnis. Die MICE-Branche (Meetings-Incentives-Conventions-Exhibitions) muss allerdings nach der Pandemie innovativer, reaktions-schneller und sicherer sein und zunächst auf (bei Teilnehmern wenig beliebte) hy-bride Events setzen. Es wird erwartet, dass Veranstaltungen künftig wieder physisch stattfinden, sie müssen allerdings ergänzt durch hybride Tools einen Mehrwert für die Veranstaltungsteilnehmenden bringen.

Aufgrund der politischen und sozialen Stabilität, eines guten Gesundheitswesens und eines professionellen Destinationsmarketings besuchten viele Geschäftsreisen-de Deutschland sowohl aus beruflichen als auch privaten Anlässen, daran lässt sich nach der Pandemie sicher wieder anknüpfen. Der Anteil der Geschäftsreisen an allen Reisen aus den europäischen Nachbarländern nach Deutschland betrug im Jahr 2019 22 %.

Bis 2019 stieg die Anzahl der Geschäftsreisen deutscher Unternehmen nach An-gaben des VDR auf ca. 195 Mio. an. In der Finanzkrise 2008/09 sanken die Geschäfts-reisen deutlich (vgl. Abb. 4.15). In den Pandemiejahren 2020/21 ist mit einem deutlich

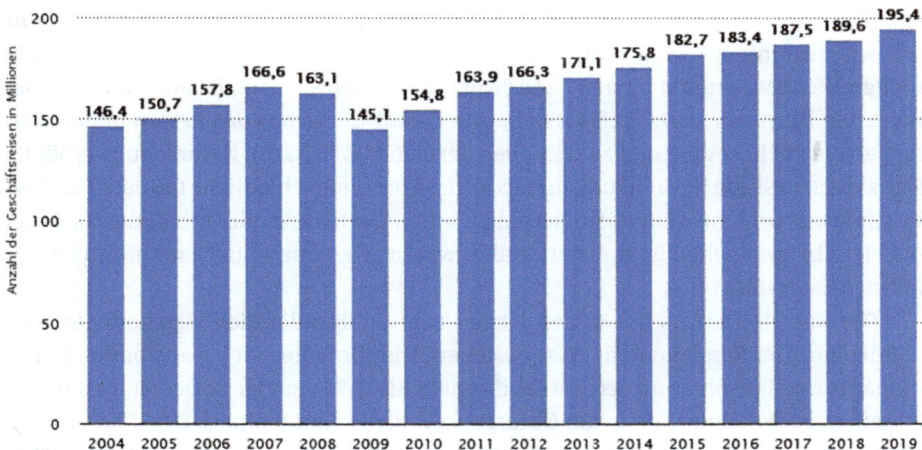

Abb. 4.15: Geschäftsreisen 2004–2019 (Statista 2021 nach VDR)

stärkeren Einbruch zu rechnen, der vielleicht erst nach ca. 4–5 Jahren wieder ausgeglichen sein wird.

Etwa 13,0 Mio. Geschäftsreisende deutscher Unternehmen übernachteten mehr als 74 Mio. mal, davon 55,4 Mio. mal in Deutschland (vgl. Abb. 4.16). Sie gaben dabei mehr als 55 Mrd. € aus. Die durchschnittlichen Kosten pro Geschäftsreise stiegen in 2019 leicht auf 312 € an, wobei die Ausgaben pro Person und Tag mit 162 € stabil blieben (VDR 2020). Geschäftsreisende geben damit fast doppelt so viel wie Urlauber aus – sie setzen nun auf Impfen, Testen und Nachverfolgen.

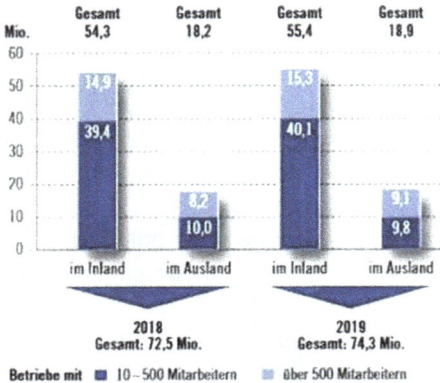

Abb. 4.16: Anzahl der Geschäftsreise-Übernachtungen deutscher Unternehmen 2018/19 (VDR 2020)

4.7 Natur- und Aktivtourismus

Etwa 60–80 % der Deutschen wollen nach diversen Umfragen im Urlaub die Natur erleben, eine intakte Natur genießen oder attraktive Naturräume besuchen. In der aktuellen RA 2021 nannten immerhin 56 % der Deutschen als Urlaubsmotiv „Natur erleben". Die Tourismuswirtschaft versteht unter Naturtourismus das Reisen in naturnahe Gebiete zur Erholung und zum Erleben der Natur (BTE 2020). Naturschutzverbände kritisieren, dass die Natur häufig nur als Kulisse für unterschiedliche touristische, insbesondere sportliche Aktivitäten herhalten muss. Der Schutz oder Erhalt der Natur sei dabei nicht zwangsläufig impliziert, daher wären „Ökotourismus" und naturverträgliches Reisen sinnvoller.

Der Naturtourismus hat in den letzten zehn Jahren deutlich zugenommen und konnte auch im Pandemiejahr 2020 bestehen. Hierfür bieten sich Naturparke, Nationalparke und Biosphärenreservate an, die mehr als 25 % der Fläche Deutschlands umfassen. In NRW nehmen die zwölf Naturparke und der Nationalpark Eifel über 40 Prozent der Landesfläche ein und sind wichtige Orte der biologischen Vielfalt. Sie leisten einen wertvollen Beitrag zur Erholung, Umweltbildung und Gesundheitsvorsorge und haben Vorbildcharakter für den Natur- und Landschaftsschutz sowie für eine nachhaltige Regional- und Tourismusentwicklung.

Durch Naturtourismus können sich neue Chancen für Regionen ergeben, die Natur zu schützen und gleichzeitig die Region nachhaltig zu entwickeln. Die Ferienregion Winterberg und Hallenberg hat als erste touristische Destination in NRW 2019 das Zertifikat „Nachhaltiges Reiseziel" erworben. Das TourCert-Zertifikat mit dem grünen „N" ist zunächst bis 2022 befristet – eine kontinuierliche Verbesserung sicherzustellen ist das Ziel.

Für viele Regionen erweist sich die Wertschöpfung aus Erholung und naturnahem Tourismus meist als unverzichtbar für die Entwicklung in den geschützten Naturräumen. Es bestehen Chancen zur Schaffung von Einkommen, zur Vermarktung regionaler Produkte und zur Sensibilisierung der Menschen für die schützenswerten Landschaften. Natur- und Umweltschutz-Akademie NRW bietet beispielsweise jedes Jahr über zwei Monate NaturErlebnisWochen an, um auf die Bedeutung von Naherholungsgebieten aufmerksam zu machen.

Meist wollen die Menschen das Naturerlebnis mit sportlichen Aktivitäten, wie Wandern, Radfahren, Reiten, Schwimmen, Tauchen, Kanufahrten, Klettern, Luftsport, Survival, Abenteuern oder Expeditionen verbinden. Andere bevorzugen das „Waldbaden" oder „Achtsamkeitswandern mit allen Sinnen".

Der Radtourismus von etwa 5,5 Mio. Radlern erreicht jährlich einen Umsatz von ca. 10 Mrd. €, nachdem 2020 5 Mio. neue Fahrräder verkauft wurden. Es gibt ausgezeichnete Radrouten, wie den Bodensee-Radweg, den Radweg Liebliches Taubertal, die Venn-Eifel-Mosel Runde und die rheinische Apfelroute, oder ganze Radregionen, wie das Seenland Oder-Spree, Inn-Salzach oder die Wesermarsch (vgl. Abb. 4.17). Der Elbe-Radweg war 2020 der beliebteste der 265 Radfernwege in Deutschland, noch vor dem Weser-Radweg und dem Ostseeküsten-Radweg. Der ADFC hat das Radrevier.Ruhr als erste urbane Radreiseregion ausgezeichnet. Die rheinische Apfelroute wurde als eine der 350 regionalen Routen erstmals als Qualitätsradroute ausgezeichnet. Weitere Routen in NRW wurden rezertifiziert.

Der deutsche Begriff „Wanderlust" steht in vielen Sprachen synonym für den angeborenen Wunsch zu reisen, sich zu bewegen und die Umwelt zu erforschen – fast jeder Zweite Deutsche wandert. Es wird erwartet, dass das Wandern die Reisen nach Corona prägen wird – dies ist interessant für Regionen, da Wanderer fast 10 Mrd. € ausgeben. Die Renaissance des Wanderns beschert seit einigen Jahren einen Wanderboom und Wandern wurde teilweise zum CO_2-neutralen Lifestyle-Angebot. Viele Fernwanderwege sind erst in diesem Jahrtausend entstanden und stark frequentiert, beispielsweise der Schneewittchen-Wanderweg im Spessart oder Wege der GrimmHeimat NordHessen, oder prämierte Wanderwege, wie der Rheinsteig oder der Rheinburgenweg im Rheinland.

In Deutschland gibt es mehrere gut ausgeschilderte Ferien- und Erlebnisstraßen, wie beispielsweise die Deutsche Vulkanstraße, die über 280 km den nationalen Geo-

Abb. 4.17: Radreisen und -auszeichnungen (Werbung und Homepage adfc)

park Laacher See und den Natur- und UNESCO Global Geopark Vulkaneifel verbindet. 39 erschlossene geologische, kulturhistorische und industriegeschichtliche Sehenswürdigkeiten rund um das Thema Eifelvulkanismus zeigen eine Vielfalt an vulkanischen Überresten wie Maare, Schlackenkegel, Lavaströme, Dome und zahlreiche sprudelnde Quellen. In Museen, Infozentren und Bergwerken wird das besondere Naturerbe anschaulich aufbereitet.

Im Sommer des Pandemie-Jahres 2020 startete die DZT die Kampagne „Feel Good", die seitdem zahlreiche als sozial und ökologisch nachhaltig zertifizierte Angebote in Hotellerie und Gastronomie sowie entsprechende Regionen bewirbt. In ihrer Herbstkampagne „#WanderlustGermany" legte die DZT den inhaltlichen Schwerpunkt auf Natur- und Outdoor-Angebote. In 2021 gibt es zwei internationale Kampagnen der DZT: die eine steht unter dem Motto „German.Local.Culture." und soll die Vielfalt deutscher Regionen mit ihrem Brauchtum, traditionellem Handwerk und Manufakturen, mit ihren kulturellen Angeboten und einzigartigen Baustilen promoten – bis hin zur Stille der Natur in ländlicher Umgebung (DZT 2020-3).

Um die schwache Herbstsaison 2020 anzukurbeln, startete die Südtiroler Marketingagentur IDM als Teil des Restart-Südtirol-Programms eine breite Kampagne für die „schönste Zeit des Jahres" in den Quellgebieten Deutschland, Österreich, Schweiz und Italien. Ihr Ziel war es, potenzielle Gäste für Genussurlaub und Aktivurlaub im herbstlichen Südtirol zu begeistern (IMD 2020-5 und Abb. 4.18).

Nach einer intensiven Diskussion über das Thema „Overtourism" in den letzten Jahren steht auch das Thema der Tourismus- bzw. Besucherlenkung gerade für Naturräume derzeit auf der Agenda.

Abb. 4.18: Südtirol-Kampagne Herbst 2020 (IMD 2020-5)

So will der Tourismus NRW Besucher des Landes in den Naturregionen lenken und setzt dabei auf umweltsensitive Leitsysteme, um Tourismus und Naturschutz in Einklang bringen. Im Rahmen der Machbarkeitsstudie „Smart Destination in den Großschutzgebieten NRWs" wird geprüft, welche Möglichkeiten es für neuartige Leitsysteme in der Nationalparkregion Eifel und in den zwölf Naturparken im Land geben könnte, um starkes Besucheraufkommen zu entzerren. Gutachter sollen bis Mitte 2021 untersuchen, wie sich überfüllte Parkplätze, Staus und ein für die Natur belastender Besucheransturm durch digitale Lösungen vermeiden lassen.

Die Digitalisierung eröffnet neue Möglichkeiten zur Erfassung der Gästeströme. Neue Entwicklungen, allen voran die künstliche Intelligenz (KI), werden künftig dazu führen, das Gästemanagement stärker zu automatisieren bei gleichzeitiger Berücksichtigung der Bedürfnisse einzelner Gäste. Das dwif führte eine Online-Veranstaltungsreihe zum Thema „Gästelenkung in touristischen Destinationen" durch und hat die Learnings unter dem folgenden Link zusammengefasst: www.dwif.de/news/item/overtourism-gaestelenkung-besucherlenkung-online-reihe-part-iii.html.

4.8 Wellness- und Gesundheitstourismus

Auf die Frage nach ihren Urlaubsmotiven antworteten die Deutschen um den Jahreswechsel 2020/21 im Rahmen der RA 2021 zu 54 % „sich verwöhnen lassen … ", zu 33 % „etwas für die Gesundheit zu tun" und zu 37 % „etwas für die Schönheit zu tun". Schon in der RA 2020 zeigten sich 26 % der deutschen Reisenden interessiert an körperlicher Gesundheit und 24 % an seelischem Wohlbefinden, 22 % schätzen den persönlichen Genuss. In der RA 2020 gaben die Menschen Auskunft über die gesundheitsbezogenen Vorlieben im Urlaub (vgl. Abb. 4.19): Es besteht der Wunsch nach Angeboten für die körperliche (26 %) und seelische (24 %) Gesundheit sowie für den persönlichen Genuss (22 %).

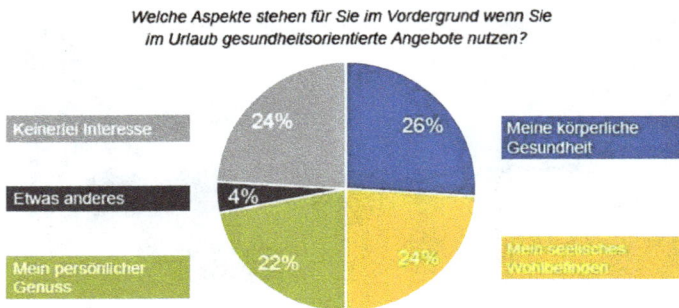

Welche Aspekte stehen für Sie im Vordergrund wenn Sie im Urlaub gesundheitsorientierte Angebote nutzen?

Keinerlei Interesse · 24% · 26% · Meine körperliche Gesundheit

Etwas anderes · 4%

Mein persönlicher Genuss · 22% · 24% · Mein seelisches Wohlbefinden

Basis: Deutschsprachige Bevölkerung 14+ Jahre
Quelle: RA 2020, Modul Gesundheit und Urlaub

Abb. 4.19: Gesundheitsbezogene Angebote im Urlaub (RA 2020)

Der Gesundheitstrend ist keinesfalls neu, alle alten Kulturen kannten bereits die gesundheitsfördernden Wirkungen bestimmter Orte, Quellen und Behandlungen. Die Wurzeln der Gesundheitsangebote reichen mehr als zwei bis drei Jahrtausende zurück. Schon die alten Römer ließen sich vom Leitspruch „mens sana in corpore sanum" leiten und pflegten die körperliche Ertüchtigung, um die Gesundheit zu erhalten und ein langes Leben zu haben. In Mitteleuropa entstand in der Renaissance ein neues Lebensgefühl, es wurde u. a. die Idee des „Jungbrunnens" geboren, der auch die Wellnessidee zugrunde liegt. 1955 eröffnete Gertraud Gruber in Rottach-Egern die erste Schönheitsfarm Europas.

Mit der Verknüpfung von Urlaub und Gesundheit vor gut 200 Jahren entstanden quasi die Wurzeln des modernen Tourismus: Gesundheit war dabei der Anlass oder das Argument zum Verreisen z. B. in mondäne (See-)Bäder. Heutzutage sind folgen-

Abb. 4.20: Gesundheitsbezogene Siegel (s. Homepages der Verbände)

de Ausprägungen gesundheitstouristisch relevant – der Deutsche Heilbäderverband DHV vergibt dazu teilweise auch Siegel (s. Kap.8.1.1 und Abb. 4.20):
- Rehabilitation
- Prävention
- Kurwesen mit medizinischem Anspruch
- Medical Wellness mit Aufgreifen der Kur-Zielsetzungen
- Wellnesstourismus
- Gesundheitsmotivierte Erholungsurlaube
- Fitnessferien mit Trainingscharakter (Sport und Bewegung)

2018 wurden fast 130 Mio. Übernachtungen in den deutschen Heilbädern und Kurorten registriert, die überwiegend den Gesundheitsreisen und Medical Wellness zuzuordnen sind. Die GfK stellte 2018 auf der ITB ihren Wellnesstrend 2018 vor. Darin bezifferte sie die Anzahl der Wellness-bezogenen Reisen in Deutschland auf 14,7 Mio. Reisen. Etwa 2,7 Mio. Deutsche unternahmen ca. 3 Mio. klassische Wellnessreisen im Wert von 1,23 Mrd. €. Zum Markt für Wellness-bezogene Reisen zählten ebenfalls 3 Mio. Reisen mit Wellness-Zusatzangeboten, 6,7 Mio. Besuchsreisen in Erlebnis- und Thermalbäder sowie 2 Mio. Tagesbesuche in einem Day Spa. Eine genaue Erfassung dieses Tourismussegments erweist sich als äußerst schwierig.

Zukunftsforscher sehen im Thema Gesundheit nicht nur eine Modewelle, sondern einen soliden Megatrend, der viele Jahre anhalten wird. Nefiodow belegt sogar, dass das Thema Gesundheit und Wellness den aktuellen langfristigen Konjunkturzyklus (seit ca. 2005) bestimmt. Was bedeutet, dass Gesundheit, Vitalität und Wellness die wirtschaftliche Entwicklung in den nächsten Dekaden in starkem Maße beeinflussen werden. Gerade nach der Pandemie wollen sich wieder viele Menschen verwöhnen lassen.

Auch die DZT setzt in einer Kampagne des Jahres 2021 auf dieses Thema: Deutsche Kurorte und Heilbäder stünden für langjährige Tradition und höchste Qualitätsstandards, daher liegt ein Kampagnen-Schwerpunkt auf „German.Spa.Tradition." Der 200. Geburtstag von Sebastian Kneipp passt gut dazu. Analysen zeigen, dass für viele Reisende aktuell ein hohes Sicherheitsbedürfnis und die Suche nach intakter Natur im Vordergrund stehen. Das Profil der Kurorte und Heilbäder trägt diesem Bedürfnis insbesondere in Corona-Zeiten Rechnung (D ZT 2020-3). Auch die RA 2021 bestätigt einen leicht steigenden Gesundheitstrend.

Die Wellness Hotels & Resorts (2021) präsentieren auf ihrer Homepage „Lieblings-Regionen" mit Wellnesshotels. Auch Südtirol beschäftigt sich seit Jahren mit dem Thema Gesundheit. Ziel der Wellness Konferenz 2020 war es, der Branche Impulse für die Entwicklung innovativer Konzepte und nachhaltiger Produkte zu geben (IMD 2020-4).

Das Bundesministerium für Bildung und Forschung (BMBF) startete im Jahr 2008 den Wettbewerb „Gesundheitsregionen der Zukunft", um Akteure aus der medizinischen Forschung, Entwicklung und Gesundheitsversorgung in einer Region zusammenzubringen. Durch die Bildung von Gesundheitsregionen sollten Innovationen für das Gesundheitssystem initiiert, die nachhaltige Stärkung der regionalen Wertschöpfungsketten in der Gesundheitswirtschaft sowie die Verbesserung der Gesundheitsversorgung erreicht werden.

In zwei Schritten wurden 2009/10 fünf Regionen als „Gesundheitsregion der Zukunft" ausgezeichnet, die Leuchtturmfunktion für andere Gesundheitsregionen haben, und gefördert wurden. Danach wurden noch weitere Regionen mit den innovativsten und überzeugendsten Konzepten ausgewählt, u. a. GesundheitsMetropole Hamburg, Gesundheitsmetropole Ruhr, Gesundheitsregion Würzburg – Bäderland Bayerische Rhön oder die Gesundheitsregion Ortenau (BMBF 2011).

Solche Förderungen und Auszeichnungen sind geeignet, Regionen ein unverwechselbares Profil zu geben. Gesundheitsregionen können sogar zu einer attraktiven regionalen Marke werden. Im Netzwerk Deutsche Gesundheitsregionen e. V. sind u. a. folgende Regionen zusammengeschlossen, die sich auch im internationalen Gesundheits- und Medizintourismus profilieren wollen (NDGR 2021):

– Gesundheitsland Mecklenburg-Vorpommern
– Gesundheitsregion Berlin-Brandenburg
– Gesundheitsnetzwerk Weser-Ems
– Gesundheitswirtschaft Ostwestfalen-Lippe
– Netzwerk Gesundheitswirtschaft Münsterland
– Gesundheitsregion Carus Consilium Sachsen
– Gesundheitsregion KölnBonn
– Gesundheitswirtschaft Rheinland-Pfalz

4.9 Sonstiger Tourismus

Es gibt viele weitere Spielarten des Tourismus, die für eine regionale Ausrichtung von Interesse sind. An erster Stelle ist der klassische Erholungstourismus zu nennen, auf den sich viele Regionen ausgerichtet haben. Dieser lässt sich allerdings auch speziell auf Menschen mit Handicap (Barrierefreiheit) ausrichten. Altersmäßig unterschiedliche Zielgruppen sind ebenfalls interessant, z. B. in Formen von Kinder- und Jugendtourismus, Familientourismus oder Seniorentourismus. Religions- oder Pilgertourismus, Spielbankentourismus, LSBT-Tourismus (für Lesben, Schwule, Bisexuelle und Transgender), FKK-Tourismus, Sprach- oder Bildungsreisen: Jede Region kann spezifische Angebote für ausgesuchte Zielgruppen entwickeln.

Ferienhaus-/Ferienwohnungs-Tourismus, Camping- oder Wohnmobil-/Wohnwagen-Tourismus sowie Hausboot-Tourismus stehen gerade in Pandemiezeiten hoch im Kurs der Gäste. Glamping (zusammengesetzt aus Begriffen Glamorous und Camping) ist ein neuer Trend, bei dem man die eingerichtete naturnahe Unterkunft in einer Region mietet: klassische Wohnmobile oder Camper mit Vorgarten, Tipis oder Lodge-Zelte, Hütten oder Baumunterkünfte. Bereits 2019 wurden ca. 36 Mio. Übernachtungen auf deutschen Campingplätzen und 16 Mio. auf Reisemobilplätzen gezählt.

Auch ein „Sleepero-Cube" bietet Urlaub mit Abstand, Urlaub auf dem Bauernhof ist eher ein Nischenprodukt. Präferiert wird derzeit die individuelle Anreise, meist per PKW. Busreisen sind aktuell weniger nachgefragt, allenfalls bei größeren Sitzabständen. Städte-, Regions- oder Schulpartnerschaften bieten ebenfalls Ansätze für eine Form des Tourismus.

5 Information und Analyse

Das Regional- oder Destinationsmanagement soll mit seinen unterschiedlichen Handlungsfeldern positiv auf die Attraktivität und das Image der Destination bzw. Region wirken. In der Folge der systematischen Aktivitäten können die erwünschten stimulierenden Effekte i. S. einer Zielerreichung entstehen. Also gilt es, die relevanten Zielgruppen und deren favorisierte Standortbedingungen/Infrastrukturen zu identifizieren, diese ggf. auszubauen, zu verbessern oder fehlende neu zu schaffen.

Dies lässt sich nur mit Hilfe eines systematischen Vorgehens auf Basis valider Informationen erreichen. Danach legt das normative Management (s. Kap. 6) die grundlegenden Ziele, Prinzipien, Normen und „Spielregeln" fest, um die Wettbewerbsfähigkeit zu optimieren und nachhaltig zu sichern. Stakeholderorientiertes 360-Grad-Regionsmarketing fokussiert sich auf verschiedene relevante Märkte (Kunden-, Lieferanten-, Kapitel-, Personal-, interne Märkte ...) und Zielgruppen mit unterschiedlicher Intensität – dazu bedarf es umfangreicher Informationen und deren Analyse. Am Anfang stehen die strategischen Situationsanalysen, die viele Erkenntnisse zur genauen und überprüfbaren Zielformulierung, zur Bestimmung der Zielgruppen (s. Kap. 5.1) und zur Strategieauswahl erbringen (vgl. Abb. 5.1).

Abb. 5.1: Entwicklung einer Regionskonzeption (nach Wiesner 2013, S. 52)

Um Destinationsmarketing erfolgreich zu betreiben, sind zunächst die Zielgruppen genau zu erfassen, die angesprochen werden sollen, um deren Wünsche und Erwartungen näher zu eruieren. Daher müssen die Touristenerwartungen analysiert (ggfs. auch die der Gäste der Touristikunternehmen und -einrichtungen ...) und die Anliegen diverser Stakeholdergruppen erforscht und bewertet werden (vgl. Abb. 5.2). Das Monitoring der Kommunikation im Web 2.0 kann dabei wertvolle Einsichten und Er-

https://doi.org/10.1515/9783486849424-005

kenntnisse über Gäste- und Anspruchsgruppen liefern. Präventives Monitoring kann Stakeholder-Konfrontationen und „Image-Katastrophen" (Shitstorms) im Vorfeld verhindern.

Abb. 5.2: Marktinformationen als Basis normativ-strategischen Marketings (nach Wiesner 2013, S. 87)

Bereits der österreichische Komponist Anton Bruckner riet: „Wer hohe Türme bauen will, muss lange beim Fundament verweilen!" (Wiesner 2016-1, S. 117). Für das Regionsmarketing heißt das: Man muss sich eine ausreichende und sichere Informationsbasis verschaffen, um darauf aufbauend nachhaltig erfolgversprechende Entscheidungen treffen zu können. Basis ist eine strategisch ausgerichtete Datenerhebung, um Trends und Chancen zu erkennen, aber auch Unsicherheiten und Risiken zu vermeiden (vgl. Abb. 5.2).

Eine rational abgesicherte Basis für strategische Entscheidungen, insbesondere wenn sie gegenüber Gesellschaftern, Vereinsmitgliedern oder anderen Trägern und Geldgebern gerechtfertigt werden müssen, ist meistens der bessere Weg, als nur auf das „Bauchgefühl" zu vertrauen. Dabei laufen die Analyseprozesse lediglich im Unterbewusstsein ab und sind daher „von außen" nicht immer rational nachvollziehbar. Auch die Kontrollgremien oder -instanzen sind ihrer Aufgabe besser gewachsen, wenn es eine nachvollziehbare Basis für die Marketing-Entscheidungen gibt. Nicht zuletzt lässt sich die Argumentation gegenüber Stakeholdern faktenbasiert ebenfalls besser führen.

Allerdings ist das Geld oft knapp und auch personelle Ressourcen fehlen häufig in den Regionen. So muss sich das Destinationsmarketing ggfs. der Herausforderung eines nur begrenzten Informationsstandes stellen, denn gute Informationen kosten Geld und Zeit, sowohl bei der Beschaffung als auch der Aus- und Bewertung. Daher muss sich jede Destinationsorganisation auch mit der Frage von Möglichkeiten und Grenzen eines optimalen Informationsstandes auseinandersetzen.

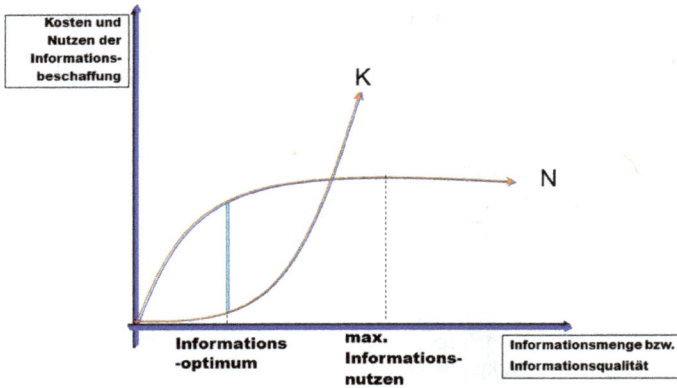

Abb. 5.3: Informationsnutzen und -optimum (Wiesner 2020, S. 99)

Erfahrungsgemäß führen zusätzliche Informationen nicht immer zu einem bedeutend höheren oder sicheren Wissensstand. Manchmal wächst sogar die Unsicherheit der Entscheider, so dass der Nutzen zusätzlicher Information sinkt (vgl. Abb. 5.3). In jeder Situation gibt es einen optimalen Informationsstand, der aber nur sehr selten mit der maximal erreichbaren Informationsmenge identisch ist.

5.1 Strategische Situationsanalyse

Eine Region oder Destination kann sich nur dann erfolgversprechend vermarkten, wenn sie über eine qualitativ ausreichende und sichere Informationsbasis verfügt. Wichtig für ein zielgerichtetes und strategisches Destinationsmarketing ist und bleibt eine strategisch ausgerichtete Informationssammlung und -auswertung (vgl. Abb. 5.2).

Intuitive Entscheidungen haben zwar den Vorteil, dass sie schnell ablaufen und ggfs. zu einem Konkurrenzvorteil werden können. Sie sind aber wegen Unsicherheiten nur dann eine denkbare Basis, wenn sie auf einem breiten Erfahrungs- und Informationsschatz basieren und keine anderen Ressourcen erschlossen werden können. Die meisten Menschen wünschen sich jedoch eine rational abgesicherte Basis für ihre Entscheidungen, dies gilt insbesondere angesichts eines öffentlichen Rechtfertigungszwangs im Regionenmarketing.

Entscheidungsrelevante Informationen lassen sich aus unterschiedlichen Quellen schöpfen, sowohl innerhalb der DMO (Budgets und frühere Aktivitäten), der Regionsverwaltung sowie bei ihren Netzwerkpartnern als auch außerhalb dieses engen Kreises (vgl. Abb. 5.4). Für eine erste Bestandsaufnahme reicht es meistens vorhandene Statistiken, Analysen und Gutachten (Sekundärforschung, Desk-Research) auszuwerten. Interne Informationsquellen der kooperierenden Akteure und Regionsinstitutionen sollten „angezapft" werden, um kostengünstig an grundlegende Daten/ Informationen zu kommen. Eingebundene Leistungs- oder Netzwerkpartner liefern oft hilfreiche Markt-, Gäste- oder Konkurrenzinformationen, ebenso wie staatlichen Statistikstellen (www.regionalstatistik.de, www.statistik.bayern.de, www.destatis.de etc.), Verbände oder Banken/Sparkassen (z. B. Sparkassen Tourismusbarometer).

Viele interessante Marktberichte finden sich in diversen Fachzeitschriften (z. B. fvw), Verlagsveröffentlichungen, Branchenbildern, Messeinformationen, Studien und Branchen-Veröffentlichungen. Branchenverzeichnissen. Adress- und Fachbücher oder Geschäftsberichte liefern ebenso Informationen wie Datenbanken oder Suchmaschinen im Internet. Wissenschaftliche Institutionen erstellen ebenfalls interessante Studien, Reports und Übersichten als öffentlich zugängliche Sekundärforschung. Trendinformationen erhält man auch aus überregionalen Zeitungen und (Fach-)Zeitschriften, dem Fernsehen, Radio oder Internet. Mittels dieser Daten lässt sich das für erfolgreiche Entscheidungen relevante Umfeld der Regionen erfassen (vgl. Abb. 5.4).

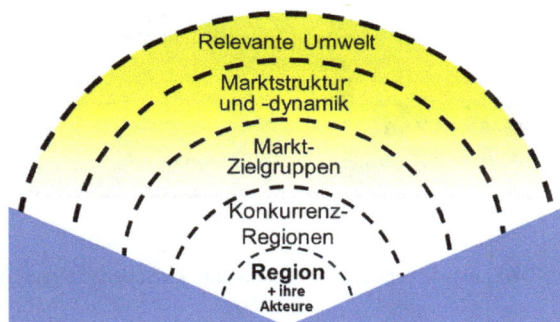

Abb. 5.4: Analyseebenen aus Sicht einer Region/Destination (Wiesner 2013, S. 80)

Jede Destination muss ausgehend von den eigenen Vorzügen und Angeboten ihren relevanten Markt und seine Entwicklungschancen erfassen. Die Analyseebenen lassen sich entsprechend der Nähe zur eigenen Region in Schichten darstellen (vgl. Abb. 5.4). Die Analyse der eigenen Destination und ihrer Akteure im Hinblick auf vorhandene Gegebenheiten, Infrastrukturen, Ressourcen und ggf. Kernkompetenzen fällt verständlicherweise am leichtesten. Um diese im Wettbewerbskontext bewerten zu können, sind die wichtigsten Wettbewerbsregionen ebenfalls mit ihren Angeboten zu erfassen. Je weiter man sich bei der Analyse in Richtung relevanter globaler Umweltfaktoren bewegt, desto ungenauer wird die Erfassung.

Motive oder Anlässe der Gäste zur Nutzung der Destinationsangebote sind als Marktanforderungen ebenso zu ergründen wie die grundsätzlichen Marktgegebenheiten und deren Dynamik (vgl. Abb. 5.2). Zur Branchenstrukturanalyse eignen sich die fünf Komponenten („Five Forces") nach Porter, mit denen die zukünftige Attraktivität des Tourismus und seiner Ausprägungen bestimmt werden kann.

Um entstehende Trends besser abschätzen zu können, sind die relevanten Rahmenbedingungen für die Marktangebote in Form einer Umfeldanalyse zu erfassen und zu bewerten (vgl. Abb. 5.4/5.5). Möglichst viele der strategisch bedeutenden Informationen und Daten sind zu sammeln, zu analysieren und zu interpretieren. Auch wichtige Stakeholder lassen sich dabei identifizieren. Geeignet dafür ist das in der Wirtschaft anerkannte Instrumentarium der „TOWS-Analyse". In dieser strategischen Situationsanalyse werden zunächst in Einzelanalysen die eigenen Regionspotenziale, die Potenziale der Konkurrenzdestinationen, der relevante Markt (Gäste, Strukturen und Entwicklung) sowie alle wichtigen Umfeldeinflüsse bewertet.

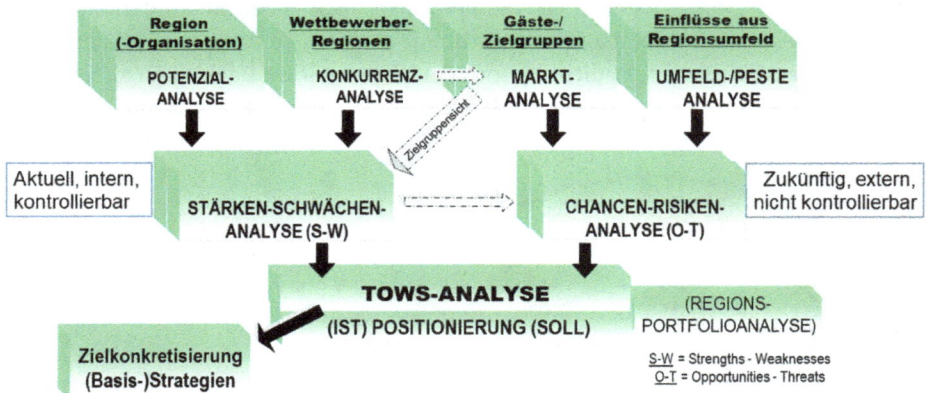

Abb. 5.5: Strategische Situationsanalyse (TOWS) eines Standorts mit Grund- und Zwischenanalysen (nach Wiesner 2020, S. 102)

Daraus lassen in zwei Teilanalysen (vgl. Abb. 5.5) die internen Stärken (strength) und Schwächen (weakness) der Region sowie generelle zukünftige Marktchancen (opportunities) und -risiken (threats) herausarbeiten, die in gleicher Weise für alle Wettbewerber gelten. Danach lässt sich auf der Basis dieser Teilanalysen eine strategische Gesamtanalyse (TOWS) vornehmen, die die Basis für eine klare Zielsetzung und Strategiefindung bildet. Einer aktuellen Ist-Positionierung kann ein geplantes Soll-Konzept gegenübergestellt werden, welches für die Destination angestrebt wird.

Aus der Umfeldanalyse lassen sich u. a. viele der relevanten Stakeholder einer Region erkennen und deren Einflussmöglichkeiten herausarbeiten. Gerade im 360-Grad-Destinationsmarketing ist es besonders wichtig, alle Stakeholder zu erfassen und zu bewerten (vgl. Kap. 3.1), um sie zukünftig möglichst weitgehend in die Regionspolitik einzubinden.

Anders als das Leistungsangebot eines Unternehmens ist das Angebot einer Region oder Destination viel facettenreicher. Es setzt sich je nach Zielgruppe aus ganz

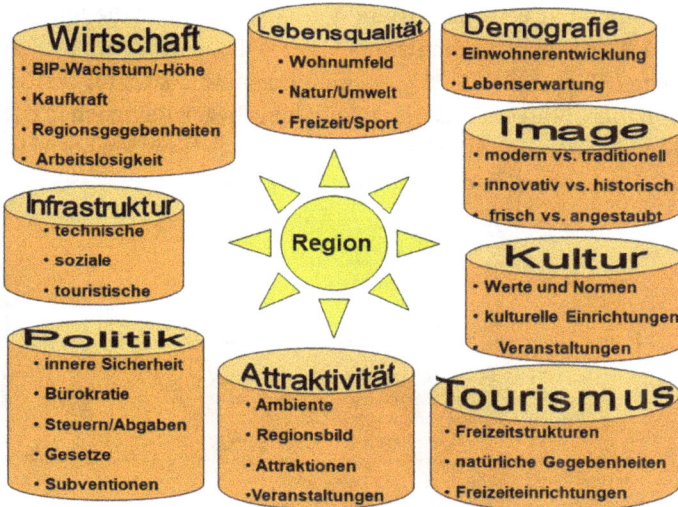

Abb. 5.6: Beispielhafte Analysefelder des Regionspotenzials (nach Wiesner 2013, S. 82)

unterschiedlichen Teilleistungen zu einem kooperativ erbrachten Angebot aus touristischen und Standortgegebenheiten sowie diversen Dienstleistungen zusammen. Die Potenzialanalyse (vgl. Abb. 5.6) einer Region muss stets die Vorstellungen der jeweiligen Zielkunden berücksichtigen, um Stärken und Schwächen im jeweils relevanten Konkurrenzumfeld realistisch herausarbeiten zu können. Stärken sind in diesem Zusammenhang nicht zwangsläufig gut. Es handelt sich um Fähigkeiten, Gegebenheiten, touristische Dienstleistungen etc., die für die Zielerreichung im Wettbewerb von strategischer Bedeutung sind und von den Gästegruppen geschätzt werden.

Betrachtet man beispielsweise eine Gesundheitsregion, die internationale Gäste gewinnen will, könnten deren Stärken in einem hohen nationalen oder internationalen Bekanntheitsgrad, einer anerkannten Professionalität der medizinischen Leistungen und Kurangebote oder einer führenden Position im Heimatmarkt liegen. Schwächen könnten in einer mangelnden Serviceorientierung, einem geringen Hotelangebot oder einer schlechten Erreichbarkeit begründet sein.

Eine Region, der vor allem Investoren und touristische Fach- bzw. Führungskräfte anlocken will, muss allerdings andere Potenziale bieten, um im Wettbewerb bestehen zu können. Es geht um wirtschaftlich relevante Regionsfaktoren, stabile politische Rahmenbedingungen, ein starkes Image, Attraktivität und Lebensqualität. Für Touristen zählen Hotels und Gaststätten, Sehenswürdigkeiten und Unterhaltungsangebote – Emissionen und Lärm stören. Diese und weitere Faktoren sind aus Kundensicht zu bewerten und in vorhandene oder nicht vorhandene Ressourcen einzugruppieren, um sie als Stärken und Schwächen im Wettbewerb zu bewerten. Eine Herausarbeitung von Erfolgsfaktoren für jeden Teil-Markt sollte eine Potenzialanalyse abrunden.

Die Kreisverwaltung Lippe hat beispielweise in den Jahren 2016/17 die Stärken und Schwächen (vgl. Abb. 5.7) des Kreises im Rahmen einer wissenschaftlich basierten SW-OT-Analyse bewertet (Lippe 2017, S. 37), um eine Erkenntnisbasis für ihr Zukunftskonzept 2025 zu erhalten. Stärken im Bereich Tourismus liegen demnach in der Natur, Kultur und den Heilbädern mit Gesundheitsinfrastruktur, Schwächen liegen in der ungünstigen Breitbandversorgung und der Verkehrsinfrastruktur.

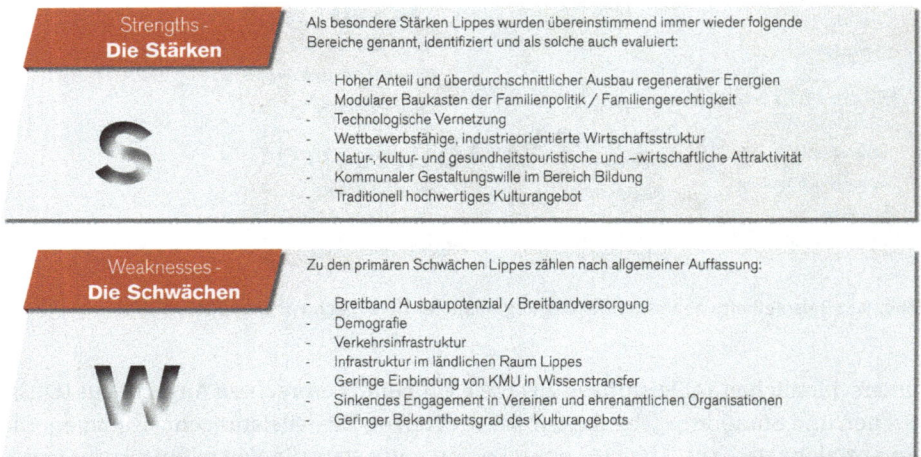

Strengths - Die Stärken

S

Als besondere Stärken Lippes wurden übereinstimmend immer wieder folgende Bereiche genannt, identifiziert und als solche auch evaluiert:

- Hoher Anteil und überdurchschnittlicher Ausbau regenerativer Energien
- Modularer Baukasten der Familienpolitik / Familiengerechtigkeit
- Technologische Vernetzung
- Wettbewerbsfähige, industrieorientierte Wirtschaftsstruktur
- Natur-, kultur- und gesundheitstouristische und –wirtschaftliche Attraktivität
- Kommunaler Gestaltungswille im Bereich Bildung
- Traditionell hochwertiges Kulturangebot

Weaknesses - Die Schwächen

W

Zu den primären Schwächen Lippes zählen nach allgemeiner Auffassung:

- Breitband Ausbaupotenzial / Breitbandversorgung
- Demografie
- Verkehrsinfrastruktur
- Infrastruktur im ländlichen Raum Lippes
- Geringe Einbindung von KMU in Wissenstransfer
- Sinkendes Engagement in Vereinen und ehrenamtlichen Organisationen
- Geringer Bekanntheitsgrad des Kulturangebots

Abb. 5.7: Stärken und Schwächen des Kreises Lippe (Lippe 2017, S. 37)

Die Stärken und Schwächen (meist identisch mit den Stärken der Konkurrenz) einer Region lassen sich am übersichtlichsten mit Hilfe eines Stärken-Schwächen-Vergleichs mit einem oder mehreren Konkurrenten (vgl. Abb. 5.8; Strength-Weakness/SW) bewerten. Die neutrale Bewertung der vorhandenen Ressourcen als im Wettbewerb relevante Stärken oder Schwächen muss selbstverständlich aus der Sicht der (potenziellen) Gäste erfolgen. Deren Befriedigung sollte im Fokus der Region und ihrer Akteure stehen, wenn es um eine erfolgreiche Vermarktung der Destinationsangebote geht.

Neben einer Potenzial- oder Ressourcenanalyse und der sogenannten BCG-Matrix bieten Scoring-Modelle, Checklisten, Regionenvergleiche oder -studien (z. B. Zukunftsatlas von Prognos im Dreijahresturnus, vgl. Abb. 5.9) weitere Möglichkeiten zu einer vergleichenden Konkurrenzanalyse: Bei allen (vergangenheitsbezogenen) Bewertungen ist stets auf eine neutrale, möglichst externe Bewertung der Kriterien und ihres Erfüllungsgrads zu achten, um eigene Wahrnehmungsdefizite auszuschließen.

In der Praxis bestehen allerdings oft Informationsdefizite über die Konkurrenzregionen oder Mängel in der Auswahl und neutralen Analyse der Bewertungskrite-

Kriterien \ Bewertungsskala	1	2	3	4	5	6	1= sehr gut 6= mangelhaft
Landschaft/Natur*							
Klima							
Brauchtum, Kultur, reg. Charakter							Werte addieren und Bildung des Durchschnitts, evt. gewichtet
Sehenswürdigkeiten							
Gastfreundschaft							
Unterkünfte							
Gastronomie							
Verkehrsanbindung							
Touristische Infrastruktur							
Spez. touristisches Angebot							
Unterhaltungsangebot/ Trends							
Einkaufsangebot							
Preis-Leistungs-Verhältnis							
Image/Prestige							
Touristenanzahl Touristenfrequenz							

* Fauna und Flora

Errechnung eines Durchschnittswerts möglich

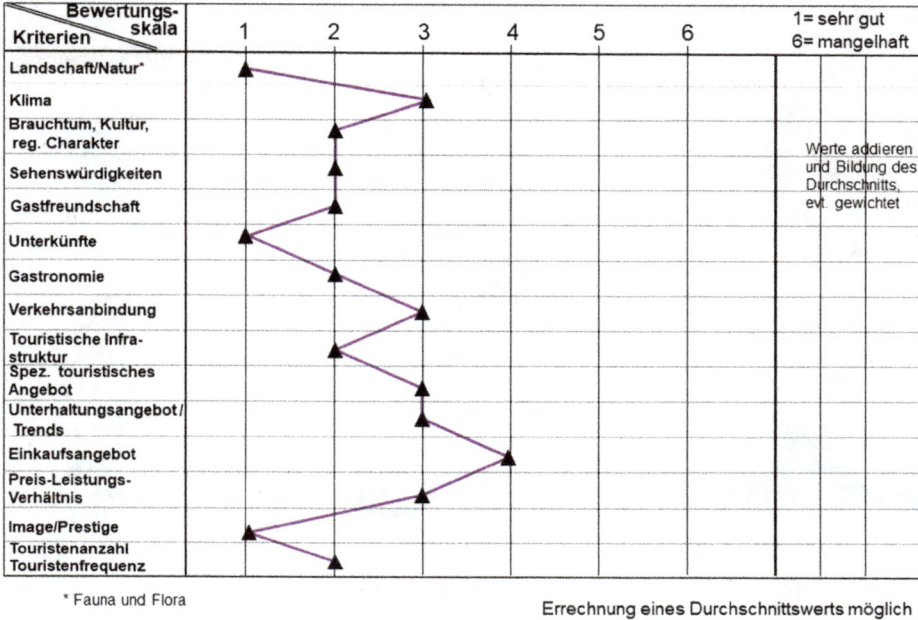

Abb. 5.8: Stärken-Schwächen-Profil einer Destination (Wiesner 2013, S. 83)

rien. Um sich nicht selbst etwas vorzumachen („blinde Flecken"), sollten Regionen unabhängige Hilfe in Anspruch nehmen. Allerdings lässt sich ein erster brauchbarer Eindruck gewinnen, wenn alle frei verfügbaren Quellen systematisch ausgewertet werden. Dies wird auch als sogenannte „Competitive Intelligence" bezeichnet. Mittels Reverse Engineering lassen sich die Konkurrenzangebote in einzelne Leistungsbestandteile zerlegen und analysieren. Schnell kann man die zentralen Erfolgsfaktoren der konkurrierenden Regionen ausmachen und ggfs. durch eigene verbesserte Leistungen toppen oder sich alternativ für einen Verzicht (auf eine Herausstellung) zu entscheiden. Ist das Konkurrenzangebot eindeutig besser, wäre es angebracht nach Alternativen zu suchen.

Strategisch notwendig ist es, einen URP/UDR (Unique Regional/Destination Proposition = einzigartiger Verkaufsvorteil) zu identifizieren und sich damit als Alleinstellungsmerkmal im Tourismusmarkt zu positionieren und zu vermarkten. Gelingt es, sich in den Augen der Gäste deutlich von der Konkurrenz abzuheben, können Wettbewerbsvorteile entstehen, die eine strategische Erfolgsposition (SEP) für den Anbieter bedeuten könnten. Solche SEP oder URP lassen sich am besten erkennen, wenn es gelingt, ein Vergleichsprofil der Stärken und Schwächen der eigenen Region und ihrer Hauptakteure in jedem Teilmarkt mit den wichtigsten Konkurrenten zu erstellen (vgl. Abb. 5.10). Über Strategische Geschäftseinheiten (SGE) sind Touristen, Reisendende etc. direkt ansprechbar.

Zukunftsatlas 2019: Regionen und ihre Perspektiven

BONN, STADT

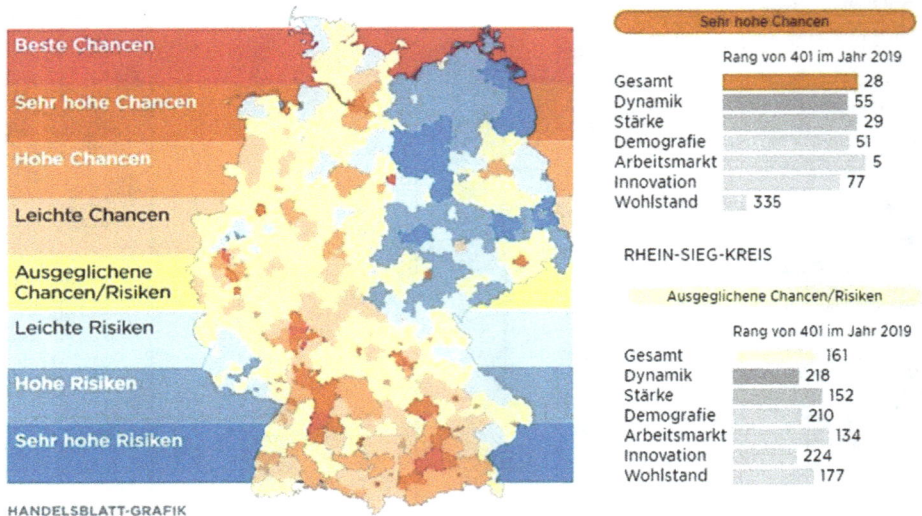

Sehr hohe Chancen	
	Rang von 401 im Jahr 2019
Gesamt	28
Dynamik	55
Stärke	29
Demografie	51
Arbeitsmarkt	5
Innovation	77
Wohlstand	335

RHEIN-SIEG-KREIS

Ausgeglichene Chancen/Risiken	
	Rang von 401 im Jahr 2019
Gesamt	161
Dynamik	218
Stärke	152
Demografie	210
Arbeitsmarkt	134
Innovation	224
Wohlstand	177

Beste Chancen
Sehr hohe Chancen
Hohe Chancen
Leichte Chancen
Ausgeglichene Chancen/Risiken
Leichte Risiken
Hohe Risiken
Sehr hohe Risiken

HANDELSBLATT-GRAFIK

Abb. 5.9: Prognos Zukunftsatlas 2019 mit Beispielen (HBL 2019)

Das Verhalten der Konkurrenzregionen ist auch bei der Marktanalyse relevant. Hierbei geht es vor allem um deren aktuelle und geplante touristische Angebote sowie Angebote von neu auf dem Markt auftretenden Wettbewerbern, die die bisherigen oder die Wunsch-Gäste ansprechen (könnten). Die zukünftigen Chancen und Risiken der Regionen werden aus einer Analyse des relevanten Marktes und der wichtigen darauf wirkenden Umfeldfaktoren (PESTE) erkennbar.

Der Markt der Destinationen ist meist nicht homogen. Er besteht entsprechend der jeweiligen Zielsetzung/-gruppen aus unterschiedlichen Teilmärkten, wie dem Markt der Wanderer, Kulturinteressierten oder Shopper. Der Begriff der Stakeholder verdeutlicht besser als der Markt, worum es geht, nämlich um Gäste u. a. Zielgruppen sowie deren Analyse. Gästegruppen müssen klar erfasst und abgegrenzt werden. Ihre Ziele, Wünsche oder Vorstellungen sind zu analysieren und Entwicklungs-/Veränderungstrends herauszuarbeiten, um zu einer zukünftigen Markteinschätzung zu gelangen. Werden sich Gästegruppen und ihre Ansprüche verändern? Werden neue Zielgruppen relevant? Verschwinden bisherige Gäste und falls ja, warum?

Konkrete Marktchancen einzelner Destinationsangebote (oder Marken) lassen sich mit Hilfe der Marktforschungsinstrumente, die teilweise auch im Rahmen einer OT-Analyse ihre Anwendung finden, genauer bewerten. Die Zielgruppenbestimmung (vgl. Kap. 5.2) erfolgt ebenfalls mittels des Marktforschungsinstrumentariums.

Unter Marktforschung versteht man das systematische und methodisch einwandfreie, laufende oder fallweise Untersuchen (Befragung, Beobachtung, Experiment) der Märkte, um auf einer validen Datenbasis meistens das Gästeverhalten zu er-

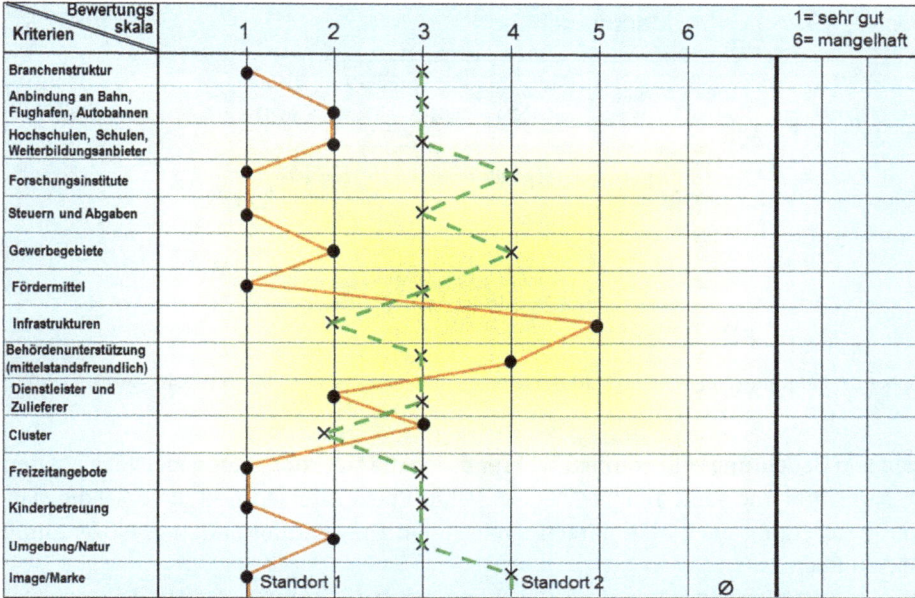

Kriterien \ Bewertungs skala	1	2	3	4	5	6	1= sehr gut 6= mangelhaft
Branchenstruktur							
Anbindung an Bahn, Flughafen, Autobahnen							
Hochschulen, Schulen, Weiterbildungsanbieter							
Forschungsinstitute							
Steuern und Abgaben							
Gewerbegebiete							
Fördermittel							
Infrastrukturen							
Behördenunterstützung (mittelstandsfreundlich)							
Dienstleister und Zulieferer							
Cluster							
Freizeitangebote							
Kinderbetreuung							
Umgebung/Natur							
Image/Marke	Standort 1		Standort 2			∅	

Errechnung von Durchschnitts- werten, ggf. auch gewichtet

Abb. 5.10: Stärken-Schwächen-Analyse zweier Regionen im Vergleichsprofil (in Anlehnung an Wiesner 2013, S. 86)

klären und/oder um Marktprognosen zu erstellen. Marktforschung dient als Basis, Marketingentscheidungen der Regionen vorzubereiten, zu optimieren und/oder zu begründen. Grundsätzlich bezieht sich Marktforschung nicht nur auf den vorrangig interessierenden Absatzmarkt, sondern auch auf andere relevante Märkte der DMO, nämlich den Personal-, Kapital- und Beschaffungsmarkt z. B. für Fach- und Führungs- kräfte oder Fördermittel (vgl. Abb. 5.11).

Die Absatzmarktforschung, die zumeist im Vordergrund steht, zielt sowohl auf private als auch auf geschäftliche Gäste und ggfs. relevante Mittler. Um das Verhal- ten geschäftlicher Entscheider zu erklären, ist eventuell eine nähere Betrachtung der Marktentwicklung relevanter Branchen sinnvoll. Um die Interessenlage der Reisemitt- ler besser einschätzen zu können, wäre auch eine nähere Analyse ihrer Kundengrup- pen hilfreich.

Marktbezogene Untersuchungen können sowohl quantitative (numerische Wer- te über Investitionen, Nutzung, Buchungshäufigkeit und -wert, Marktanteile und sei- ne Veränderungen …) als auch qualitative Aspekte erfassen (Messe-/Urlaubs-/Reise- motive, Pandemie-Ängste, Kundenvertrauen und -zufriedenheit, Destinationsimage – auch im Zeitablauf). Meinungsforschung umfasst wirtschaftliche und gesellschaftli- che Themenbereiche, die ebenfalls für zukunftsgerichtete Entscheidungen der Regio-

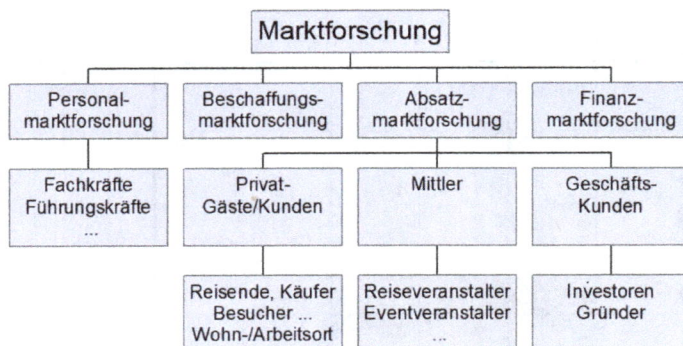

Abb. 5.11: Relevante Zielgruppen/Marktforschungsfelder der Regionen (nach Wiesner 2013, S. 94)

nen von Bedeutung sein können. Während sich die Marktforschung meistens auf den Absatzmarkt und seine Teilmärkte (sog. Mikro-Ebene) konzentriert, umfasst die Marketingforschung auch alle marketingrelevanten Umweltinformationen (sogenannte Makro-Ebene).

Jede Destination kann Marktforschung selbst oder durch externe Dienstleister (z. B. Hochschulen), zu verschiedenen Zeitpunkten, in unterschiedlichen Erhebungszeiträumen und -häufigkeiten durchführen. Erhebungsmethoden und -orte können sich unterscheiden, genauso wie die räumliche oder zeitliche Erfassung oder die Erhebungsform. Insgesamt gibt es etwa ein Dutzend üblicher Ausprägungen, nach denen sich Marketingforschung entsprechend der gestellten Anforderungen differenziert durchführen lässt.

Digital verfügbare Daten wachsen jedes Jahr zweistellig, so dass ein immer größerer Datenpool (Big Data) entsteht, der nützliche Erkenntnisse liefern kann und neue Möglichkeiten für Analysen und Vorhersagen bietet. Da die meisten Informationen in sehr unterschiedlichen Dateiformaten vorliegen, müssen diese zuerst so aufbereitet werden, dass sie mittels Data-Mining und Data-Sensing genutzt werden können. Mit Social Screening und Social Enrichment lassen sich tiefergehende Informationen aus den Dialogen im Web 2.0 herausfiltern. So werden Gäste, Interessenten und ggfs. weitere Stakeholder immer transparenter. Data-Mining beinhaltet dabei den Aufbau einer Gästedatenbank (Database) sowie deren Pflege und Auswertung.

Vor allem finanzielle Aspekte führen in der Praxis dazu, bevorzugt sekundäre Quellen auszuwerten, obwohl eine (stichprobenartige) Primärerhebung immer bessere Grundlagen liefert. Je nach Wahl der Erhebungsmethode, des Erhebungszeitraums oder der räumlichen Erfassung kann Marktforschung unterschiedlich brauchbare Ergebnisse für eine Destination liefern. Alternativ können vorhandene Marktinformationen aus internen oder externen Quellen ausgewertet werden (vgl. Abb. 5.12). Diese Sekundärmarktforschung hat verschiedene Vorteile: Sie ist preiswerter oder sogar kostenlos, das Material ist vorhanden und daher meist kurzfristig verfügbar, die

Primärforschung (field research)

- Kundenintegration
- Eigene Erhebung
- Erhebung durch Dritte (Institutionen)

- exklusiv
- exklusiv
- Beteiligungsuntersuchung

- Befragung
- Beobachtung
- Experiment

- Einzel-Befragung
- Panel-Befragung
- Verkauf/Beratung
- Nutzung
- Testmarkt
- Laborexperiment

- schriftlich Fragebogen
- persönlich Face-to-face
- telefonisch
- digital, internetbasiert

Sekundärforschung (desk research)

- Interne Quellen
  - Rechnungswesen
  - Controlling
  - Marketingaktivitäten
  - Verkaufsaktivitäten
  - (Vertriebsdaten)
  - Kundendienst
  - Beschwerdemanagemt.
  - Reklamationsauswertung

- externe Quellen
  - Amtliche Statistiken
  - Infos und Statistiken von Verbänden + IHKn
  - Veröffentlichungen von Wirtschaftsinstituten
  - Branchenpublikationen
  - Katalog/Suchmaschine
  - Geschäftsberichte
  - Chats + Internetforen
  - Veröffentlichte Studien
  - Zweitnutzung von Primärerhebungen

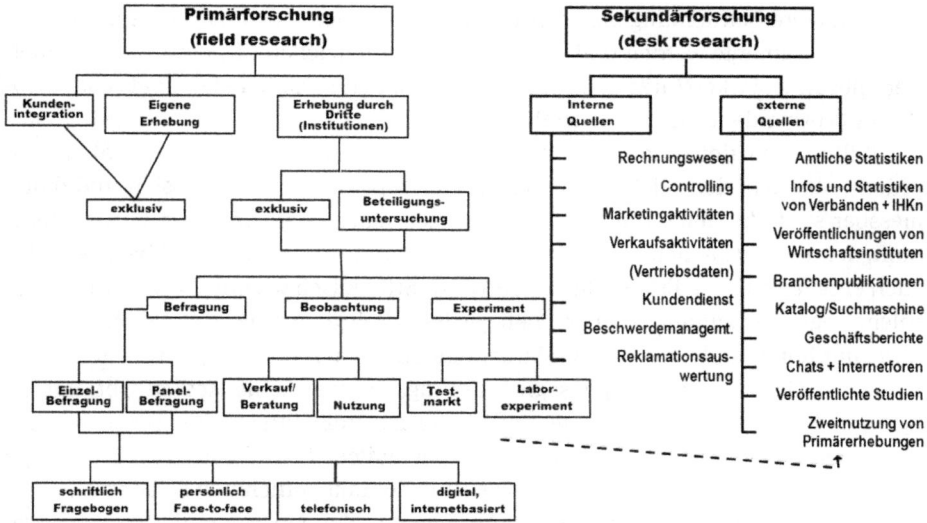

Abb. 5.12: Marktforschungssystematik (Wiesner 2013, S. 97)

Daten sind i. d. R. überprüft bzw. jederzeit überprüfbar. Nachteile sind allerdings die oft mangelhafte Aktualität, ggfs. die fehlende Repräsentativität, die mangelnde Vergleichbarkeit und die oftmals nur eingeschränkte Aussagekraft für die eigene Region (wegen einer anderen zugrunde liegenden Fokussierung oder zu starker Aggregation der Daten).

Für Destinationen können beispielsweise der schon angesprochene Global Competitiveness Report des WEF oder der Prognos Zukunftsatlas interessante Grundinformationen liefern. Informationen zum Reiseverhalten gibt es stets aktuell beim Deutschen Reiseverband (DRV), dem World Travel & Tourism Council (WTTC), dem German Convention Bureau (GCB), dem Geschäftsreise Verband (VDR), dem Deutschen Tourismus Verband (DTV), dem Verband Internet Reisevertrieb (VIR) oder der Deutschen Zentrale für Tourismus (DZT).

Markterhebungen dienen vorrangig der Einschätzung des Marktpotenzials der Destinationen. Aber dieses stellt sich für einen Hotelier anders dar als für einen Einkaufscenterbetreiber, ein Kongresscentrum oder das Destinationsmanagement. Die Erfassung des Marktpotenzials erfolgt z. B. mit Hilfe sogenannter Attraktivitätsanalysen des Angebots der Regionen sowie ihrer Potenziale. Auch die Erforschung des Destinationsimages hängt eng mit dem Marktpotenzial zusammen, denn hierbei geht es um Attraktivität oder Qualität, um Freizeitangebote oder touristische Services, um die Glaubwürdigkeit, die Leistungsfähigkeit und die Zuverlässigkeit der (vernetzen) Regionsakteure.

Es bedarf im Einzelfall einer sehr genauen Analyse, um eine aussagekräftige Markteinschätzung für eine Destination zu erhalten. Diese wird sinnvollerweise um eine genauere Betrachtung der relevanten Marktsegmente (Teilmärkte) ergänzt. Solche Marktsegmente werden üblicherweise nach potenziellen Gästegruppen gebildet. Der relevante Markt (Marktvolumen) ist dabei immer erheblich kleiner als das (theoretisch) vorhandene Marktpotenzial.

Will man Regions- oder Destinationsmärkte segmentieren, ist grundsätzlich zu prüfen, ob die in den Blick genommenen Zielgruppen wirklich erfassbar und damit messbar sind. Zu kleine Gästesegmentierungen machen allenfalls im Luxusbereich Sinn, denn grundsätzlich sollte ein ausreichend großes Marktpotenzial bestehen, das auch eine realistische Erfolgschance aufweist. Strategisch wichtig ist weiterhin, dass solche Segmente zumindest über einen gewissen Zeitraum hinweg stabil bleiben und diese mit Kommunikations- bzw. Marketingmaßnahmen überhaupt erreichbar sind. Was nützt die beste Zielgruppensegmentierung, wenn es keine Medien gibt, mit denen sich diese Kunden zielgerichtet und ohne allzu große Streuverluste erreichen lassen? Alternativ müsste die Destination über persönliche Kontaktdaten der Zielgruppe verfügen, um über Direkt- bzw. Dialogwerbung Kontakt aufnehmen zu können.

Traditionell gibt es verschiedene Ansätze zur Kundensegmentierung im sogenannten Privatreisesektor, die nur bedingt für den Geschäftssektor gelten. Demografische Segmentierungen sind heutzutage nur bedingt sinnvoll, verhaltensorientierte eignen sich besser. Am besten sind psychografische Ansätze – doch ist die Datenbeschaffung ungleich schwieriger als bei demografischen Daten. Das Hauptproblem liegt vor allem in der sauberen statistischen Eingrenzung der Marktsegmente. Hier gibt es spezialisierte Institute, die diese Daten erheben, sich ihre Dienstleistung aber i. d. R. teuer bezahlen lassen. Seit Jahren werden die „sozialen Milieus" von Sinus erfasst und weiterentwickelt, auch für viele europäische Märkte (vgl. Kap. 5.2). Geeignet sind ebenfalls die Lebensstil-Typologie oder das bekannte „Generationen-Modell".

Meist wollen die DMO wissen, warum sich jemand gerade für ihre Region und ihre Angebote entscheidet und welche Motive einen Gast genau zu diesem Zeitpunkt bewegen, dieses Angebot zu wählen (und nicht ein anderes). Einflussfaktoren sind sowohl natürliche und sozio-kulturelle Einflüsse als auch persönliche Faktoren, die zur Entscheidung beitragen. Auch die Grundmodelle zur Analyse der Kaufverhaltensforschung Stimulus-Response (S-R) und Stimulus-Organismus-Response (S-O-R) gehen von sogenannten intra- und extraindividuellen Einflussfaktoren auf das Kaufverhalten der Gäste aus.

Hat man früher der Sach- bzw. Verstandesebene bei der Bildung einer Kaufentscheidung die Hauptbedeutung zugemessen, ist heute ein Vorrang des Einflusses der Beziehungsebene anerkannt. Sowohl private als auch vermeintlich rationale berufliche Entscheidungen werden oft auf der affektiven (emotionalen) Ebene getroffen, so dass auch bei Geschäftsreiseentscheidungen die Beziehungsebene zumindest gleichrangig berücksichtigt werden muss. Auf jeden Fall gibt es Rückkopplungen zwischen der Sach- und der Beziehungsebene, so dass es eindeutig keine ausschließlich rationalen Entscheidungen gibt. Messen, Tagungen und Kongresse finden meist in interessanten Regionen mit attraktiven Freizeitangeboten statt und wichtige Businessgespräche in angenehmer Atmosphäre an ebenso angenehmen Orten. Auf der kognitiven Ebene wirken vor allem Qualitätsbeweise, Siegel, Tests, glaubwürdige Empfehlungen, Erfahrungs-/Lerneffekte oder auch positive Überraschungen.

Mit welchem Angebot lassen sich die Einstellungen im Sinne der Destination beeinflussen? Welche Emotionen oder Bedürfnisse potenzieller Gäste müssen konkret angesprochen werden, um sie zu einer gewünschten Reaktion zu bewegen (Bedürfnis → Bedarf → Nachfrage → Buchung)? Die genaue Beantwortung dieser Fragen ermöglicht ein erfolgversprechendes Angebot der Region, eine zielgruppengerechte Positionierung und die richtige Gästeansprache (vgl. Abb. 5.13).

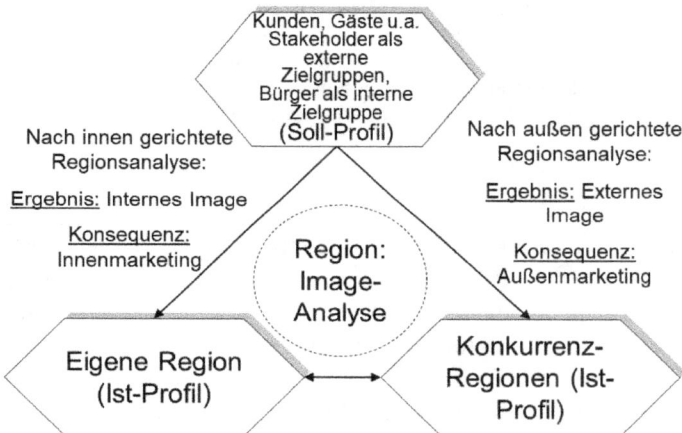

Abb. 5.13: Analyse der Innen- und Außenwirkung einer Region/Destination (nach Wiesner 2013, S. 109)

Ebenfalls wichtig für jede Region ist es, ihr Image zu erforschen. Dieses hat immer auch eine interne Komponente, nämlich das Selbstbild seiner Bürgerschaft und Regionsakteure. Das Außenbild einer Destination bei potenziellen oder bestehenden Gästen und zukünftigen Neubürgern kann dem entsprechen oder mehr oder minder deutlich abweichen. Dementsprechend sind in der Folge sowohl Innen- als auch Außenmarketing zu betreiben, um die Eigen- und Fremdbild in Übereinstimmung zu bringen bzw. ein Wunschimage zu erreichen (vgl. Abb. 5.13).

Auf der Basis eines umfangreichen, verdichteten Datenbestandes an internen und externen Gäste- und Makrodaten kann jede DMO verbesserte Prognosen, Hochrechnungen oder Fortschreibungen über die Entwicklung der touristischen Quellmärkte erhalten.

Marktprognosen sind bewusste und systematische Einschätzungen zukünftiger Marktgegebenheiten. Grundsätzlich stehen unterschiedliche Verfahren (intuitiv, systematisch) und Methoden (qualitativ, quantitativ) zur Verfügung. In der Praxis be-

```
                        ┌─────────────────────┐
                        │   Marktprognosen    │
                        └─────────────────────┘
        ┌───────────────────────┼───────────────────────┐
┌──────────────────┐  ┌────────────────────┐  ┌────────────────────────┐
│ kurzfristig bis  │  │ mittelfristig 1 -3 │  │ langfristig mehr als 3 │
│     1 Jahr       │  │      Jahre         │  │         Jahre          │
└──────────────────┘  └────────────────────┘  └────────────────────────┘
              ┌──────────────┴──────────────┐
    ┌──────────────────┐        ┌──────────────────────┐
    │ intuitive        │        │ systematische        │
    │ Verfahren        │        │ Verfahren            │
    └──────────────────┘        └──────────────────────┘
              │                              │
    ┌──────────────────┐        ┌──────────────────────┐
    │ qualitative      │        │ quantitative         │
    │ Methoden         │        │ Methoden             │
    └──────────────────┘        └──────────────────────┘
```

— Repräs. Befragungen (bei Kunden, Mitarbeitern, Experten) — Delphi-Methode — Szenario-Methode	— Zeitreihenverfahren (Trendextrapoltaion, Glättung...) — Kausalverfahren (Regressionen, ökonometr. Verf.)

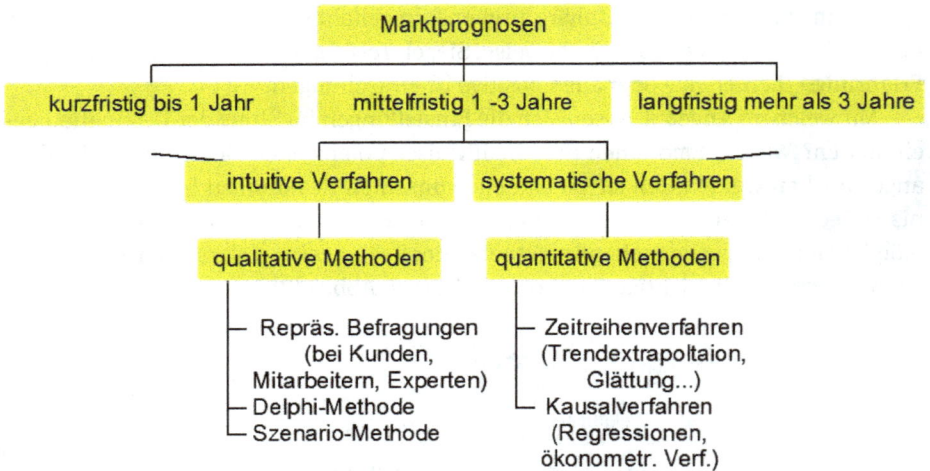

Abb. 5.14: Prognoseverfahren und -zeiträume (Wiesner 2020, S. 113)

währt hat sich die Prognose mittels der Fishbone-(Fischgräten-)Analyse. Jede DMO wird sich das oder die Verfahren aussuchen, die aus ihrer Sicht machbar und effektiv sind. Nicht zuletzt kommen auch der klaren Visualisierung und ggf. der überzeugenden Präsentation eine große Bedeutung für die Nutzbarkeit und Akzeptanz solcher Prognosen zu (vgl. Abb. 5.14).

Um zu einer abgesicherten Einschätzung zukünftiger Entwicklungen zu kommen bedarf es einer genaueren Betrachtung des Regionsumfeldes und der Zielgruppen. Grundsätzlich lassen sich fünf Einflussfelder (vgl. Abb. 5.15) beschreiben, von denen relevante Einflüsse auf Regionsmärkte ausgehen können: Politische, ökonomische, sozio-kulturelle, technische und ökologische Faktoren oder Einflüsse (**p**olitical, **e**conomical, **s**ociological, **t**echnological and **e**nvironmental influences – PESTE). Die erfassten Daten erlauben die Einschätzung sich in Zukunft bietender Chancen sowie bestimmter Trends. Sie ermöglichen eine bessere Einschätzung der kurz- oder längerfristigen Chancen und Risiken in den Märkten.

Zunächst sind die politischen Einflüsse zu nennen (Gesetze, Vorschriften, Verbote, Steuern ...) gefolgt von wirtschaftlichen Komponenten wie Konjunkturentwicklung, Arbeitslosenzahlen oder das Auftreten neuer Pandemien. Des Weiteren können soziale Veränderungen, insbesondere hinsichtlich demografischer Zusammensetzung, Einstellungen oder Lebensgewohnheiten der Gäste/Stakeholder relevant werden. Auch technologische Entwicklungen können Veränderungen bringen, die z. B. von digitalen Entwicklungen oder neuen Verkehrsträgern ausgehen. Umweltvorschriften und veränderte Erkenntnisse/ Sensibilitäten werden die (Quell-)Märkte der Destinationen zukünftig ebenfalls beeinflussen.

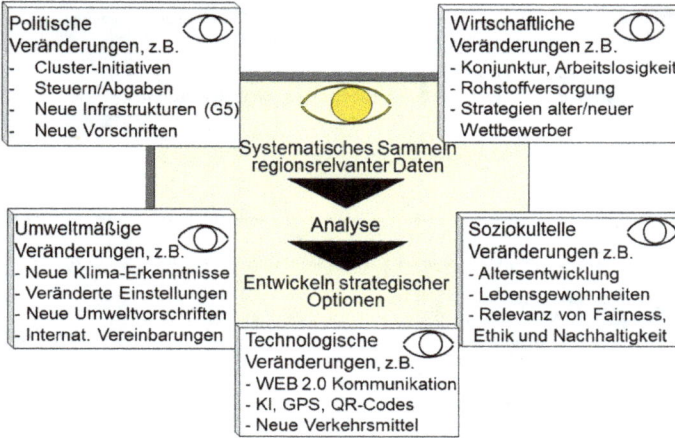

Abb. 5.15: Analyse destinationsrelevanter Umfeldeinflüsse – PESTE (nach Wiesner 2013, S. 88)

Für den Markt einer Region liegen zukünftige Risiken in der Konjunkturentwicklung oder einer Einkommensverknappung. Chancen können sich aber aufgrund gut ausgebildeter touristischer Fachkräfte, dem Entstehen neuer Cluster oder Infrastrukturen ergeben (vgl. Abb. 5.16). Veränderungen der Gästeeinstellungen oder ökologische Herausforderungen können für schnell entschlossene Regionen eine Chance darstellen, für schwerfällige sind sie eher ein Risiko! Also gibt es Einflüsse, die sich sowohl als zukünftige Markt-Chancen als auch als Risiken bewerten lassen. Denn stets gilt: Bei starkem Wind kann man entweder einen hohen Schutzwall bauen – aber ebenso ein gewinnbringendes Windkraftwerk errichten!

Abb. 5.16: Beispiele standortrelevanter SW-/OT-Faktoren (nach Wiesner 2013, S. 89)

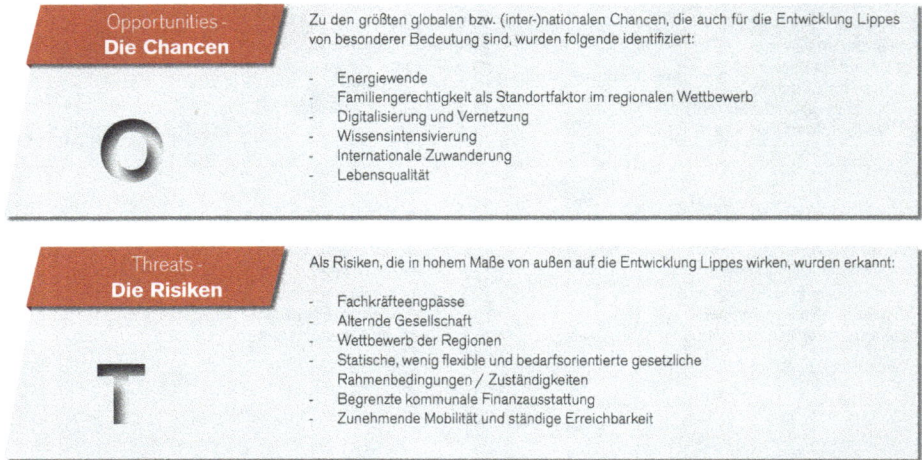

Abb. 5.17: Zukünftige generelle Chancen und Risiken (OT) des Kreises Lippe (Lippe 2017, S. 37)

Der schon erwähnte Landkreis Lippe hat für sich auch zukünftige Marktchancen erfasst, die – da sie nicht zu beeinflussen sind – selbstverständlich auch für die meisten Konkurrenten gelten (vgl. Abb. 5.17). Chancen sieht er u. a. in der Digitalisierung und der Lebensqualität, Risiken bei den Finanzen und der älter werdenden Gesellschaft (für Kurorte in Lippe eher eine Chance).

Die z. T. von Einschätzungen und Erwartungen geprägte Chancen-Risiken-Analyse (OT) lässt eine deutlich weniger sichere Beurteilung zu als eine Destinationsfaktorenanalyse. Die möglichen (und nicht selten unterschiedlichen) Expertenaussagen über zukünftige Entwicklungen/Trends lassen sich meist nur mit einer Szenariotechnik erfassen und sind daher oft viel schwerer in strategische Empfehlungen umsetzen. Die Gewichtung relevanter Einflussfaktoren stellt einen zusätzlichen Unsicherheitsfaktor dar.

Das wirtschaftlich relevante und damit ökonomisch wichtige Regionsumfeld umfasst i. d. R. auch alle wichtigen Stakeholder (vgl. Kap. 3.1). Deren Interessen und Bedürfnisse sind nicht ausschließlich ökonomisch begründet und können bzw. müssen daher auch über das Monetäre hinaus befriedigt werden.

Auf Basis der beiden dargestellten Teilanalysen (interne Stärken–Schwächen/SW, externe Chancen–Risiken/OT) ist jede Region n der Lage, mit Hilfe der zusammengeführten strategischen Situationsanalyse (TOWS – vgl. Abb. 5.18) abgestimmte Zukunftserwartungen zu formulieren bzw. einzugrenzen. Auf dieser Basis lassen sich abgesicherte strategische Entscheidungen hinsichtlich der Leistungsangebote (Portfolio), der Positionierung (Image, Marke ...) sowie Marketingaktivitäten treffen (vgl. auch Abb. 5.5). Alternativstrategien sollten als Option stets geprüft werden.

Dabei kann ein Spannungsfeld entstehen, um das Leistungsportfolio nach den vorhandenen Ressourcen (können) und den Zielen (wollen) der Regionen sowie den

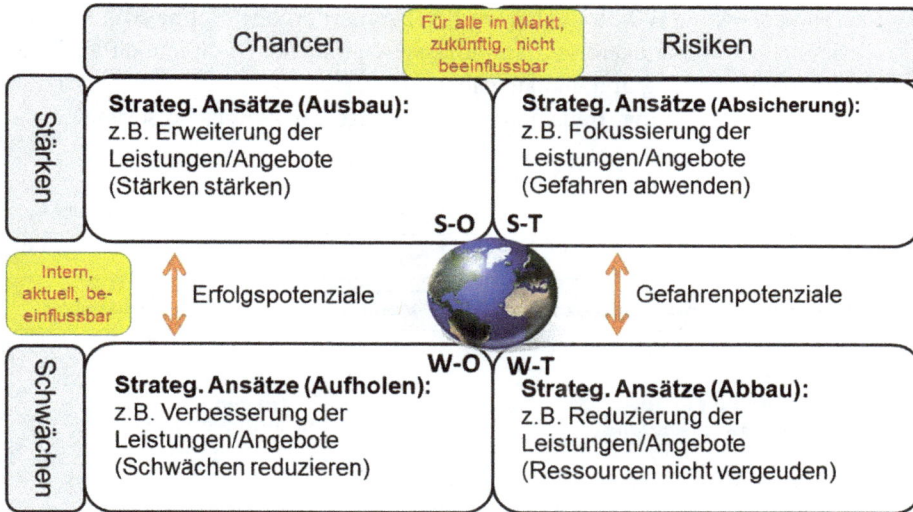

Abb. 5.18: Strategische Situationsanalyse/TOWS mit strategischen Ableitungen (nach Wiesner 2020, S. 114)

Markt- bzw. Gästeanforderungen (müssen) nach Kerngeschäften einerseits und eher sporadischen Aktivitäten andererseits zu positionieren. Das Kerngeschäft sollte stets auf den Kernkompetenzen bzw. der URP der Regionen und ihrer Akteure aufbauen. Dies ist ein dynamischer Prozess, der durch die DMO koordiniert und gesteuert immer wieder zu Veränderungen führt.

Beispielsweise hat der Kreis Lippe in einer TOWS-Analyse ebenfalls S-O-, S-T-, W-O- und W-T-Strategien abgeleitet (vgl. Abb. 5.19). Als tourismusrelevante S-O-Strategien des Kreises wurden herausgearbeitet (Lippe 2017, S. 38 f.):
– Umsetzung und Bündelung der Umwelt- und Klimaschutz-Aktivitäten
– Ganzheitliches Kulturkonzept (Kulturentwicklungsplan, DCCC)
– Kultur- und Natur-Tourismus

Als tourismusrelevante S-T-Strategien wurden herausgearbeitet (Lippe 2017, S. 38 f.):
– Masterplan bedarfsgerechte Mobilität im ländlichen Raum Lippe
– Raumoptimale Struktur erhalten
– Absicherung der Sicherungsfunktion (sicherster Kreis in NRW)
– Willkommenskultur fördern

Als tourismusrelevante W-O-Strategien wurden herausgearbeitet (Lippe 2017, S. 38 f.):
– Flächendeckend schnelles Internet
– Digitalisierungsstrategie: e-governance, e-participation, e-health, e-learning etc.
– Imagestrategie Ländlicher Raum
– Fördermittel-Management (für Unternehmen und Kommunen)

Als tourismusrelevante W-T-Strategien wurden herausgearbeitet (Lippe 2017, S. 38 f.):
- Sicherstellung der budgetären Handlungsspielräume der öffentlichen Haushalte
- Quartiersentwicklung und -management
- Gesundheitsversorgung (Hausarztzentren – Pflegedienste/angebotsorientiert)

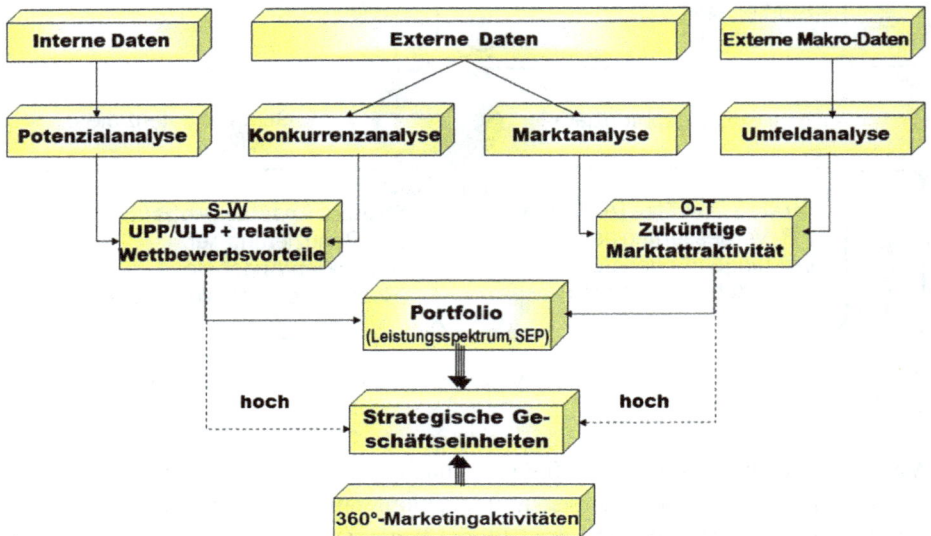

Abb. 5.19: Bildung strategischer Erfolgspositionen und Geschäftseinheiten sowie Festlegung der Wunschpositionierung (nach Wiesner 2013, S. 91)

Grundlegende Basis jeder Destination, sich mit ihrer Angebotspalette (Portfolio) strategisch vorteilhaft gegenüber allen relevanten potenziellen Kunden und anderen Stakeholdern zu positionieren, ist die strategische Situationsanalyse. Aus der TOWS-Analyse lassen sich nicht nur URP/UDP, Positionierung und ggfs. Strategische Erfolgspositionen (SEP) herausarbeiten, sondern auch unmittelbar erfolgsversprechende Strategien und Maßnahmen ableiten, die zur Stärkung der Alleinstellungsmerkmale und zu einem zukünftig wettbewerbsfähigeren Angebot der Region beitragen (vgl. Abb. 5.18/5.19).

Je mehr SEP besetzt werden können, desto besser lassen sich aus diesen mit Hilfe geeigneter 360-Grad-Marketingstrategien und -aktivitäten die gewünschten strategischen Geschäftsfelder besetzen und ggfs. Strategische Geschäftseinheiten (SGE) für jeden touristischen Teilmarkt bilden. In den SGE sollten dann Entscheidungen möglich sein, die unabhängig voneinander und überschneidungsfrei zu anderen SGE sind. Auch sollten die Konkurrenten einer jeden SGE eindeutig identifizierbar sein. Denkbar sind SGE für Studien- und Kulturreisende oder Shopping-Interessierte. Die strategische Situationsanalyse ist nicht eine einmalige Aufgabe, sondern in regelmäßigen Abständen zu wiederholen.

Für Destinationen ist es erfolgsentscheidend, auf Basis einer klaren Leistungs-positionierung auch eine deutliche Markenpositionierung vorzunehmen. Sollten im Einzelfall auch differenzierte SGE z. B. als Kongressdestination, Camping-Region oder Wohnort bestehen, lassen sich ggfs. Submarken kreieren und positionieren, an denen sich die jeweiligen Kunden orientieren können.

5.2 Zielgruppenforschung: Kunden und Stakeholder

Wenn alle Gäste (s. Kap. 5.1) und die übrigen Stakeholder (s. Kap. 3.1) identifiziert wur-den, muss geprüft werden, ob diese Gruppen wirtschaftliche Relevanz entwickeln (können). Für alle Kunden- und Stakeholdergruppen gilt, dass sie kommunikativ nachhaltig ansprechbar und erreichbar sind. Sicherlich lassen sich einige Gruppen persönlich oder mit direkter Kommunikation ansprechen, größere Gruppen sollten aber auch über andere Medien erreichbar sein. Ein gutes Hilfsmittel zur Segmentie-rung und Ansprache der unterschiedlichen Zielgruppen sind die sogenannten „Sinus-Milieus", die es u. a. für Deutschland, Österreich und die Schweiz (vgl. Abb. 5.20 ff.) gibt.

Über die von Sinus erfassten sozialen Milieus lassen sich seit vielen Jahren Zielgruppen bilden, die die Lebensführung der Menschen berücksichtigen (vgl. Abb. 5.20 ff.). Je nach Umfeld, in dem jemand aufwächst, eignet er sich bestimmte Einstellungen, Verhaltensweisen und kulturelle Vorlieben an. Diese spiegeln sich im Alltag in der Wohnungseinrichtung, bei der Urlaubsreise, bei der Mobilität oder in der Ernährung wider. Die Untersuchungen bieten auch Informationen über die in den jeweiligen Gruppen beliebten Medien und deren Nutzung. Die bekannten Sinus-Milieus bieten somit eine direkte Anwendung für die touristische Marketingpraxis. Diese Milieus verändern sich im Laufe der Zeit und werden daher (fast) jedes Jahr in der Darstellung aktualisiert. In Abb. 5.20 sind die aktuellen deutschen Sinus-Milieus 2020/21 dargestellt.

Seit einigen Jahren überträgt das Sinus-Institut seine Milieus ins Internet. Mit Hil-fe der digitale Sinus-Milieus können strategische Zielgruppen auch online punktge-nau ermittelt und angesprochen werden. Spezielle Sinus-Jugendmilieus verdichten die soziokulturelle Vielfalt zu den „Sinus-Lebenswelten u18". Mit Sinus-Migranten-Milieus lassen sich die Lebenswelten und Lebensstile von Menschen mit unterschied-lichem Migrationshintergrund abbilden (Sinus 2020).

Seit 1997 gibt es auch internationale Meta-Milieus jeweils für etablierte und sich entwickelnde Märkte für insgesamt 45 Länder. Für international ausgerichtetes Marke-ting existieren Zielgruppen-Daten u. a. für die EU-Länder, USA oder Japan sowie auf-strebende Länder wie Indien, Brasilien, China oder Russland. Auch für die Schweiz

Die Sinus-Milieus® in Deutschland 2020/2021
Soziale Lage und Grundorientierung

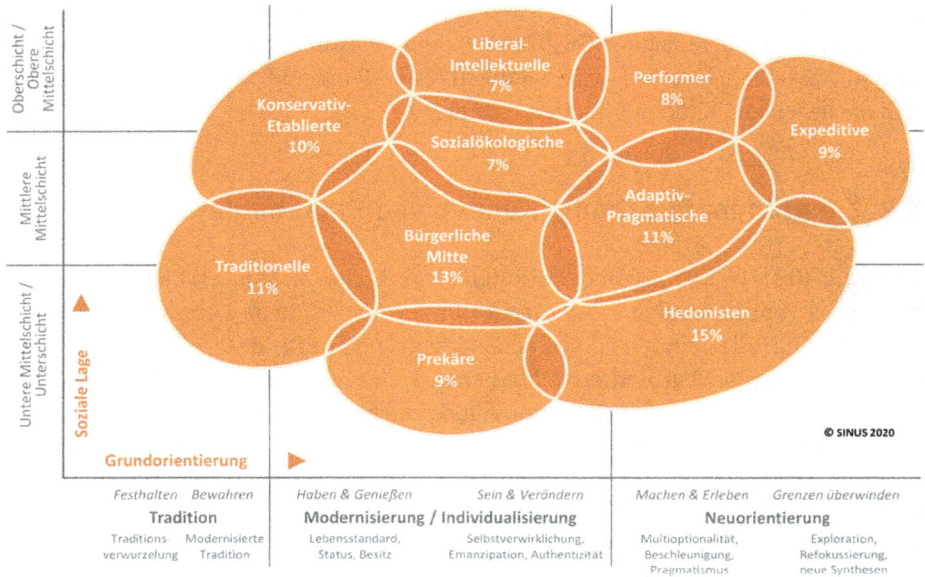

Abb. 5.20: Deutsche Sinus Milieus 2020/21 (Sinus 2021)

und Österreich werden die Sinus-Zielgruppen erfasst und immer wieder aktualisiert (vgl. Abb. 5.20/5.21).

Die Milieuzugehörigkeit scheint jedoch angesichts steigender Individualisierung und zunehmender Konnektivität (Web 2.0) an Aussagekraft zu verlieren – Brüche und Zuordnungsprobleme entstehen. Unsere Gesellschaft differenziert sich inzwischen in sehr viele Special-Interest-Groups, bei den meisten Gruppierungen handelt es sich nur um Gemeinschaften auf Zeit. Daher setzte das Zukunftsinstitut bereits 2007 auf Lebensstil-Gruppen, entlang der Biografien von Menschen angeordnet.

Mit der Individualisierung von Lebensläufen werden demografische Merkmale als Marktforschungsgrundlage zunehmend unzuverlässig. Um die Menschen und ihre Bedürfnisse heutzutage zu verstehen, ist eine andere Sicht auf die Gesellschaft sinnvoll: Eine trendbasierte und datengestützte Lebensstil-Typologie eröffnet nach Ansicht des Zukunftsinstituts einen neuen Blick auf Zusammenhänge und Lebenssituationen.

Ein weiteres Model zur Identifizierung und Klassifizierung ist das altbekannte „Generationen-Modell", welches Menschen bestimmter Altersgruppen nach Ähnlichkeiten in der Grundhaltung, Ausrichtung etc. zusammenfasst (vgl. Abb. 5.23). Die „Baby-Boomer" waren die erste dieser Generationen (1950–1965), gefolgt von der

Die Sinus-Milieus® in der Schweiz 2019

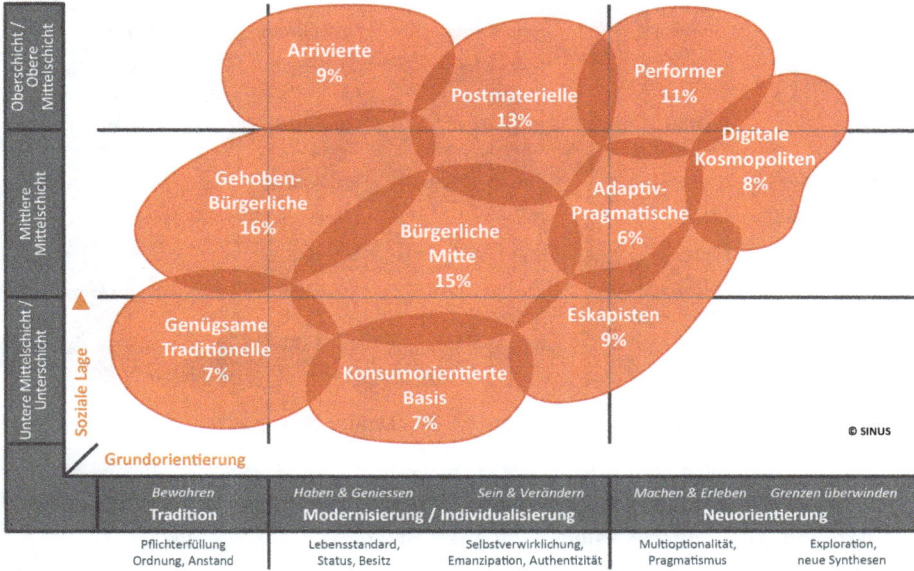

Abb. 5.21: Schweizer Sinus Milieus 2019 (Sinus 2019)

Die Sinus-Milieus® in Österreich

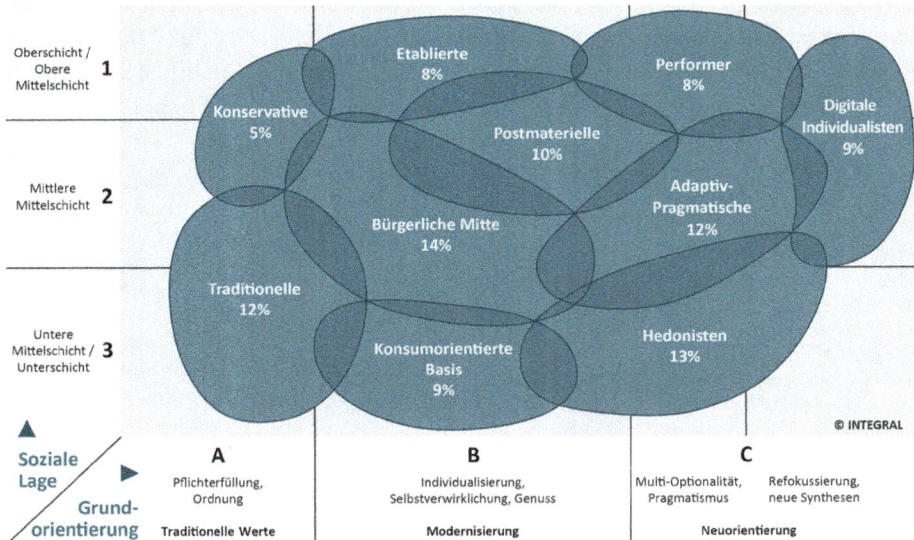

Abb. 5.22: Österreichische Sinus Milieus 2018 (Sinus 2018)

	Baby Boomer	Generation X	Generation Y	Generation Z
Geboren	Ab 1950	Ab 1965	Ab 1980	**Ab 1995**
Grundhaltung	Idealismus	Skepizismus	Optimismus	**Realismus**
Hauptmerkmal	Selbsterfüllung	Perpektiven-losigkeit	Leistungs-bereitschaft	**„Flatterhaftigkeit"**
Bezug	(lokale) Gemeinschaft	(lokale) Gemeinschaft	(internationale) Gesellschaft	**(globale) Gesellschaft**
Rolle	Kollektivismus	Individualismus	Kollektivismus	**Individualismus**
Aktivitätsniveau	Mittel	Niedrig	Mittel	**Hoch**
Informiertheit	Mittel	Wenig	Mittel	**Stark**
Qualifikation	Lernen für das Unternehmen	Wenig lernen	Bezahltes Lernen	**Für sich lernen**
Ausrichtung	Nur Beruf	Privat (trotz Beruf)	Beruf, verbunden mit Privat	**Privat (und Beruf getrennt)**

Abb. 5.23: Generationen aus der Sicht des (Personal-)Marketings (Scholz 2016)

„Generation X" (1965–1980). Jüngere Menschen ab dem Geburtsjahr 1980 aus der sogenannten „Generation Y" stehen vor allem im Fokus des Interesses.

Als „Generation Z" (vgl. Abb. 5.23) werden jene bezeichnet, die nach 1995, also um die Jahrtausendwende geboren wurden und zur Gruppe der gut ausgebildeten, urbanen/globalen, modernen und finanziell gut ausgestatteten jungen Menschen gehören. Die Generationen Y und Z sehen eher skeptisch in die Zukunft, reisen aber gern: Sie beurteilen die Motivation der Unternehmen, sich ihrer gesellschaftlichen Verantwortung zu stellen, als dramatisch schlechter als in den zurückliegenden Jahren. Besonders pessimistisch zeigen sie sich im Hinblick auf die Digitalisierung und Industrie 4.0. So lassen sich für interessierte DMO gewisse Zielgruppen und ihre Einstellungen als Basis der 360-Grad-Marketings identifizieren.

6 Normative Ausrichtung

Mit Hilfe des Destinationsmarketings in seinen unterschiedlichen Ausprägungen soll eine positive Wirkung auf die Attraktivität und das Image der Region/Destination erreicht werden. Das verlangt nach klaren Vorgaben und Zielsetzungen. Stakeholderorientiertes 360-Grad-Destinationsmarketing fokussiert sich auf verschiedene relevante Märkte (Tourismus, Lieferanten, Kapitalgeber, Personal, interne Märkte …) und Zielgruppen mit unterschiedlicher Intensität. Darauf wurde bereits bei der Beschreibung des 360-Grad-Marketingansatzes mit seinen Umfeld-Beziehungen hingewiesen. Im Destinationsmarketing müssen neben den Gästen auch weitere Stakeholder identifiziert und mittels zielgerichteter Strategien und Marketing-Mix differenziert angesprochen werden (vgl. Abb. 6.1).

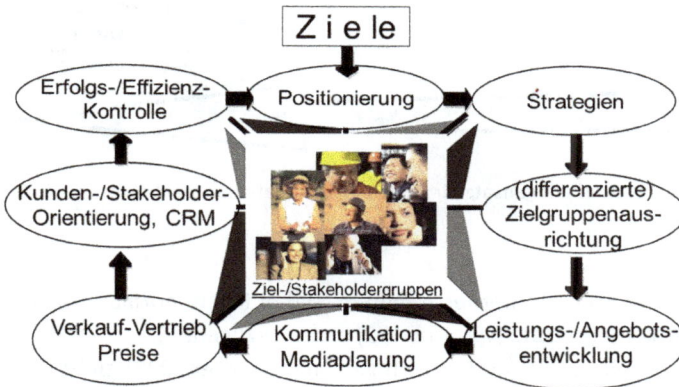

Abb. 6.1: Diverse Zielgruppen im Zentrum des 360-Grad-Destinationsmarketings (nach Wiesner 2020, S. 46)

Nur als Folge gut geplanter Aktivitäten können die erwünschten Ziele, ggfs. differenziert nach Zielgruppen, erreicht werden. Das normative Marketing legt die grundlegenden Ziele, Prinzipien, Normen und „Spielregeln" fest, um die Wettbewerbsfähigkeit zu optimieren und nachhaltig zu sichern.

Die Besonderheiten der Regionen und ihrer Angebote müssen dabei stets beachtet werden: Es sind sowohl Erkenntnisse des Dienstleistungsmarketings, des B-to-B und B-to-C-Marketings als auch des internationalen Marketings zu berücksichtigen. Auch sollte jeder Regionsakteur bedenken, dass man sich auf einem einmal errungenen Marketingerfolg nicht ausruhen kann, denn Kundenansprüche verändern sich und die Konkurrenz „schläft auch nicht". Die Akzeptanz der jeweiligen Zielgruppen muss immer wieder neu erarbeitet werden, die Beziehungen müssen gepflegt werden. Dabei ist auf Dauer die Berücksichtigung strategisch relevanter Erkenntnisse erfolg-

https://doi.org/10.1515/9783486849424-006

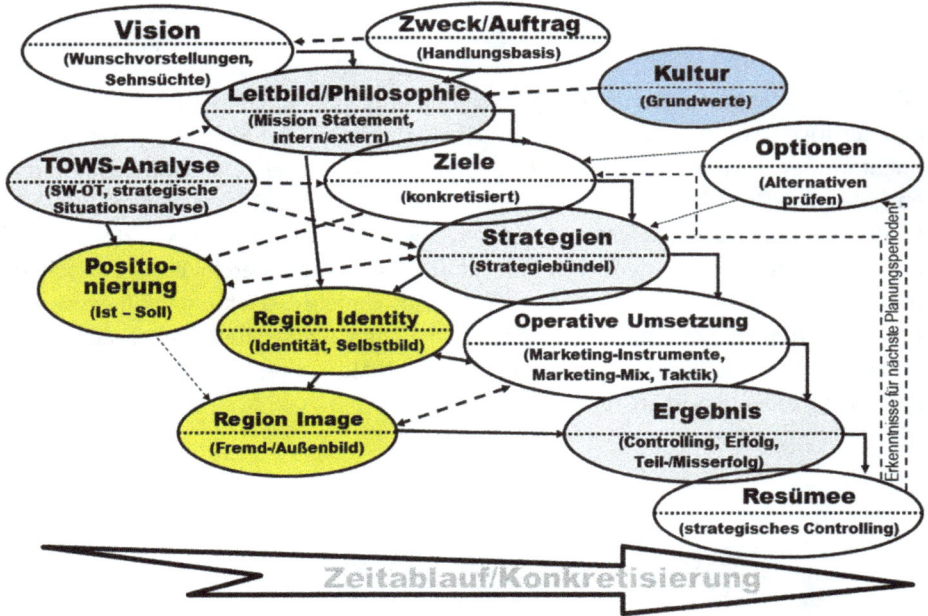

Abb. 6.2: Normativ-strategischer Marketingansatz für Regionen/Destinationen (nach Wiesner 2020, S. 70)

reicher, als jedem aktuellen Trend hinterher zu laufen. Daher ist ein normativ-strategischer Destinationsmarketing-Ansatz (vgl. Abb. 6.2) zu bevorzugen.

Der vom Autor entwickelte 360-Grad-Marketingansatz (Wiesner 2020) greift viele Aspekte des Relationship-Marketings auf, um der Bedeutung von Gästen und vieler anderer Stakeholder mit ihren Einflussmöglichkeiten Rechnung zu tragen. Alle Regionsstakeholder sind wichtige Adressaten der Beziehungsinteraktion und müssen in die Dialogkommunikation des Regionsmarketings einbezogen werden. Es handelt sich um eine koordinierende Führungsaufgabe mit konsequenter Ausrichtung des gesamten Regionsangebots auf die Erwartungen der (Wunsch-)Gäste und anderer Stakeholder zum gegenseitigen Nutzen der Beteiligten.

Destinationsmarketing umfasst alle Aktivitäten und Prozesse zur Analyse, Ziel- und Strategiefindung, operativen Durchführung sowie Kontrolle, um attraktive Regionsbedingungen bereitzustellen und Wettbewerbsvorteile zu realisieren. Der effektive Einsatz regionaler Ressourcen ist professionell und zielgerichtet zu koordinieren: Infrastrukturen, Humankapital (Menschen mit relevanten Fähigkeiten), Attraktionen, Lebensqualität, Finanzen sowie image-/markenrelevante Faktoren.

Zentraler Ausgangspunkt ist eine gemeinsame Vision, d. h. die Vorstellung aller Regionsakteure, davon, wie sich die Destination in den nächsten Jahren entwickeln soll. Zielführend ist auch ein gemeinsames Leitbild mit verbindender Kultur und Werten sowie eine entsprechende Mission. Allerdings lässt sich dies angesichts unterschiedlicher Zielgruppen und Stakeholderinteressen nicht immer optimal realisieren. Hilfsweise könnten Teilleitbilder (Tourismus, Wirtschaft, Wohnen) als Ausgangspunkt für strategisches Marketing dienen. Allerdings kann dies auch zu unterschiedlichen Positionierungen gegenüber den einzelnen Zielgruppen führen. Positionierungen und Strategien sind stets nur so gut wie die Vision bzw. die Mission (Leitbild), die die Richtung vorgibt. Eine ansprechende Positionierung sowie ein konsistentes und glaubwürdiges Corporate/Destination/Region Image sind Basis für eine breite Stakeholder-Akzeptanz.

Normatives Marketing beschreibt im Leitbild die großen Herausforderungen z. B. eine auf Nachhaltigkeit und Fairness ausgerichtete Grundhaltung. Und setzt dann konkrete und überprüfbare Ziele, die auf der Basis erfolgversprechender Strategien mittels operativen Marketings aufbereitet und umgesetzt werden müssen. Nach einem festgelegten Zeitraum steht dann eine Überprüfung des Erfolges bzw. des Zielerreichungsgrades an.

In volatilen Zeiten lässt sich die Vergangenheit in einer Prognose nicht mehr linear in die Zukunft fortschreiben, also wird Agilität/Beweglichkeit zum Maßstab der normativ-strategischen Planungsprozesse. Dafür bedarf es „Wenn-dann-Szenarien", flexibler Ziele und anpassungsfähiger Strategien, ergebnisoffener Prozesse und Optionen für verschiedene Zukunftsszenarien. Aus einem noch wenig konkreten Leitbild müssen dennoch überprüfbare Ziele (und Optionen) abgeleitet werden, die sich detaillieren und mittels einer Balanced Scorecard bei allen aktiven Akteuren verankern lassen.

6.1 Vision

Es bedarf also einer Idee oder Vision, für die sich Unterstützende, Mitarbeitende, Finanziers, Politiker, Bürger, Gäste und andere Stakeholder begeistern lassen. Ein Blick in die Geschichte lehrt uns, dass nur diejenigen neue Horizonte erreichen bzw. erfolgreich sind, die solche Visionen haben. Man denke an Personen wie Kolumbus, Karl den Großen oder Coco Chanel.

In einer idealisierten Vision für die Destination sollte ein ambitioniertes, aber noch realisierbares und attraktives Zukunftsbild über einen zukünftig erstrebenswerten Zustand gezeichnet werden. Daraus lässt sich ein Leitbild als Arbeitsbasis für die Destination ableiten. Die Vision und das ausformulierte Leitbild mit gemeinsamen Werten sollten alle Akteure mitreißen, um gemeinsam alles für eine bessere Zukunft der Region/Destination zu tun.

Visionen sind bildhafte Vorstellungen von zukünftig Erreichbarem, sie vermitteln ein klares Bild der Zukunft. Dabei ist es zweitrangig, ob die Basis dafür heute schon existiert oder erst geschaffen werden muss. Visionen sind also zwischen Realität und Utopie angesiedelt, sie sollten als ambitioniert aber noch realisierbar erscheinen. Nur so kann man sich selbst und vor allem andere motivieren, diese Vision Realität werden zu lassen. Als Basis für eine Regionsidentität (Wir-Gefühl) kann beispielsweise zunächst die Bildung oder Stärkung des regionalen Bewusstseins stehen. Denn nur auf einem gemeinsamen Nenner aufbauend lässt sich die Destination überzeugend nach außen präsentieren und vermarkten.

Die Symbolkraft einer Vision ist entscheidend für ihren Erfolg. Schon vor Jahrzehnten brachte es der amerikanische Schriftsteller Carl Sandburg auf den Punkt: „Nothing happens unless there is first a dream!" (Wiesner 2016-2, S. 52). Der 1992 verstorbene deutsche Unternehmer Körber formulierte: „Unser Maß ist nicht das heute Mögliche. Unser Maß ist die Idee des künftig Erreichbaren." (Wiesner 2916-2, S. 53). Auch touristische Regionen müssen einen solchen „Traum" formulieren, um die unterschiedlichen Akteure auf eine gemeinsame Zielrichtung einzuschwören.

Die Vision (= Leitidee) gibt die wichtigsten Tätigkeitsfelder vor und zeigt die Richtung an, in die alle gemeinsam arbeiten müssen. Zusammen mit allen Akteuren ist zu klären, welches die richtige Leitidee für die eigene Destination ist. Visionen stellen Herausforderungen dar, die im Rahmen der anschließenden Arbeitsphase gemeistert werden müssen.

Erst wenn darüber Einvernehmen besteht, kann ein realistisches und genaueres Ziel formuliert werden. Die Ziele können sich ebenso auf die gewünschte Positionierung beziehen als auch auf andere weiche Faktoren, die angestrebt werden. Strategien bzw. Strategiebündel dienen zur Zielerreichung (vgl. Abb. 6.2) und müssen durch konkretes operatives Marketinghandeln umgesetzt werden. Es wird ergänzt durch taktische Marketingmaßnahmen, die ggfs. situativ notwendig werden.

Ist die grobe Zielrichtung geklärt, lassen sich auch konkrete Ziele (vgl. Abb. 6.3) formulieren und die richtigen Wege/Strategien dorthin finden oder alternativ neue Wege erschließen. Ein Weg entsteht, indem man ihn geht, besagt eine alte chinesische Weisheit. Dabei legt die DMO als „geistige Vorhut" aller Akteure der Destination die Wege fest, auf denen alle folgen sollen. Der amerikanische Management-Autor Robert Heller formuliert kurz und knapp: „All good management is the expression of one great idea." (Wiesner 2016-2, S. 52). Gerade wenn man die Destination positionieren und ggfs. eine (welt-)bekannte Marke aufbauen will, braucht man eine Idee (Vision), mit der sich möglichst alle Netzwerkpartner identifizieren können. Wenn die Menschen mit Leidenschaft bei der Sache sind und die großen Ziele verinnerlichen, managen sie sich ohne strenge Vorgaben wie von selbst.

Begriffe wie „strategisch" und „geistige Vorhut" klingen militärisch: Sie sind aber durchaus zutreffend, denn militärische Strategien werden mit dem Zweck verfolgt zu siegen. Zu gewinnen, erfolgreich und besser als die Konkurrenz zu sein, sind i. d. R. die zentralen Maßgaben für die Destination bzw. DMO im Wettbewerb.

Eine Vision dient als Kompass und Antriebsquelle die DMO und bietet viele Vorteile:

– Sie fördert die langfristige Planung der Regionsentwicklung und sorgt für eine bessere Stakeholderorientierung

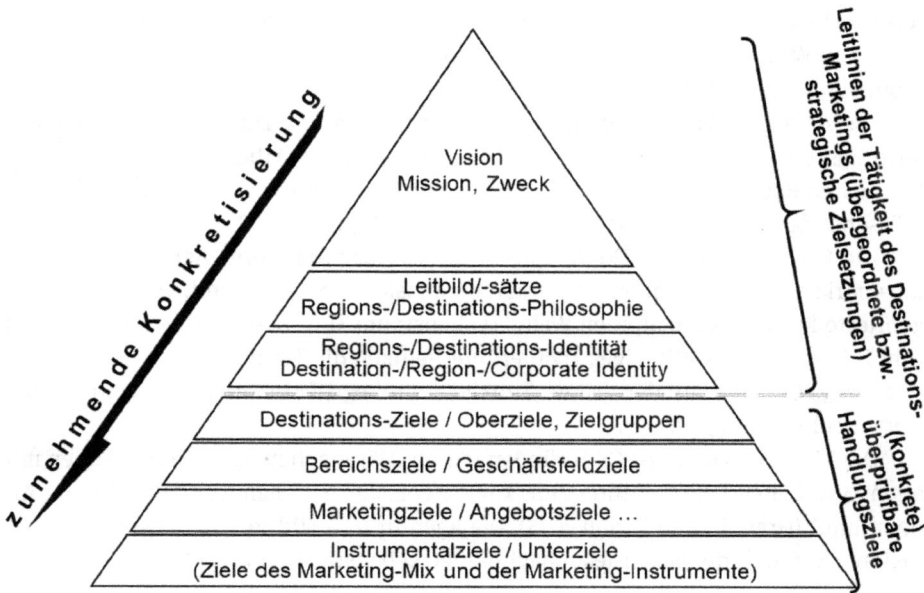

Abb. 6.3: Normative Basis des Destinationsmarketings (nach Wiesner 2020, S. 72)

- Sie bildet das „Rückgrat" für die Ziele, Strategien und operativen Maßnahmen
- Sie spiegelt die Regionswerte wider und motiviert
- Sie gibt eine klare Linie vor, auf die bei Entscheidungen, Zweifeln oder Unklarheiten jederzeit Bezug genommen werden kann
- Sie ermöglicht durch Prioritätensetzung einen effektiven Ressourceneinsatz
- Sie verleiht den Entscheidungen der DMO Glaubwürdigkeit (Wiesner 2020, S. 74)

Eine Vision muss deshalb folgende Merkmale aufweisen:
- Sie ist vorstellbar: Erzeugt ein eindeutiges Bild der Zukunft
- Sie ist vermittelbar: Ist leicht verständlich und kann in fünf Minuten umschrieben bzw. erläutert werden
- Sie ist erwünscht: Vereinbar mit langfristigen Vorstellungen der Mitarbeitenden, Gästen, Geldgeber und weiteren Stakeholdern
- Sie ist durchführbar: Realistische Vorstellung, Ziele erreichbar (dehnbar)
- Sie ist fokussiert: Klar genug formuliert, um als Leitlinie für Entscheidungen und Aktionen zu dienen
- Sie ist flexibel: Allgemein genug, um individuelle Initiativen und alternative Lösungen bei Veränderungen zuzulassen (Wiesner 2020, S. 74)

Regions- oder Destinationsvisionen sind nur selten publiziert und zugänglich. Tourismus NRW arbeitet beispielsweise auf Basis der Vision, das NRW das wichtigste Kurzreiseziel in Deutschland und eine international erfolgreiche Destination sein soll. Tourismus NRW will dazu Innovationstreiber und anerkanntes Kompetenzzentrum sein (Tourismus NRW 2020-3).

Die Vision Allgäu 2030 lautet: „Das Allgäu ist führend als zukunftsorientierter und leistungsstarker Gestaltungsraum für individuelles Leben, Arbeiten und Urlauben im ländlichen Raum. Es zeichnet sich durch maßvolles und nachhaltiges Wirtschaften, erfrischende Originalität und gesundes Leben aus." (Allgäu 2021-1).

Die Lebensraum Tirol Holding, die seit 2019 das Standort-, Agrar- und Tourismusmarketing Tirols bündelt, formuliert eine Vision der Marke Tirol: „Tirol ist der begehrteste Kraftplatz der alpinen Welt." (Lebensraum Tirol 2020-1). Die Tirol Werbung GmbH beschloss als 100 %iges Tochterunternehmen die Tourismusstrategie „Der Tiroler Weg 2021", die auf der Vision „Tirol ist der Inbegriff alpinen Lebensgefühls" basiert (Tirol Werbung 2020-2).

Die Vision des Kantons Graubünden lautet: „Wir machen Graubünden Ferien mit allen Mitarbeitenden zur führenden, kompetentesten Tourismusorganisation im Alpenraum." (Graubünden Ferien 2015). Die Agentur IDM Südtirol richtet sich nach der Vision: „Südtirol, der begehrteste nachhaltige Lebensraum Europas" (IMD 2020-6).

6.2 Leitbild

Ein Leitbild stellt in gewisser Weise die Ausformulierung einer großen Vision dar und entspricht in etwa dem angloamerikanischen Begriff „Business Mission". Leitbilder geben als grundlegende Philosophien wichtige Kernaussagen zur Destinations- bzw. Organisationskultur (Destination/Regional Culture bzw. Cooperative Culture) sowie zur Organisationsidentität (Destination/Regional oder Cooperative Identity) wieder. Das gilt auch Teilleitbilder (vgl. Abb. 6.4).

Jede DMO kann als ein System spezifischer und konsistenter Werte, Normen und Symbole aufgefasst werden, das sowohl die Akzeptanz bei den Mitarbeitenden (intern) als auch die öffentliche Wahrnehmung (extern) bestimmt. Eine Leit- oder Organisationskultur (Destination/Corporate Culture) gilt als der Erfolgsgarant und ist Kern der CI/DI (vgl. auch Abb. 6.2). Die Kultur betrifft nicht nur den „Common Sense" der Zusammenarbeit, sie ist auch dafür verantwortlich, ob sich die Mitarbeitenden wohlfühlen, sie engagiert und motiviert arbeiten und wie lange die besten und talentiertesten gebunden werden können. Konkret geht es um den Sinn der Arbeit, auch „Bestimmung" oder „Purpose" genannt.

Leitbilder sollen als realistische Idealbilder die Werte und Normen abbilden und damit die Verhaltensgrundlagen der Destinationsakteure für Außenstehende darlegen. Sie erklären den Kunden und anderen Stakeholdern, wofür die Destination steht. Daher sollten sie regelmäßig auf Konsistenz, Akzeptanz und Aktualität geprüft und ggfs. fortgeschrieben werden.

Abb. 6.4: Leitbild(er) zur Konkretisierung der Vision (nach Wiesner 2013, S. 117)

Leitbilder umfassen eine Leitidee/Vision, die das zukunftsgerichtete Selbstverständnis der Destination darstellt, eine kurze und prägnante Mission, die den Handlungsauftrag sowie die Handlungsgrundsätze (Verhalten gegenüber Stakeholdern) beschreiben. Sie enthält wichtige Kernaussagen zur Regionskultur und den Leitwerten und kann so allen Mitarbeitenden eine einheitliche Orientierung geben und die Identifikation mit der Destination erleichtern. Die Zielvorstellungen werden grob umrissen, ohne exakte/überprüfbare Werte zu nennen, aber Zielrichtung und Kernaussagen müssen klar werden (vgl. Abb. 6.5). Trotz eines hohen Abstraktionsgrades und einer Konsensorientierung sollten inhaltsarme und austauschbare Formulierungen vermieden werden. Die schlüssige Philosophie einer kooperativen DMO bietet Grundlage und Voraussetzung für ein abgestimmtes, ganzheitliches und partnerschaftliches strategisches Handeln/Marketing.

Die langfristigen Grundvorstellungen einer Destination/Region sollten in ihren Formulierungen so konkret wie möglich und gleichzeitig so allgemein wie nötig sein. Konkret sollte ein Leitbild sein, damit es die Adressaten nicht als inhaltsleer und austauschbar wahrnehmen. Ausreichend allgemein sollte es sein, damit es übergreifend für die Region gilt, ohne auf Teilaufgaben/-ziele eingehen zu müssen. Folgende Anforderungen sollte ein Leitbild erfüllen um intern als auch extern positive Wirkungen erzeugen (vgl. Abb. 6.6):

– Es benötigt eine Vision oder Idee und eine angestrebte Entwicklungsrichtung, die ambitioniert, aber realisierbar ist
– Es sollte langfristig gültig sein (5–10 Jahre)
– Es sollte Grob-Ziele positiv formulieren und eigene Stärken hervorheben
– Es sollte in einer leicht verständlichen Sprache verfasst sein und sich auf die wesentlichen Aussagen beschränken (ohne zu lang zu werden)

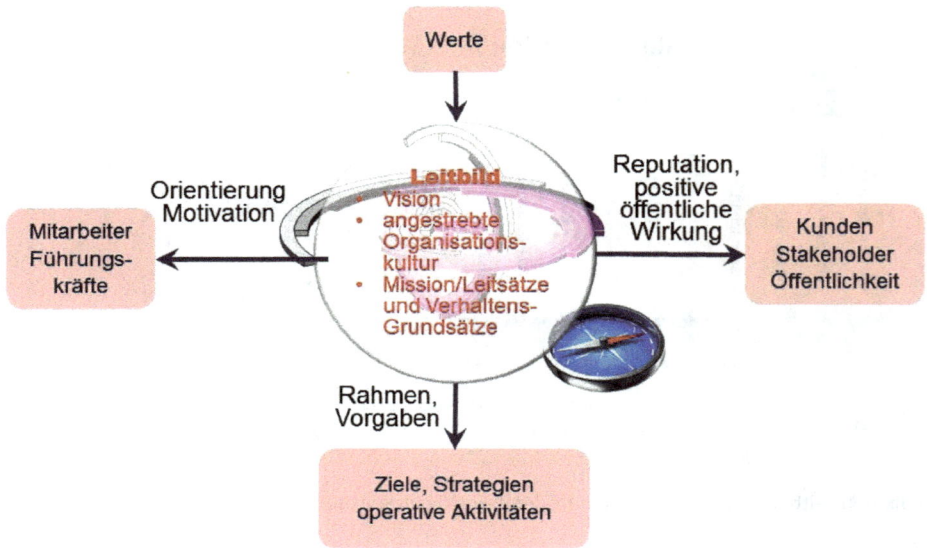

Abb. 6.5: Orientierung und Richtung gebendes Leitbild (Wiesner 2020, S. 84)

Abb. 6.6: Leitbild-Funktionen und -Wirkungen (Wiesner 2020, S. 85)

– Es sollte aus der Region selbst kommen und von hoher Akzeptanz sein
– Es sollte vollständig sein
– Es sollte die Wahrheit wiedergeben
– Es sollte für alle Stakeholder einsehbar sein

Viele Destinationen bzw. deren Marketingorganisationen verfügen über kein Leitbild, aber immer häufiger wird daran gearbeitet. In dem ein oder anderen Fall sollten „in die Jahre gekommene" Leitbilder aktualisiert werden, um ihren Zweck zu erfüllen. Leitbilder, die mehr als 10 Jahre alt sind bedürfen unbedingt einer Aktualisierung.

Wie schon angerissen will Tourismus NRW u. a. Innovationstreiber und anerkanntes Kompetenzzentrum der Branche sein. Es heißt im Leitbild, dass die Markenfamilie „DeinNRW" etabliert und begehrt sei. Die Mission lautet, NRW als attraktives und erfolgreiches Reiseland zu etablieren und ihm ein Gesicht zu geben (Tourismus NRW 2020-3).

Die Mission des Kantons Graubünden aus 2014 lautet: „Gemeinsam mit unseren Partnern schaffen wir Mehrwert für unsere Kunden und Gäste, mit dem Ziel, sie für Graubünden zu begeistern. Unser Tun ist geprägt durch Gästeorientierung, Marktpräsenz und Leadership" (Graubünden Ferien 2015). Die IDM in Südtirol betrachtet den Auftrag der IDM als Mission: „IDM ist Impulsgeber & treibende Kraft für die nachhaltige wirtschaftliche Entwicklung Südtirols" (IMD 2020-6).

Für die Region Nordschwarzwald besteht seit 2019 ein wirtschaftliches Leitbild der Wirtschaftsförderung Nordschwarzwald GmbH (WFG), das als Mission Statement bezeichnet wird. Danach sieht die WFG die „regionale Wirtschaftsförderung als Teil der ökonomischen Daseinsvorsorge, die einen Beitrag zur Verbesserung der Lebensqualität in der Region leistet." (Wirtschaftsförderung Nordschwarzwald 2019). Darüber hinaus werden nur grobe Entwicklungsziele der Region genannt: Natur und Stadt leben und erleben oder Region gemeinsam gestalten.

Ziel der Allgäu-Strategie 2030 ist, das Allgäu als führenden zukunftsorientierten und leistungsstarken Gestaltungsraum für individuelles Leben, Arbeiten und Urlauben im ländlichen Raum zu positionieren, dazu werden fünf Oberziele festgelegt (Allgäu 2021-2):

– Klares gemeinsames Qualitätsverständnis auf Basis der Kernwerte und Essenz der Marke Allgäu und kontinuierliches Streben nach Spitzenleistungen
– Das Allgäu erreicht als attraktiver und hochqualitativer Lebens- und Arbeitsraum außergewöhnlich hohe Begehrlichkeit als Arbeitgebermarke
– Alle wirtschaftlichen Handlungen sind ressourcenschonend ausgerichtet
– Hohe Wettbewerbsfähigkeit durch sichergestellte (digitale) Konnektivität
– Netzwerke und interdisziplinärer Austausch im Allgäu sind auf optimales gemeinsames und zielgerichtetes Arbeiten ausgerichtet

6.3 Ziele

Gottfried Ephraim Lessing, bedeutender Dichter der Aufklärung, formulierte zum Thema Ziele: „Der Langsamste, der sein Ziel nicht aus den Augen verliert, geht immer noch geschwinder als der, der ohne Ziel umherirrt." (Wiesner 2013, S. 118). Auf das Destinations-/Regionsmarketing angewandt, bedeutet dies: Konkrete Ziele müssen festgelegt und so klar ausformuliert werden, dass diese für jeden Mitarbeitenden verständlich, umsetzbar und akzeptabel erscheinen. Um Ziele leichter realisierbar zu machen, ist es sinnvoll, Teilziele zu formulieren und diese sowohl nach innen als auch nach außen zu kommunizieren.

Abb. 6.7: Normative Pyramide für Destinationen (nach Wiesner 2020, S. 88)

Abb. 6.8: Zielhierarchie für Destinationen (eigene Darstellung)

Grundsätzlich lassen sich strategische Oberziele und operative Ziele (Handlungs-/ Unterziele) unterscheiden. Zu den strategischen Zielen gehören die DMO- bzw. Destinationsgrundsätze und Oberziele (z. B. „Wir sind die touristenfreundlichste Region in NRW"), zu den operativen Zielen gehören die Funktionsbereichsziele (z. B. konkrete Image- oder Qualitätsverbesserung, gesteigerte Gästezufriedenheit etc. vgl. Abb. 6.8) ggfs. mit Zwischen- und Unterzielen. Zwischenziele könnten hinsichtlich der Regionsangebote für bestimmte Zielgruppen formuliert werden, z. B. der Ausbau des Shoppingtourismus oder die Attraktivitätssteigerung. Unterziele sind anschließend für die einzelnen mitwirkenden Regionsakteure zu formulieren.

In Hinblick auf Destinationen kann man auch zwischen innen- und außengerichteten Zielen unterscheiden (Bipolarität der Ziele). Oftmals ist nämlich zunächst die Schaffung eines gemeinsamen Regionsbewusstseins (Regionsidentität) die Basis für die Erreichung der Außenziele dar (Inwertsetzung endogener Potenziale). Außengerichtete Ziele könnten die Steigerung des Bekanntheitsgrades oder eine konkrete Imageverbesserung bei bestimmten Zielgruppen darstellen. Die Qualitäten einer Destination müssen als Profilierung an die Zielgruppen vermittelt werden. Die Beispiele zeigen, dass es neben messbaren ökonomischen Zielen auch schwer messbare psychologische Marketingziele gibt (vgl. Abb. 6.9).

```
        ┌───────────────────────────────────────────┐
        │   Strategische Organisationszielsetzung    │
        └───────────────────────────────────────────┘
               ┌────────────────────────────────────┐
               │   Operative Organisationszielsetzung │
               └────────────────────────────────────┘
                    ┌──────────────────────────┐
                    │   Marketingzielsetzung    │
                    └──────────────────────────┘
   ┌──────────────────────────┐      ┌──────────────────────────────┐
   │ ökonomische Marketingziele │    │ psychologische Marketingziele │
   └──────────────────────────┘      └──────────────────────────────┘
```

- ökonomische Marketingziele
  - Umsatz
  - Wachstum
  - Budgetdeckung
  - Besucherzahl
  - Interessenten
  - Nutzungsgrad
  - Investoren
  - Kostenreduzierung
  - Steuereinnahmen
  - Arbeitsplätze ...

- psychologische Marketingziele
  - Image
  - Vertrauen
  - Kompetenz
  - Bekanntheitsgrad
  - Corporte Identity/Image
  - Bürgerzufriedenheit
  - Identifikation
  - Kundenbindung
  - Servicequalität

Abb. 6.9: Zielarten im Regionsmanagement (nach Wiesner 2020, S. 89)

Dass Ziele in unterschiedlichen Relationen zueinanderstehen können, ist bei der Festlegung zu beachten: Sie können neutral (indifferent) zueinander, kongruent bzw. komplementär (ergänzend, gleichgerichtet) sein oder aber in Konflikt zueinander stehen (konkurrierend, antinomisch) und sich gegenseitig ausschließen. Stets ist zu prüfen, ob vorgesehene Teilziele tatsächlich zur Verwirklichung der Oberziele beitragen. Auch die Marketingziele einer Region sind keine autonomen Ziele, sondern stets aus den übergeordneten Zielen (vgl. Abb. 6.9/6.10) abzuleiten. Marketingziele haben kein Eigenleben, sondern sollen immer zur Realisierung der Gesamtzielsetzungen der Region/Destination beitragen.

Wichtig ist die Konkretisierung aller Ziele, damit die Operationalität ermöglicht wird und der Grad der Zielerreichung jederzeit überprüfbar ist. In der Praxis stellt sich dies oft als ein besonderer „Knackpunkt" dar, da im Einzelfall Quantifizierungsprobleme bestehen oder eine exakte Überprüfbarkeit von den Verantwortlichen gar nicht erwünscht ist.

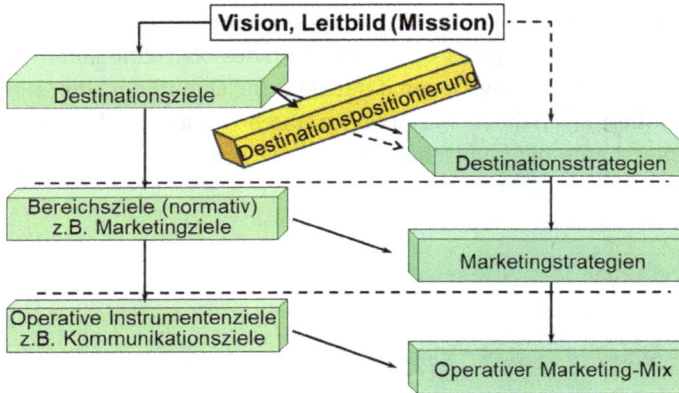

Abb. 6.10: Eindeutige Ziele und Positionierung als Basis wirkungsvoller Strategien (nach Wiesner 2020, S. 91)

Ein Beispiel für eine detaillierte Zielformulierung durch die sogenannten „8 Z" im Destinationsmarketing könnte folgendermaßen lauten:

Zielinhalt:	Steigerung der Verkaufszahlen ...
Zielobjekt:	... von Eintrittskarten ...
Zielort:	... für die Wellnessmesse ...
Zielperiode:	... im Jahr 2021 ...
Zielgruppe:	... an Gäste der Altersgruppe 45+ ...
Ziel-/Quellmarkt:	... aus Österreich ...
Zielausmaß:	... um 10 % ...
Zielverantwortlicher:	... durch das Call Center.

Auf der Basis konkreter Zielvorgaben (alternativ nach den bekannten SMART-Kriterien) lässt sich der Erfolg des Marketings auf den Destinationsmärkten überprüfen. Das Instrument der Balanced Scorecard eignet sich dazu, Teilziele für Bereiche oder Personen/Akteure und Erfolgskriterien genau festzulegen und beim Controlling später wieder zusammenzuführen.

Zur Zielerreichung dienen Strategien (vgl. Abb. 6.10). Nur wenn die Regionsziele so konkret wie möglich ausformuliert sind, lassen sich erfolgversprechende Strategien ableiten. Trotz einer genauen Zielsetzung ist es zusätzlich sinnvoll, sich Optionen offen zu halten und rechtzeitig vorzubereiten. Lässt sich nämlich ein Ziel nicht wie vorgesehen realisieren, besteht die Chance, interessante Alternativen zu verwirklichen (vgl. Abb. 6.2). Optionen ergeben sich nicht zufällig, sondern müssen gut vorbereitet werden, damit sie ggfs. auch relativ kurzfristig realisiert werden können: Man prüft Alternativen und deren Voraussetzungen und verschafft sich entsprechende Kontakte, Kompetenzen und Fähigkeiten.

Die wichtige Funktion von Visionen und Zielen (vgl. Abb. 6.11) lässt sich am besten durch ein Zitat des französischen Schriftstellers Antoine de Saint-Exupéry veranschaulichen: „Wenn du ein Schiff bauen willst, dann trommle nicht Männer zusammen, um Holz zu beschaffen, Aufträge zu vergeben und die Arbeit zu verteilen, sondern lehre sie die Sehnsucht nach dem weiten endlosen Meer" (Wiesner 2013, S. 121) … oder nach einem unbekannten aber lohnenswerten Ziel jenseits des großen Ozeans, wie dies Christoph Kolumbus getan hat. Nur wenn die Mannschaft weiß, wohin sie segeln will, kann sie die Segel auch richtig setzen!

Abb. 6.11: Zielsystem des Stakeholder-Managements als Basis für Strategien und Controlling (Wiesner 2020, S. 87)

Der Kapitän (DMO-Geschäftsführung) muss auch während der ganzen Überfahrt mit all ihren Widrigkeiten die Seeleute (Mitarbeitende/Akteure) bei der Stange halten, so wie dies der amerikanische Ingenieur Kettering anschaulich formulierte: „Niemand hätte jemals den Ozean überquert, wenn er die Möglichkeit gehabt hätte, bei Sturm das Schiff zu verlassen." (Wiesner 2013, S. 121). Nur Zielstrebigkeit, Beharrlichkeit und Ausdauer führen zum gewünschten Ziel. Das kann man an einem Diamanten erkennen: Er ist eigentlich nur ein Stück Kohle, das erst mit großer Ausdauer und entsprechender Bearbeitung zum Wertgegenstand entwickelt wird.

Ziele (auf Basis detaillierter Analysen, wie TOWS) erfüllen also eine wichtige Orientierungs- und Lenkungsfunktion für alle zur Verfügung stehenden Ressourcen, informieren und motivieren Mitarbeitende und ermöglichen eine Erfolgskontrolle (strategisches Controlling) durch die Messung des Zielerreichungsgrads. Eine Wunschpositionierung gilt auch als ein Ziel, welches sich ebenfalls mit wirkungsvollen Strategien erreichen lässt.

6.4 Positionierung

Angesichts der allgemeinen werblichen Reizüberflutung liegt die Wahrnehmungs-schwelle der Gäste immer höher, Details werden oft kaum noch wahrgenommen. Daher müssen die Einzigartigkeit des Destinationsangebots und die wichtigsten Al-leinstellungmerkmale/Vorteile (UDP/URP) gegenüber der Konkurrenz deutlich wer-den. Wie kann das gelingen, wenn Gäste nicht mehr richtig hinschauen, keine Zeit oder Lust haben, sich mit Details zu beschäftigen? Um die Kundenperspektive zu erkennen muss man sich in deren Lage versetzen. Gerade eine klare Positionierung und gute Reputation helfen, sich der Austauschbarkeit gleichartiger Angebote zu entziehen und sich als einzigartige Destination zu präsentieren (vgl. Abb. 6.12/6.13).

Gelegentlich hört man von einer sogenannten Positionierungsstrategie, doch die-ser Begriff erscheint nicht passend, da eine Positionierung auch ohne strategisches Handeln stattfinden kann und meist schon durch Gäste- und Stakeholdereindrücke vorhanden ist. Möchte man eine Ist-Positionierung der Destination oder ihres Ange-

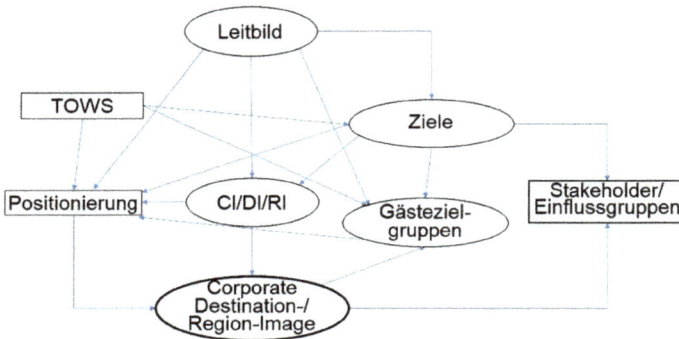

Abb. 6.12: Destinationsimage und Profilbildung (nach Wiesner 2020, S. 92)

Abb. 6.13: Positionierung in der Kundenvorstellung (nach Wiesner 2020, S. 92)

bots in eine Wunschpositionierung (als Ziel) verändern, sind bestimmte Strategien anzuwenden. Also besteht eine Ist-Positionierung in der Praxis schon vor einer Strategiefestlegung.

Positioniert sich eine Region nicht selbst deutlich, wird sie in der Vorstellung der Kunden und Stakeholder positioniert, wie Imageanalysen deutlich belegen. Vielen Regionen ist gar nicht klar, dass ein bestimmtes Außenbild besteht, welches von einer (verklärten) Innensicht der Bürger oder Verwaltungen deutlich abweichen kann (Eigenbild vs. Fremdbild/Drittbild). Spezialisierungen im Angebot machen es leichter, sich klar zu profilieren und zu positionieren (vgl. Abb. 6.14).

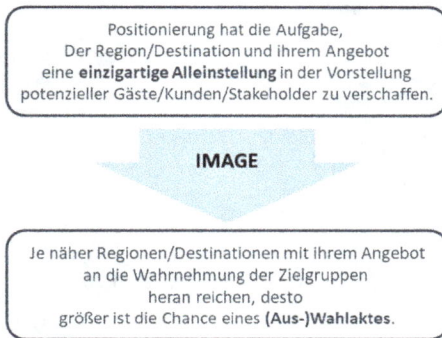

> Positionierung hat die Aufgabe,
> Der Region/Destination und ihrem Angebot
> eine **einzigartige Alleinstellung** in der Vorstellung
> potenzieller Gäste/Kunden/Stakeholder zu verschaffen.

IMAGE

> Je näher Regionen/Destinationen mit ihrem Angebot
> an die Wahrnehmung der Zielgruppen
> heran reichen, desto
> größer ist die Chance eines **(Aus-)Wahlaktes**.

Abb. 6.14: Destinationsimage- und Profilbildung (nach Wiesner 2020, S. 94)

Eine Positionierung (Wettbewerbsvorteile in der Vorstellung der Zielkunden) erfolgt durch Alleinstellungsmerkmale bzw. durch Abgrenzung von der Konkurrenz. Als Positionierungsprozess bezeichnet man das Bestreben eine Region als Leistungsbündel und vielleicht sogar als Marke in der Außenwirkung so zu gestalten, dass sie im Bewusstsein der Zielkunden und anderer Stakeholder einen besonderen, geschätzten und von den Wettbewerbern abgesetzten Platz einnimmt (vgl. Abb. 6.14).

Allerdings wird eine Region nicht die gleiche Vorstellung bei allen potenziellen Gästen und anderen Stakeholdern erzeugen, unabhängig davon ob es sich um Touristen oder Besucher handelt (vgl. Abb. 6.15). Sind die Zielgruppen des Destinationsmarketings zu unterschiedlich, sollte evtl. eine separate Positionierung in jedem Markt bzw. gegenüber jeder Zielgruppe geprüft werden. Problematisch ist, dass ein potenzieller Reiseveranstalter möglicherweise auch Kunde eines Geschäfts oder Gast eines Hotels in der Region sein könnte. Dann würden unterschiedliche Positionierungen Verwirrung stiften und das Gesamtbild der Region diffus erscheinen lassen. Daher müssen die Vor- und Nachteile eines solchen Vorgehens sorgfältig abgewogen werden.

In der Regel erweist es sich als effektiver, eine stimmige Gesamt-Positionierung für eine Region als profilierte Destination anzustreben. So können nicht nur finanzielle Ressourcen gebündelt eingesetzt, sondern auch breiter Konsens bei allen Regionsak-

teuren gefunden werden. Je klarer sich das Image von denen anderer Regionen ab-
hebt, umso leichter lässt sich dies kommunizieren und bei den Adressaten verankern
(vgl. Abb. 6.15). Ein unverwechselbares Image bzw. am besten sogar eine profilierte
Marke sind dabei von Vorteil. Eine stimmige Regional Identity erzeugt dann das gewünschte Image in der Vorstellung der Zielgruppen.

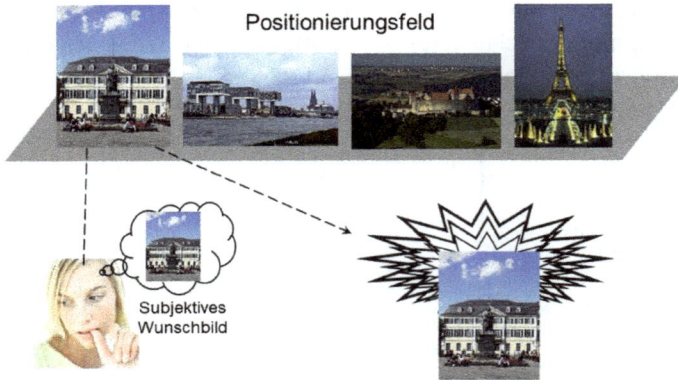

Abb. 6.15: Destinationen klar in der Vorstellung der Zielgruppen verankern (nach Wiesner 2013,
S. 123)

In der Praxis scheitert die klare Positionierung oft an der dafür notwendigen Spezialisierung. Spezialisierung bedeutet nämlich, manches über Bord zu werfen, was dem
Spezialistenprofil abträglich ist. Dies kann für bestimmte Gegebenheiten/Infrastruk-
turen, aber auch für Angebotsausprägungen gelten. Aber eine Region stellt die Summe aller touristischen Angebote dar, daher kommt immer schnell die Forderung, diese
alle mit ihren (vermeintlichen) Vorzügen im Angebot der Destination zu berücksichtigen, anstatt sich zu fokussieren. Eine Analyse aller Regionspotenziale ist wichtig,
danach muss allerdings eine Prioritätensetzung im Hinblick auf die Zielgruppen erfolgen.

Regionen, die Prioritäten setzen und sich spezialisieren, zeigen immer das klarste
und einprägsamste Profil. Spezialisierung und Priorisierung heißt aber auch Reduzierung auf das Wesentliche – davor fürchten sich jedoch viele Regionsakteure, insbesondere Politiker und Verwaltungen. Um nicht womöglich eine Chance zu verpassen oder
einen der Akteure vor den Kopf zu stoßen, will man die Region für alle und alles sein.
Hätten solche Personen selbst die Auswahl, dann würden sie sich aber auch nicht
für ein diffuses, kaum wahrnehmbares Mittelmaß entscheiden, sondern für preislich
oder qualitätsmäßig profilierte Angebote, die besonders geeignet für die angestrebte
Nutzung sind.

Die Positionierung oder Neupositionierung muss also alle Potenziale und Ressourcen nutzen, um deutliche Kernkompetenzen bzw. Erfolgsfaktoren zu entwickeln

und eine Alleinstellung zu erreichen, die an den Kundenvorteilen orientiert sind. So gelingt es jeder Region mit Hilfe einer an ihren Zielen und den Bedürfnissen der Zielgruppen (vgl. Abb. 6.16) ausgerichteten Positionierung quasi zur „Nr. 1" im Kopf der Kunden zu werden.

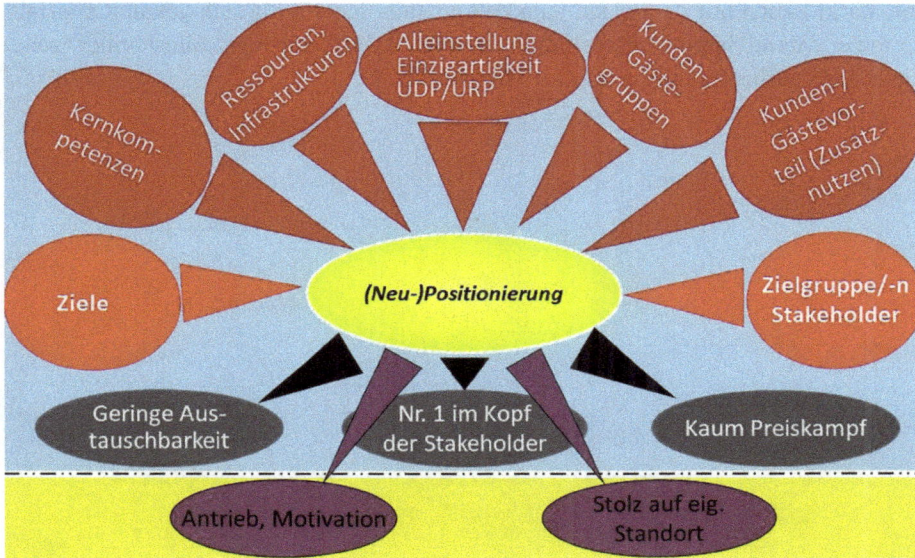

Abb. 6.16: Neu-/Positionierung zur erfolgreichen Regionsprofilierung (nach Wiesner 2016b, S. 60)

Beispielsweise basiert die Tourismusstrategie „Der Tiroler Weg 2021" auf der Vision „Tirol ist der Inbegriff alpinen Lebensgefühls" und auf folgenden drei strategischen Leitlinien:

– Tirol ist Lebens- und Erholungsraum zugleich
– Der Tiroler Tourismus ist familiengeprägt
– Tirol ist anerkannter Kompetenzführer im alpinen Tourismus

In vier Handlungsfeldern sollen diese Leitlinien umgesetzt werden: „Unternehmer & Mitarbeiter", „Destinationsmanagement", „Umwelt & Klima" sowie „Tourismus & Standort". Im operativen Auftritt nutzen alle Bereiche die gleiche Tonalität, die gleiche Bilderwelt sowie das gleiche Design zur Ansprache der unterschiedlichen Zielgruppen (Tirol Werbung 2020-2).

Die Standort Agentur Tirol bietet ihren Regionen und Destinationen Unterstützung an, sich neu auszurichten und zu positionieren. Bereits im Jahr 2013 brachte sie dazu eine Broschüre für die Wellnesswirtschaft heraus mit dem Titel: „Mehr Erfolg durch klare Positionierung – Anregungen für differenziertere Angebote in der Hotellerie mit gesundheitstouristischen Trends und Entwicklungen" (Standort Agentur Tirol 2013). Sie will Tiroler Unternehmen helfen, ihre touristische Marken gegenüber den Wettbewerbern unverwechselbar zu machen. Zentrale Fragestellungen seien dafür: Welche einzigartige Geschichte erzähle ich den Stammgästen und anderen Zielgruppen? Wie erzeuge ich dauerhaft schöne Erinnerungen beim Gast? Denn im umkämpften Markt haben nur diejenigen gute Zukunftsaussichten, die sich gekonnt spezialisieren und damit intelligent positionieren können. Die Zeiten der „Alleskönner" seien zusehends vorbei (Standort Agentur Tirol 2013, S. 3).

7 Strategische Ausrichtung

Um Ziele zu erreichen müssen erfolgversprechende Strategien entwickelt werden. Doch in sehr volatilen Zeiten, befeuert durch die Pandemie, haben DMO- oder Marketingziele sowie Strategien und dazu passende Geschäftsmodelle ein relativ kurzes Verfallsdatum. Da sich die relevanten Rahmenbedingungen permanent und häufig dramatisch ändern, muss das Geschäftsmodell regelmäßig überprüft und flexibel angepasst werden. Einmal vorhandene Denkstrukturen und Vorstellungen, Gewohnheiten und Traditionen lassen sich jedoch nicht so leicht verändern, wenn diese bisher erfolgreich waren. Kleine evolutionäre Anpassungen sind daher im täglichen Geschäftsbetrieb einfacher umsetzen als revolutionäre Ideen, die durch Out-of-the-Box-Denken entstehen.

7.1 Strategien

Als Strategie bezeichnet man eine vorausschauend und langfristig angelegte Vorgehensweise (langfristiger Handlungsplan) zur Erreichung eines Ziels und zwar entweder als eine rational geplante Vorgehensweise mit Hilfe eines „Maßnahmenbündels" oder als „Grundmuster" strategischer Entscheidungen und Handlungen einer Destination. Tatsächlich besteht eine Strategie zumeist aus einer Kombination von Teilstrategien – es handelt sich also i. d. R. um ein Strategiebündel oder ein Strategieprofil (vgl. Abb. 7.1). Die Entscheidung für eine bestimmte Strategie bedeutet immer auch, andere Möglichkeiten durch eine Fokussierung auszuschließen. Strategien sollte aber nicht als starres Konzept betrachtet werden, sondern flexibel an neue Bedürfnisse anpassbar sein: Man spricht heutzutage von Agilität.

Mithilfe von Strategien lassen sich die Regionsziele (vgl. Abb. 6.3/6.7/6.10) und Wunsch-/Neu-Positionierungen erreichen. Mit der Anwendung von Strategien zeigt

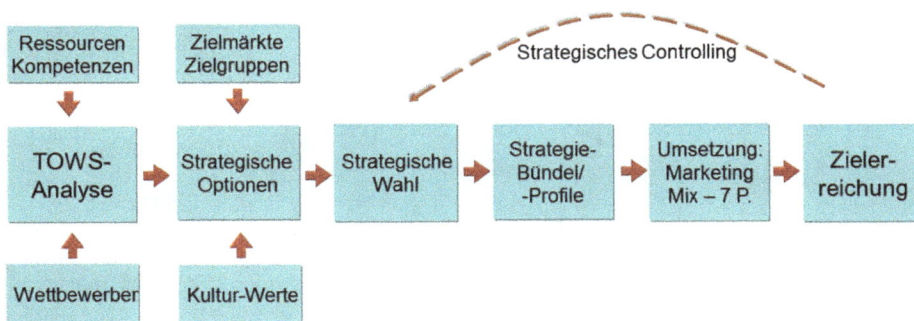

Abb. 7.1: Strategiefestlegung und -umsetzung (Wiesner 2020, S. 119)

https://doi.org/10.1515/9783486849424-007

die Region die Fähigkeit, in das System des Markt-Wettbewerbs derart einzugreifen, dass dadurch vorhersagbare (wahrscheinliche) Verschiebungen des Marktgleichgewichts zu ihren Gunsten ausgelöst werden. Um eine zukunftsweisende und zukunftsverändernde Strategie zu entwickeln bzw. auszuwählen, muss die touristische Region die Dynamik (Aktionen und Reaktionen) der Wettbewerbsdestinationen antizipieren.

Strategien dienen einer profitablen und langfristigen Ausrichtung, Profilierung und Positionierung einer Region. Vor allem kleinere DMO werden gerade zu Beginn ihrer Tätigkeit gar keine oder zumindest keine wirklich tragfähigen Strategien entwickeln können. In der Praxis werden diese erst zu einem späteren Zeitpunkt erarbeitet bzw. um die bisherigen Aktivitäten sozusagen „herumgestrickt". Relativ selten wird dabei allerdings die Konsequenz gezogen, sich von weniger erfolgreichen Aktivitäten zu trennen oder diese zu verändern. Eine sorgfältige TOWS-Analyse hilft auch zu einem späteren Zeitpunkt, erfolgreichere Strategien zu finden (vgl. Abb. 5.18). Sie sollte regelmäßig wiederholt werden.

Strategisch zu handeln heißt also gezielt und langfristig zu agieren. Nicht strategisch zu handeln bedeutet oft kurzfristig reagieren zu müssen! Für jede DMO ist es demnach besser, schon möglichst zu Anfang ihrer Tätigkeit erfolgversprechende Strategien auszuwählen oder speziell für die eigene Organisation zu entwickeln und diese dann zielgerichtet zu verfolgen. Mit strategischem Handeln ist jede Region viel erfolgreicher als andere, die „kurzatmig bzw. sprunghaft" handeln (vgl. Abb. 7.2). Die gewählten Strategien sollten sich allerdings von denen anderer Destinationen unterscheiden, um sich ausreichend zu differenzieren.

Nischenstrategien sind gerade für kleinere Destinationen viel erfolgversprechender als die direkte Konkurrenz zu den Top-Destinationen zu suchen, gemäß dem Motto des britisch-deutschen Unternehmers E. Roberts „Our stratgey is: don't dance where

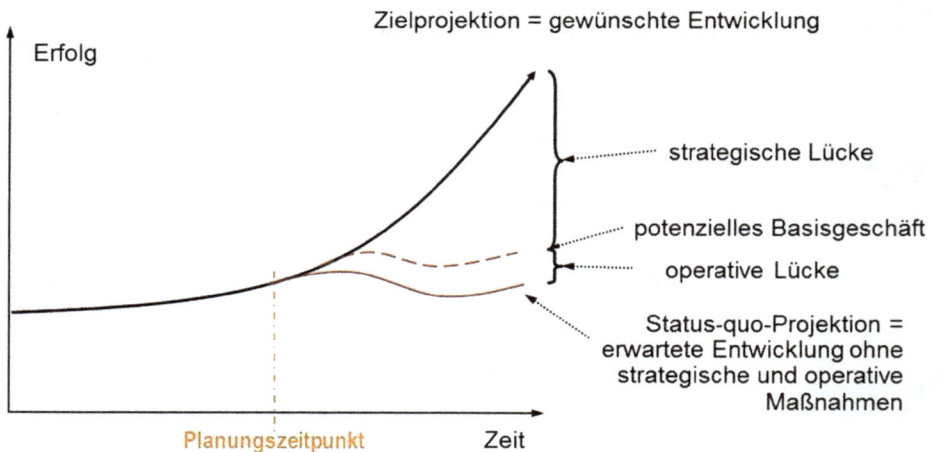

Abb. 7.2: Operative und strategische Lücke schließen (Wiesner 2020, S. 119)

the elefants play." (Wiesner 2020, S. 122). Zu jedem Zeitpunkt ist eine strategische Neuausrichtungen einer Destination möglich, ist aber oftmals mit der Konsequenz verbunden, sich von „alten Zöpfen" (Leistungen/Angeboten) trennen zu müssen.

Strategien müssen die gewonnene Marktposition (Marktführer oder Verfolger, Generalist oder Spezialist/Nischenanbieter etc.) und das aktuelle Leitbild der Region reflektieren. Angesichts deutlich veränderter Rahmenbedingungen bedarf es differenzierter, zielgruppengenauer und innovativer Strategien, um im Wettbewerb um attraktive Gästegruppen erfolgreich zu sein.

Jeder Destination steht ein „Strategiebaukasten" mit unterschiedlichen Strategieansätzen zur Verfügung. Diese kann man in drei große Kategorien mit jeweils mehreren Einzeloptionen einteilen: Die sogenannten Geschäftsfeldstrategien, die Geschäftssystemstrategien und die Marktteilnehmerstrategien. Aus diesen kann jede Region diejenigen Einzelstrategien auswählen, die nach ihren Erkenntnissen aus der TOWS-Analyse (auf Basis der vorhandenen Portfoliostruktur) die erfolgversprechendsten sind und diese miteinander zur Gesamtstrategie kombinieren. Dabei ist zu berücksichtigen, dass es nicht generell bessere oder schlechtere Strategien gibt: Je nach Marktsituation und Marktstellung der Destination können ganz unterschiedliche Strategiebündel zum Erfolg führen. Denkbar sind Geschäftsfeld- und internationale Strategien, Leistungs- und Profilierungsstrategien, Akquisitions- und Bindungsstrategien (Corona: Hygiene- oder Gesundheitsstrategien) oder für die Marketinginstrumente Marken- und Kommunikationsstrategien.

Mefferts kundenorientierter Ansatz der „4 I" ist auf der grundsätzlichen, strategischen Ebene angesiedelt: Die Ausrichtung des Einsatzes aller Instrumente des Marketing Mix soll unter den Leitlinien der 4 I (Innovation, Individualität, Integration und Integrität) erfolgen und sich zentral auf die Menschen ausrichten. Eine starke Markenidentität (fünftes I) ist nach Meffert Grundlage dafür, Werte mit Leben zu füllen. Auf Basis der 4-5 I könnten Kontinuität, Glaubwürdigkeit und Vertrauen entstehen (Deutscher Marketingverband 2016). Die Kundenstrategien zählen ebenso wie die auf Wettbewerber oder Absatzmittler gerichteten zu den Marktteilnehmer-/Stakeholderstrategien. Die bekanntesten Wettbewerbsstrategien sind nach Porter die Kosten- und damit Preisführerschaft, die Differenzierung (Qualität, Schnelligkeit, Haltbarkeit ...) und die Konzentration auf einzelne Marktsegmente.

Kooperationsstrategien können sich auf diverse Stakeholder beziehen und somit auch das Stakeholdermarketing (Governance) umfassen. Stakeholderstrategien legen Art, Richtung und Umfang des Umgangs mit den Anspruchsgruppen (Marktteilnehmern) fest. Ganz allgemein geht es beim Stakeholdermanagement um das Kommunizieren und Informieren, Involvieren und Motivieren, Kooperieren und Verhandeln mit allen relevanten Anspruchsgruppen. Mittels 360-Grad-Marketing wird auf die Erwartungen/Ansprüche der verschiedenen internen und externen Beziehungspartner eingegangen, Austauschbeziehungen werden systematisch gemanagt. Auf Basis der entsprechenden Marketingstrategie können alle relevanten Gruppen adressiert werden, um Ansprüche auszutarieren, Vertrauen und Reputation zu erhalten oder auszubauen.

Dem Unternehmer Robert Bosch wird der Geschäftsgrundsatz zugeschrieben: „Lieber Geld verlieren als Vertrauen." Ihm erschien es wichtiger, „Vertrauenskapital" bei Kunden und Lieferanten zu schaffen und dauerhaft aufrecht zu erhalten als kurzfristig Gewinne zu machen. Denn ist Vertrauen erst einmal verloren, lässt es sich nicht so einfach wiedergewinnen. Auf Misstrauen lassen sich schließlich keine Beziehungen aufbauen: Glaubwürdigkeit, Ehrlichkeit, Respekt und Gerechtigkeit sowie eine Kommunikation, die bei allen Stakeholdern positive Erfahrungs- und Erwartungswerte aufbaut, sind das „A und O".

Beispielsweise hat das Allgäu in einem Strategieprozess die frühere Strategie 2020 ergänzt und bis 2030 fortentwickelt, dabei geht es vor allem aber um die Markenstrategie (Allgäu 2021-3). Die strategischen Handlungsfelder lauten:
-   Marke ist Emotion & Qualität
-   Strategische Steuerung
-   Lebens- und Arbeitsraum
-   Digitale Konnektivität
-   Allgäuer Netzwerke und Interdisziplinärer Austausch

Die Tirol Werbung GmbH beschloss die aktuelle Version ihrer Tourismusstrategie „Der Tiroler Weg 2021". Die Standortagentur Tirol unterstützt kleinere Teil-Regionen bei ihrer Strategie- und Marketingentwicklung, so beispielsweise das Unternehmen Swarovski, das gemeinsam mit der Gemeinde Wattens die Destination Wattens GmbH gründete (Standortagentur Tirol 2020).

7.2 Destination Identity

Basierend auf dem Leitbild und der Regionskultur/-werte (Region Culture/Value) entwickelt sich unter Beachtung der Ist-Positionierung eine Regionsidentität (RI/DI), auch unabhängig davon, ob dies strategisch betrieben wird (vgl. Abb. 7.3). Die gewünschte Wirkung auf die Kunden und anderen Stakeholder entfaltet sich als Corporate/Cooperative Image (Destination Image) allerdings nur, wenn diese Identität aktiv strategisch gestaltet/ausgerichtet wird.

Mittels der RI/DI wird das Selbstverständnis der Region deutlich: Sie kann und sollte gestaltet, vermittelt und überprüft werden. Sie unterstützt die Zielerreichung und die Umsetzung der Strategien durch ein konkretes kooperatives Regionsverhalten.

Die RI/DI ist ein ganzheitliches Konzept zur Abstimmung aller Einzelmaßnahmen, um sich langfristig als geschlossen agierende Einheit auszurichten. Historie, Erscheinungsbild, Aussagen und Verhalten/Kultur charakterisieren eine Region. Eine einheitliche und stimmige Wirkung kann die Glaubwürdigkeit stärken und auch

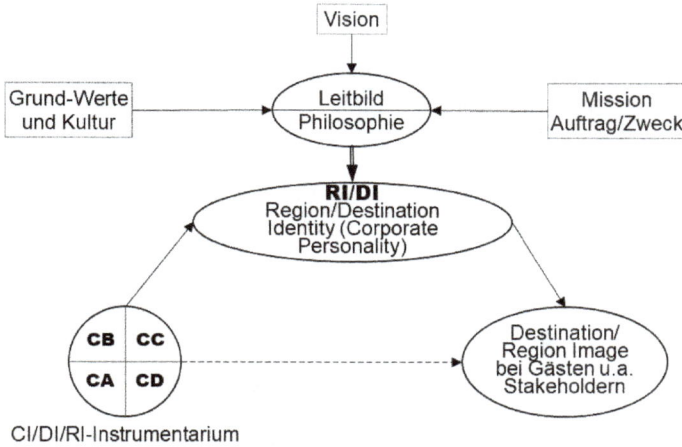

Abb. 7.3: Region/Destination Identity erzeugt ein Region/Destination Image (nach Wiesner 2020, S. 137)

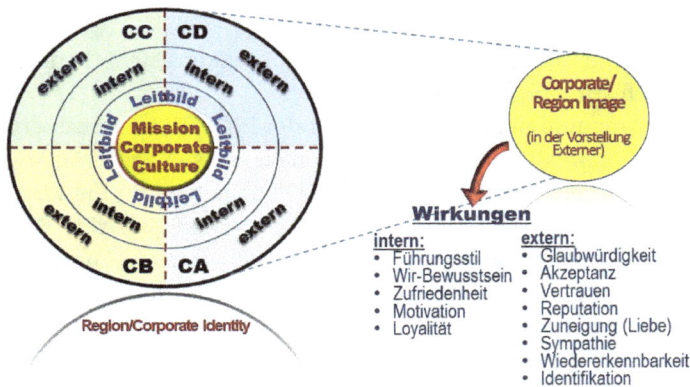

Abb. 7.4: Gewünschtes Region Image auf Basis einer widerspruchsfreien RI/DI (nach Wiesner 2020, S. 137)

positiv zu einer Markenbildung beitragen. Ein einheitlicher Auftritt erzeugt eine Unverwechselbarkeit (als Competitive Identity) gegenüber der Konkurrenz, schafft einen Wiedererkennungswert und einen Image-Bonus durch ein nicht zu verwechselndes Erscheinungsbild. Auf dieser Basis kann eine gute Reputation entstehen (vgl. Abb. 7.4).

Zudem kann die RI/DI zu einer größeren Identifikation der Mitarbeitenden mit der Region und DMO sowie zu höherer Motivation, Loyalität und letztendlich zu mehr Effizienz führen. Die Mitarbeitenden tragen durch ihr Handeln und ihre Kommunikation wiederum zur positiven Außenwirkung bei. Wichtig für die Außenwirkung ist, dass das Selbstbild der RI/DI mit der Wahrnehmung der Gäste und anderen externen Stakeholder übereinstimmt (vgl. Abb. 7.5). Ist das Corporate bzw. Region Image aller-

Kundenbild - Fremdbild

Eigenbild - Selbstbild

beeinflusst

Stakeholderbild - Drittbild

Inside-out-Perspektive   Outside-in-Perspektive

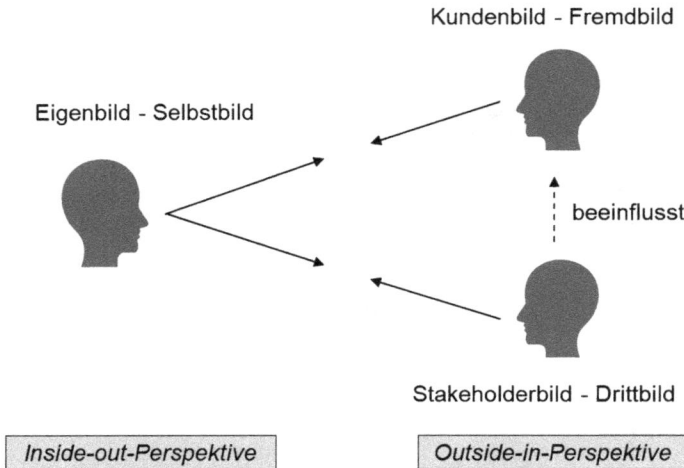

Abb. 7.5: Übereinstimmung des Selbstbilds einer Destination mit Fremd- und Drittbild (Wiesner 2020, S. 139)

dings nicht deckungsgleich mit der RI/DI/CI oder erscheint es inkonsistent, kann es auch nicht die gewünschten Wirkungen erzielen.

Um die stimmige Wirkung und die Glaubwürdigkeit der RI/DI/CI zu verbessern und/oder das gewünschte Destination Image aufzubauen, eignen sich insbesondere die Instrumentarien der Kommunikationspolitik und der Personalpolitik. Die wichtigsten Instrumentenbereiche der RI/DI/CI-Politik sind das Corporate Behavior (CB), die Corporate Communication (CC), das Corporate Design (CD) und die Corporate Acoustic (CA) – auch Corporate Sound genannt. CC und CB sind die CI-Kernelemente, denn sie sind am stärksten identitätsstiftend. CD und CA sind weniger stark identitätsstiftend, aber sie transportieren die Identität und die zugrunde liegenden Werte eher nach außen (vgl. Abb. 7.6).

Corporate Behavior (gelegentlich auch als Corporate Attitude bezeichnet) ist das konkrete Verhalten aller Mitglieder einer DMO. Im CB wird das Organisationsverhalten auf dem touristischen Absatzmarkt aber auch dem Beschaffungsmarkt (Arbeits- oder Finanzmarkt) verkörpert. In der – ähnlich wichtigen – Corporate Communication (CC) kommt die Art und Weise interner und externer Kommunikation zum Ausdruck. Das Corporate Design (CD) ist die visuell-formale Gestaltung der Organisationspersönlichkeit. Corporate Acoustic (CA) nutzt akustische Reize gezielt zur emotionalen Kommunikation und ggfs. zum Audio Branding. Einzelheiten sind in Kap. 8 beschrieben.

Der Corporate Identity-Politik fällt die strategische Aufgabe zu, die Teilbereiche (CD, CC, CB, CA) aufeinander abzustimmen und zu integrieren. So lässt sich eine Destination mit Hilfe der DI/RI eindeutig (neu) positionieren, damit sich alle internen Stakeholder leicht mit ihr identifizieren können. Die CI/DI/RI erzeugt als Corporate/

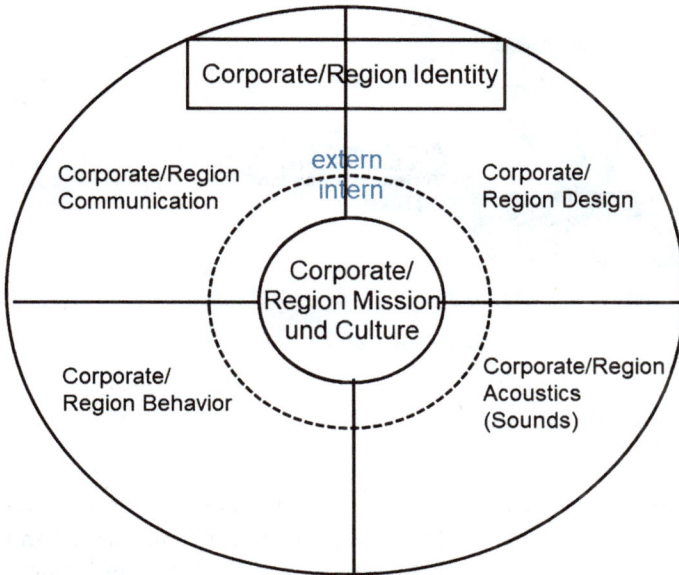

Abb. 7.6: Intern und extern wirkende Instrumentarien der RI/CI-Politik (nach Wiesner 2020, S. 139)

Region/Destination Image auch eine starke Außenwirkung auf externe Stakeholder und die Öffentlichkeit, insbesondere im Hinblick auf Vertrauensaufbau, Glaubwürdigkeit, Akzeptanz oder Zustimmung sowie auf die Positionierung und die Reputation (vgl. Abb. 7.4/6.5).

7.3 Reputation

Reputation ist der „ehrbare Ruf" oder das erfahrungsgestützte Ansehen einer Region bei ihren Stakeholdern. Sie spielt eine wesentliche Rolle bei der Einschätzung zukünftiger Verhaltensweisen als potenziellem Interaktionspartner und hat daher Einfluss auf die Kooperationsfähigkeit der Region und ihrer Akteure. Die Reputation ist das wichtigste Kapital einer Region und hat damit eine strategische Bedeutung im Destinationsmarketing. Bei Unternehmen hängt etwa ein Viertel des Umsatzes von deren Reputation ab.

Es gibt verschiedene Reputationsdimensionen: Die funktionale Reputation orientiert sich an messbaren Werten wie dem wirtschaftlichen Erfolg. Die soziale Reputation umfasst die ethisch-nachhaltige Legitimität und Integrität, die expressive Reputation stützt sich auf die emotionale Attraktivität, die als besonders wichtig gilt. Daher ist es unerlässlich, dieses Thema strategisch anzugehen und als dauerhaften Prozess zu begreifen.

Abb. 7.7: Reputationsrisiken erkennen und vermeiden

Aufgabe des Reputationsmanagements ist es, den guten Ruf der Region vor negativen Einflüssen und Reputationsrisiken (vgl. Abb. 7.7) zu schützen. Dieser kann schnell ruiniert sein (Beispiele: Stuttgart 21, Corona-Hotspots). Wer leere Versprechungen macht, wird in Zeiten des Web 2.0 schnell entlarvt und über eine öffentliche Stakeholder-Konfrontation mit einem Reputationsschaden bestraft. Die Antworten sind ein Shitstorm oder schlechte Bewertungen.

Die Reputation wächst nur da, wo Kommunikation und Handeln im Einklang stehen, also eine sogenannte Leistungs-Wahrnehmungs-Übereinstimmung (Performance-Perception-Fit) besteht. Alt-Bundespräsident Johannes Rau hat es auf die einfache Formel gebracht: „Tue, was Du sagst, und sage, was Du tust!" Damit wird die zentrale Bedeutung der CI-Politik im Regions-/Destinationsmarketing deutlich.

8 Operatives Marketinghandeln

Regionalorganisationen oder DMO stehen zur Umsetzung ihrer Marketingstrategie und Erreichung der Marketingziele vielfältige Marketinginstrumente zur operativen und taktischen Gestaltung zur Verfügung, einige wurden bereits in Kap. 4 dargestellt. Diese sind im Sinne einer Gäste- und umfassenderen Stakeholderorientierung einzusetzen. So stehen die Bedürfnisse und Wünsche aller wichtigen Stakeholder, wie Gäste und Bürger, ortsansässige und standortsuchende touristische Unternehmen, touristische Verbände, Hochschulen, Aus- und Weiterbildungsinstitutionen usw. im Fokus des Tourismus- bzw. Destinationsmarketings.

Ob man Marketinginstrumente in bis zu sieben Instrumentalbereichen zusammengefasst oder anders darstellt ist weniger relevant. Entscheidend ist, dass den Destinationsverantwortlichen alle möglichen Instrumente, selbst wenn einige in der Praxis eine geringere Bedeutung haben sollten, bekannt sind.

Die häufig genannten „7 P" sind die Anfangsbuchstaben der englischen Begriffe für die üblichen Instrumentalbereiche: „product" für die Leistungspolitik, „processes" für die Prozesspolitik, „personnel/people" für die Personalpolitik, „price" für die Kontrahierungspolitik, „place" für die Vertriebspolitik, „physical facilities/evidence" für die Ausstattungspolitik und „promotion" für die Kommunikationspolitik. Jeder der Instrumentalbereiche stellt eine Art „Werkzeugkasten" dar, aus dem die zu den Strategien passenden Marketingwerkzeuge auszuwählen sind, die tatsächlich eingesetzt werden sollen.

Destinationsmarketing muss der besonderen Bedeutung der Menschen bei der Erbringung relevanter Dienstleistungen und in der Gästekommunikation Rechnung tragen. Dadurch erhalten sowohl das interne als auch das interaktive Marketing eine besondere Stellung.

In Abb. 8.1 ist der normativ-strategische Prozess des Destinationsmarketings mit seinen operativen und taktisch einsetzbaren Instrumentalbereichen im zeitlich-logischen Ablauf von links nach rechts dargestellt – die Pfeile zeigen Rückkopplungen bzw. Wechselwirkungen an. Am Ende eines Marketingprozesses ist strategisches Controlling notwendig, das wichtige Erkenntnisse für den Marketingprozess in der nächsten Planungsphase liefert.

Für jeden der Instrumentalbereiche können operative Ziele festgelegt werden (vgl. Abb. 6.10). Einige der im Weiteren dargestellten Marketinginstrumente haben eine mehr strategische Bedeutung, andere eine eher taktische Relevanz im Destinationsmarketing. Das Augenmerk wird auf die strategisch wichtigen und beziehungsrelevanten Instrumente des operativen 360-Grad-Destiantionsmarketings gelegt. Die Akzeptanz der Stakeholder sowie deren Einfluss auf die Gästeentscheidungen sind in besonderer Weise zu berücksichtigen.

Mittels der Balanced Scorecard (BSC) lassen sich beispielsweise nicht nur die zentralen Destinationsziele in operative Ziele herunterbrechen, sondern auch die gewähl-

https://doi.org/10.1515/9783486849424-008

Abb. 8.1: Destinationsmarketing-Prozess (nach Wiesner 2020, S. 146)

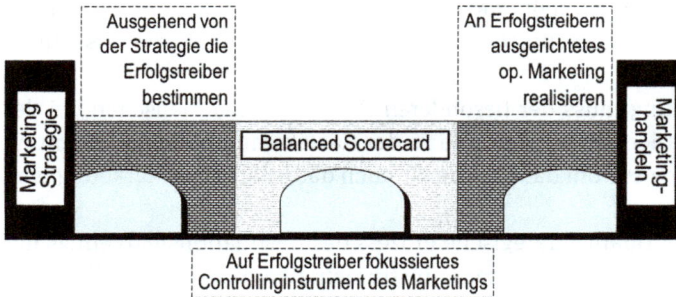

Abb. 8.2: BSC als Brücke zwischen strategischem und operativem Marketing (Wiesner 2020, S. 147)

ten Strategien in operatives Handeln umsetzen (vgl. Abb. 8.2). Nach Abschluss des geplanten Zeitraums lassen sich die festgestellten Teilergebnisse über die BSC zu einem Gesamtergebnis zusammenführen und unter strategischen Gesichtspunkten auswerten. Auf diese Weise lassen sich Schlüsse für die nächste Planungsperiode ziehen.

8.1 Leistungspolitik

Wichtigster Bereich des operativen Marketings ist die Leistungspolitik, in deren Mittelpunkt die Ausgestaltung der Destinationsleistungen und -angebote steht. Damit und mit den regionalen Gegebenheiten sowie dem Image, ggfs. sogar einer Marke, positioniert sich jede Destination bei potenziellen Gästen. Mithilfe weitergehender Instrumentarien, z. B. der Kommunikationspolitik, können wichtige Elemente verstärkt werden.

Dementsprechend liegt das Augenmerk zunächst auf den Instrumenten der Leistungspolitik (vgl. Abb. 8.3). Ist eine Urlaubsregion eine Ansammlung an natürlichen, landschaftlichen oder baulichen Gegebenheiten, örtlichem Flair und Brauchtum, Erholungs- und Unterhaltungsmöglichkeiten, Beherbergungsangeboten oder vielfältigen unternehmerischen Betätigungen. Oder stellt die Region eher eine touristische Leistung oder gar ein Markenangebot dar? Die Antwort lautet schlicht ja, denn jede Region muss ihren Gästen (visuell) als profilierte Einheit und möglichst klar differenziert zur Konkurrenz erscheinen.

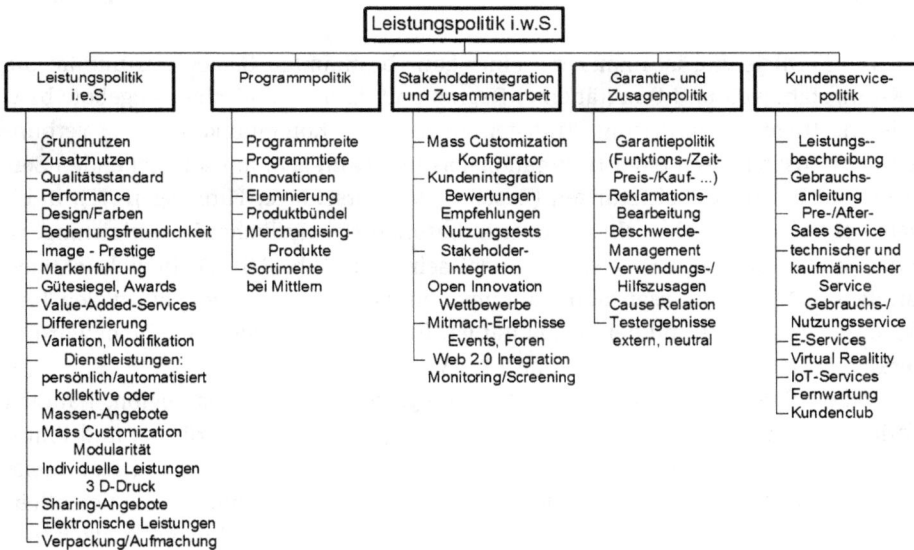

Leistungspolitik i.w.S.				
Leistungspolitik i.e.S.	**Programmpolitik**	**Stakeholderintegration und Zusammenarbeit**	**Garantie- und Zusagenpolitik**	**Kundenservice-politik**
Grundnutzen Zusatznutzen Qualitätsstandard Performance Design/Farben Bedienungsfreundlichkeit Image - Prestige Markenführung Gütesiegel, Awards Value-Added-Services Differenzierung Variation, Modifikation Dienstleistungen: persönlich/automatisiert kollektive oder Massen-Angebote Mass Customization Modularität Individuelle Leistungen 3 D-Druck Sharing-Angebote Elektronische Leistungen Verpackung/Aufmachung	Programmbreite Programmtiefe Innovationen Eleminierung Produktbündel Merchandising-Produkte Sortimente bei Mittlern	Mass Customization Konfigurator Kundenintegration Bewertungen Empfehlungen Nutzungstests Stakeholder-Integration Open Innovation Wettbewerbe Mitmach-Erlebnisse Events, Foren Web 2.0 Integration Monitoring/Screening	Garantiepolitik (Funktions-/Zeit-Preis-/Kauf- ...) Reklamations-Bearbeitung Beschwerde-Management Verwendungs-/Hilfszusagen Cause Relation Testergebnisse extern, neutral	Leistungs--beschreibung Gebrauchs-anleitung Pre-/After-Sales Service technischer und kaufmännischer Service Gebrauchs-/Nutzungsservice E-Services Virtual Reality IoT-Services Fernwartung Kundenclub

Abb. 8.3: Leistungspolitische Destinationsinstrumente (Wiesner 2020, S. 148)

Im Mittelpunkt der touristischen Leistungspolitik und deren Bewertung durch die Gäste stehen der grundlegende Nutzen und die relevanten Zusatznutzen (Kern-/Zusatzleistungen) des Destinationsangebots. Der Zweck einer angebotenen Leistung gibt Veranlassung für deren Inanspruchnahme (Erholungs- oder Geschäftsreise, Messe-

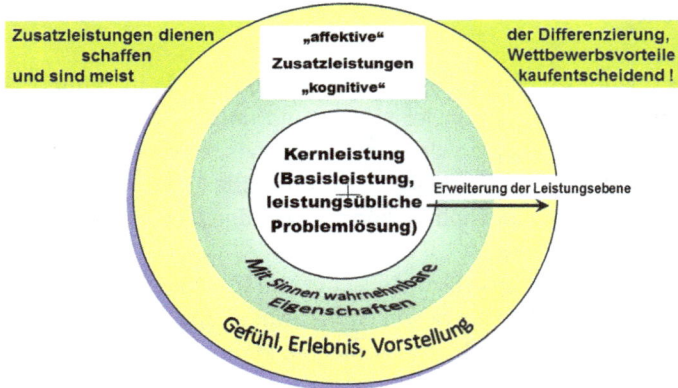

Abb. 8.4: Auswahlentscheidende Zusatzleistungen stiften relevanten Zusatznutzen (Wiesner 2020, S. 149)

oder Kongressbesuch, Aktiv- oder Wellnessurlaub), die ganz konkrete Reiseentscheidung der Gäste wird allerdings meist auf Grund eines oder mehrerer Zusatznutzen getroffen (vgl. Abb. 8.4).

Die Kernleistung ist immer mit einer ganz bestimmten Gästeerwartung an die Leistungsfähigkeit und Qualität einer Region und ihrer touristischen Angebote bzw. Leistungsträger (Beförderung, Transfer, Unterkunft, Kommunikation …) verbunden. Der Zusatznutzen einer Destinationsleistung kann z. B. in weitergehenden Services und Informationsleistungen (Besichtigungsvorschläge, Führungen …), in einem besonderen (Marken-)Image oder in besonders freundlicher Dienstleistung, in einer Erlebniskomponente etc. begründet sein (vgl. Abb. 8.3). Zu berücksichtigen ist, dass die Destinationsattraktivität immer ein Kombinationserfolg aus vielen Teilfaktoren/-leistungen und deren Qualität ist, für die i. d. R. unterschiedliche Partner verantwortlich sind (vgl. Abb. 8.5 und 2.7).

Neben den leistungspolitischen Handlungsalternativen einer Region, nämlich Variationen, und Innovationen darf auch die regelmäßige Überprüfung und Eliminierung der Angebote nicht vergessen werden. So ist die Frage der Programmbreite und -tiefe auch an den Gästeanforderungen zu überprüfen. Da eine Destination allein oft nicht mehr „zieht", sind Themen (z. B. UNESCO-Weltkulturerbe) zu besetzen und ein gewisses Themenspektrum anzubieten. Eng mit dem Angebotsprogramm ist das Image der Destination verbunden, im besten Fall als attraktive Marke. Denn diese hilft bei der eindeutigen Identifikation sowie der Unterscheidung/Differenzierung gegenüber ähnlichen/gleichartigen Destinationsangeboten (Alleinstellung – vgl. Abb. 8.3).

Kundenzufriedenheit, Verkaufserfolg und Stakeholderakzeptanz sollten Maßstäbe für die leistungspolitischen Entscheidungen der Region über Zusatzleistungen, Services, neue Angebote und die Zusammensetzung des Angebotsprogramms sein. Die Gesamtzufriedenheit lässt sich als Summe aller Teilzufriedenheiten betrachten,

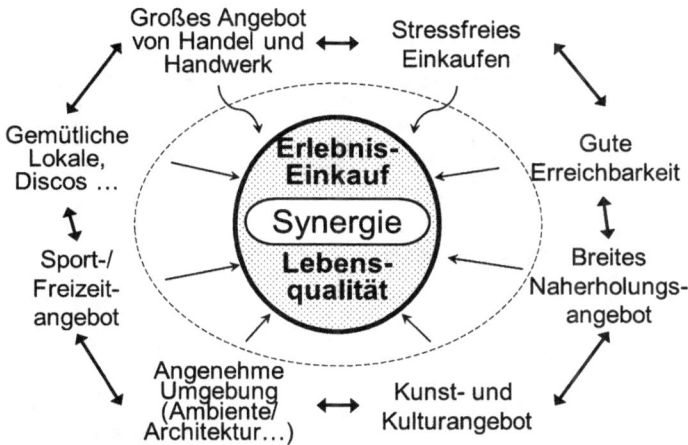

Abb. 8.5: Kriterien einer Destinationsattraktivität (Wiesner 2013, S. 171)

z. B. bei Beratung, Kompetenz, Freundlichkeit, Preis-Leistungsverhältnis, Nachhaltigkeit oder Fairness.

Aktuelle Markttrends, neue (politische, technische) Entwicklungen und sich ändernde Anforderungen bzw. Erwartungen aktueller sowie die Gewinnung neuer Gäste machen es erforderlich, kontinuierlich bestehende Angebote und die Zusammensetzung des Angebotsprogramms zu überprüfen. Bei Bedarf sind bisherige Angebote durch Innovationen, Leistungsvariationen (kundenspezifische Anpassungen), Leistungsdifferenzierungen (neue Ausprägungen), Leistungsdiversifikationen (neuartige Felder) und unechte Leistungsinnovationen (Mee-too) zu ersetzen.

Wichtige Erkenntnisse als Basis solcher Entscheidungen lassen sich aus Marktforschung, Reklamationen, Beschwerdemanagement, Vorschlagswesen und Benchmarking gewinnen. Bedingt durch die Dialogmöglichkeiten des Web 2.0 lassen sich interessierte Gäste und andere Stakeholder an solchen Entscheidungen beteiligen. Bewertungen, Empfehlungen, Leistungs- und Nutzungstests waren die erste Stufe. Inzwischen bieten Consumer/Stakeholder Collaboration oder Customer Integration Möglichkeiten zur Mitarbeit/Kooperation in Form von „Co-Creation", „Open Innovation" oder „Innovation-Labs".

Neben der Erweiterung des Leistungsprogramms gehört auch dessen Reduzierung und Bereinigung zur Programmpolitik einer Destination. Grund können eine Fokussierung oder verbesserte Leistungsangebote sein. Der Umfang der Programmbreite und -tiefe ist ebenfalls regelmäßig zu überprüfen (vgl. Abb. 8.6), damit kein unübersichtlicher „Bauchladen" entsteht.

Mit dem Angebotsprogramm einer Destination sind Qualität und Image der erbrachten Leistungen eng verbunden, denn alle Zielgruppen sollen Vertrauen in die touristischen Angebote gewinnen. Regionen müssen daher zunächst versuchen, die Gäste in ihrer Individualität zu sehen und nicht als anonymen Markt. Nur wer weiß,

Bus-anreise	Rad-wandern	Natur-reise	Schmuck	Luxus-hotel	Musical
Bahn-anreise	Wander-urlaub	Kunst-reise	Butter-fahrt	Pension	Hotel
Flugzeug-anreise	Wellness-reise	Bildungs-reise	Factory-outlets	Wohnung/Apparte-ment	Mietwagen
PKW-anreise	Kur-reise	Kultur-reise	Mode	Wohn-wagen	Anreise
Kongress-reise	Gesund-heitsreise	Studien-reise	Shopping-reise	Ferien-domilize	Reise-bausteine

Programmtiefe — **Programmbreite**

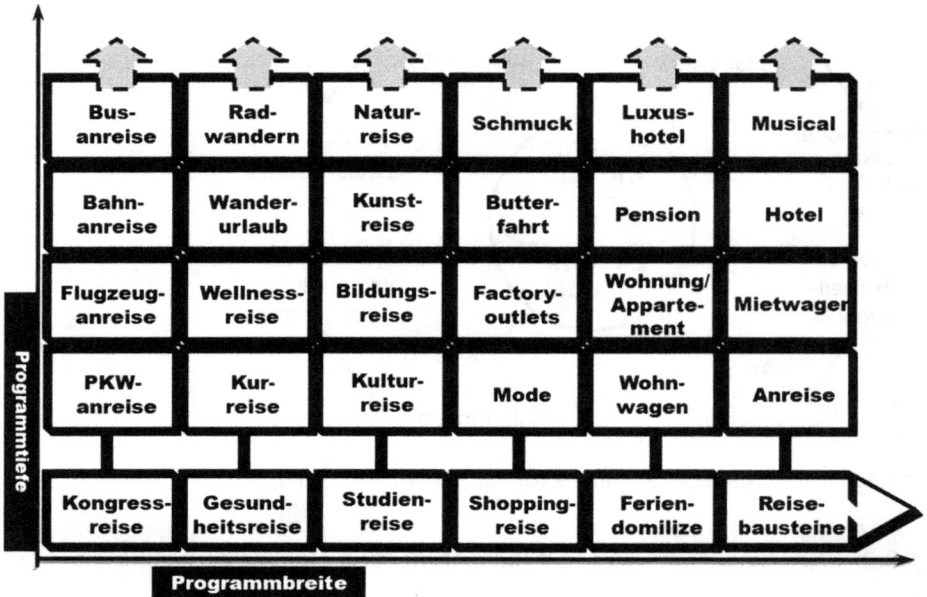

Abb. 8.6: Programmstruktur einer Destination (nach Wiesner 2008-1, S. 149)

wer sein Gast ist, kann sich mit dessen Vorlieben und Bedürfnissen beschäftigen. Dies ist eine vorrangige Aufgabe der Marktforschung mit Hilfe von Befragungen, Database und Datamining (vgl. Kap. 5).

Regionsleistungen sind i. d. R. Kombinationen aus verschiedenen Leistungsarten, dominant sind dabei die Dienstleistungen und die touristischen Standortfaktoren. Zusätzliche Serviceleistungen, die entweder kostenlos bzw. ohne separate Berechnung (inklusiv) bereitgestellt werden, erhöhen die positive Wahrnehmung.

Dabei spielt auch zunehmend das Thema Sicherheit eine Rolle: Schon immer profitierten solche Destinationen, in denen die Kriminalitätsrate u. a. bei Diebstahl, Überfällen und anderen Gewalttaten sehr niedrig ist. Noch vor wenigen Jahren standen extremistische Ausschreitungen und Terroranschläge im Zentrum der Sicherheitsbetrachtungen, insbesondere in städtischen Regionen. Heute wird die Sicherheitspolitik der Destinationen von Hygiene- und Gesundheitsstandards geprägt. Einige Destinationen werben mit besonderen Sicherheitsstandards und Siegeln. Angesichts des Radfahrbooms spielt auch die Verkehrssicherheit eine wichtige Rolle.

Die touristischen Leistungen sollten in drei Phasen betrachtet werden: Die Potenzialphase, die Prozessphase und die Ergebnisphase. Es ist daher durchaus sinnvoll, auch die Leistungspolitik phasenbezogen zu betrachten, da jede Leistungsphase ihre Besonderheiten hat und zum Gesamtbild der Destinationsleistung beiträgt. Die Leistungen lassen sich entsprechend der Phasen in Vorleistungen, Prozessleistungen (Instrumentarium s. Kap. 8.2) und Ergebnis- bzw. Nutzenleistungen differenzieren.

8.1.1 Markenpolitik

Wichtig für Destinationen sind eine eindeutige Positionierung, eine positive Qualitäts-anmutung und ein ansprechendes auf der CI/DI/RI basierendes Corporate/Region/Destination Image, im besten Fall in Form einer attraktiven Marke/Brand. Die meis-ten Destinationen verfügen über einen eingeführten und meist einzigartigen Namen. Damit ist die Chance zur Bildung einer Destinationsmarke gegeben, die möglichst bei allen Stakeholdern gleiche positive (Qualitäts-)Vorstellungen auslöst (vgl. Abb. 8.7).

Die Marke ist ein in der Psyche relevanter Zielgruppen fest verankertes, verdichtetes und unverwechselbares Vorstellungsbild von einem Angebot.

Eine Marke dient als Qualitäts-indikator, zum Aufbau von Reputation und Prestige, zur Stiftung von Vertrauen.

Die Marke dient also zur äußeren Kennzeichnung von Gütern, Dienstleistungen und Destinationen und erfüllt damit die Funktion der Identifizierung und der Differenzierung

Abb. 8.7: Destinationsmarken wirken wie Unternehmensmarken (nach Wiesner 2013, S. 142)

Marken dienen Gästen in erheblichem Umfang der Orientierung und der Vertrauens-bildung. Denn Markenleistungen lassen stets bestimmte Eigenschaften und Angebote in gleichbleibender Qualität oder allenfalls sich verbessernder Qualität erwarten. Es wird meistens durch eine umfangreiche, überregionale Werbung unterstrichen. Die Qualität der angebotenen touristischen Leistungen ist dabei ein wesentlicher Faktor der Gäste- und Stakeholderzufriedenheit.

Eine identitätsorientierte Markenführung (Branding) baut auf dem Leitbild der Region und der CI/DI/RI auf. Die Markenidentität verkörpert als Selbstbild die Wer-te, Leistungsfähigkeit und Kompetenzen einer Region und ggfs. ihrer Sub-Marken (Abb. 8.8). Eine Marke dient daher als Werte- und Qualitätsindikator. Sie stiftet Ver-trauen und ermöglicht so eine Identifikation der Gäste und anderer Stakeholder. Bei entsprechender Bekanntheit transportiert die Marke den symbolischen und funktio-nalen Nutzen, der entsprechende Vorstellungen als Markenimage auslöst (Abb. 8.9).

Abb. 8.8: Markenidentität einer Destination ist Selbstbild interner Zielgruppen (nach Wiesner 2021-1)

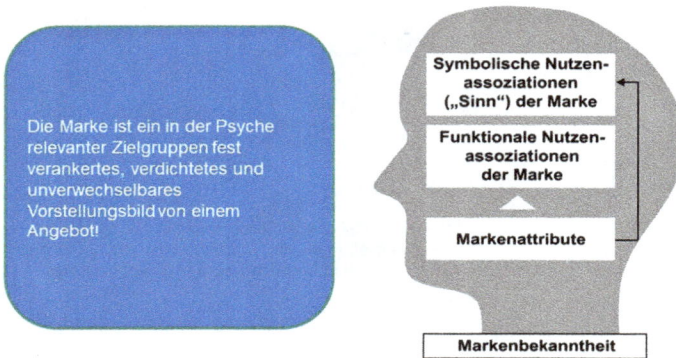

Abb. 8.9: Markenbekanntheit/-image einer Destination als Fremdbild externer Zielgruppen (Wiesner 2021-1)

Stimmen Selbst- und Fremdbild der Marke überein verankert sich ein unverwechselbares Bild in der Vorstellung der Gäste und anderer Stakeholder (vgl. Abb. 8.10). Nichtkunden (Stakeholder) können wiederum mit ihrem Vorstellungsbild (Drittbild) das Fremdbild der Gäste (über Gespräche, Bewertungen und andere Kommunikation) beeinflussen.

Ein ähnliches Markenkonzept bietet das sogenannte Markensteuerrad (nach Esch und icon added). Es stellt ein Instrument zur Bestimmung der Markenidentität dar und kann in zwei Teile – harte rationale Fakten (Markennutzen und Markenattribute) und weiche emotionale Fakten (Markentonalität und Markenbild) – unterteilt werden. In der Mitte befindet sich die Markenkompetenz: Wer sind wir? (vgl. Abb. 8.11).

Aus unterschiedlichen Perspektiven betrachtet können Marken ganz verschiedene strategische Aufgaben haben: So wollen Regionen ihre Gäste an die Destination, Reiseveranstalter und Reisemittler hingegen ihre Kunden online und offline an das

Eine Marke kann nur erfolgreich operieren, wenn sie hält, was sie verspricht.

Markenidentität

Marke-Kunden-Beziehung

Markenimage

Selbstbild der internen Zielgruppen

Fremdbild der externen Zielgruppen

Abb. 8.10: Destinationsmarke muss ehrlich und authentisch sein (Wiesner 2021-1)

funktionaler Nutzen
psychosozialer Nutzen

Persönlichkeitsmerkmale
Markenerlebnisse, -beziehungen

Was bieten wir?
Markennuten
Markenversprechen

Wie sind wir?
Markentonalität

Harte,
rationale
Fakten

Wer sind wir?

Weiche,
emotionale
Fakten

Über welche
Markeneigenschaften
verfügen wir?
Markenattribute

Wie treten wir
als Marke auf?

Markenbild

Angebotseigenschaften
Place Eigenschaften

Wahrnehmbare Eindrücke,
CD, Kommunikation etc.

Abb. 8.11: Markensteuerung einer Destination über zentrale Fragestellungen (Wiesner 2021)

jeweilige Unternehmen binden, unabhängig davon, wohin sie reisen. Also muss man zwischen Destinations- und Mittlermarken unterscheiden – diese können gelegentlich sogar in Konkurrenz zueinander stehen. Gütesiegel und Auszeichnungen können als Ergänzung der Marken zur Vertrauensbildung bei den Stakeholdern dienen (vgl. Abb. 8.12).

Inzwischen hat sich der Begriff des „Nation Branding" für die Bildung und Pflege der internationalen Reputation von Staaten im globalen Wettbewerb eingebürgert. Deutschland erreichte im Jahr 2020 den Rang 1 (von 50) im internationalen Nation

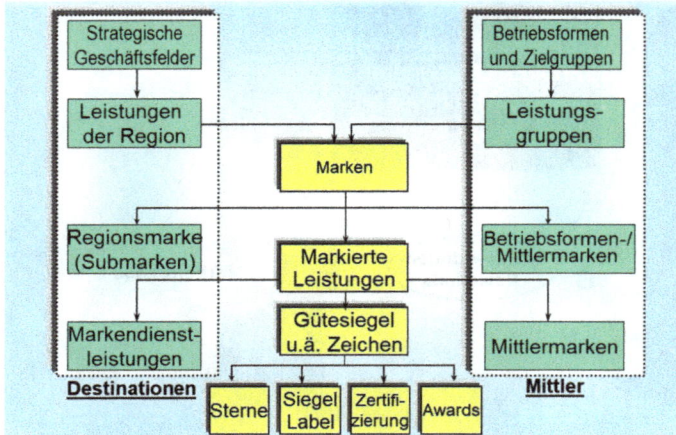

Abb. 8.12: Markenstrategien des Destinationsmarketings (nach Wiesner 2016b, S. 175)

Brands Index (NBI) und ist damit zum siebten Mal in Folge stärkste Nationenmar-
ke. In diesem Zusammenhang wird auch der Begriff der Competitive Identity benutzt,
sozusagen eine Synthese aus Markenmanagement, öffentlicher Diplomatie und Lob-
byismus, Wirtschaftspolitik und Exportförderung, Ansiedlungs- und Tourismusförderung.

Regionen stehen verschiedene Destinationsmarkenstrategien zur Verfügung, allen voran die Bildung einer starken Anbietermarke: St. Moritz beispielsweise nutzt
seit 1930 die Markenzeichen Sonne und Schriftzug. Die Sonne ist in vier Varianten
seit 1937 gesetzlich geschützt, der Schriftzug seit 1986. Seit 1987 ist die Marke St. Moritz auch mit ihren Farben und dem Slogan „Top of the World" als erster Ortsname
auf der Welt geschützt (vgl. Kap. 9). Erst 2010 wurde das Logo aufgefrischt: Die Sonne
wurde ins Zentrum gerückt und die Wortmarke nun in dunkelblau abgebildet. Ortsansässige dürfen die Marke für ein hochwertiges touristisches Angebot kostenfrei nutzen
(Engadin St. Moritz Tourismus 2020). Die Destination wird so zur unverwechselbaren
Wettbewerbseinheit im Tourismusmarkt.

Die Entscheidung, zusätzlich zu einer Dachmarke Familien-/Gruppen- bzw. Mehr-
marken (vgl. Abb. 8.13) anzubieten wird unterschiedlich getroffen, denn sie hängt vom
Angebotsprogramm (vgl. Abb. 8.7) der Destination ab. Das Engadin mit St. Moritz und
anderen Gemeinden hat sich für eine Zwei-Markenstrategie entschieden: St. Moritz als
internationale Marke, das Engadin bedient die Nahmärkte insbesondere der Schweiz.
Engadin ist eine Dachmarke, die auch in Kombination mit St. Moritz genutzt wird.
Zusätzlich besteht die regionale Marke des Kantons Graubünden (vgl. auch Kap. 9).

Im Destinationsmarketing gibt es Beispiele für Dachmarken, wie die Eifel oder
Bonn (vgl. Abb. 8.14). Die Eifel verfügt über eine Dachmarkenarchitektur, die mit den
Einzelmarken „Eifel Gastgeber" und „Eifel Produzent" auch mit Co-Branding (vgl.
Kap. 9) arbeitet. Damit ist auch der Weg zu Gruppenmarken vorgezeichnet, wie schon

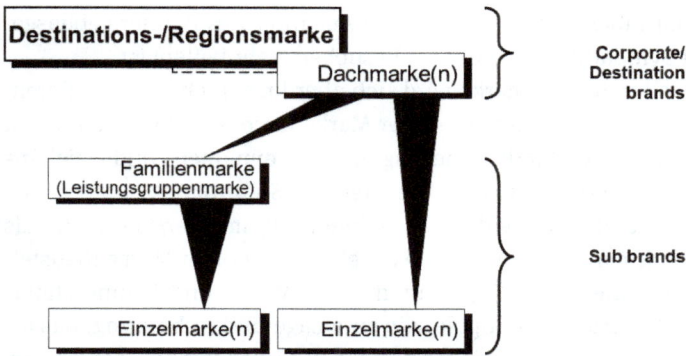

Abb. 8.13: Markenhierarchie einer Destination (nach Wiesner 2020, S. 161)

Abb. 8.14: Standortdachmarke und Submarken von Bonn (Bonn 2018)

in Mecklenburg-Vorpommern mit „ErlebnisReich Natur" bzw. „Meer zu Seen". Um als Dachmarke ihre Wirkung zu entfalten, muss eine Marke bekannt und attraktiv, glaubwürdig und relevant, verständlich und konkret sein. Unerlässlich ist auch die klare Positionierung, um sich von anderen klar zu unterscheiden.

Die Bundesstadt Bonn verfügt seit 2009 über eine Dachmarke (Freude. Joy. Joie. Bonn. – vgl. Abb. 8.14) und hat dazu mindestens neun Submarken kreiert, wie für die UNO-Stadt, die Beethoven-Stadt, die Kongress-Stadt, den Wirtschaftsstandort oder die Stadtverwaltung, die jeweils den Vierklang mit den anderen Begriffen und der Nennung von Bonn übernehmen. Trotzdem entschied sich Bonn 2015, die Markenrechte für ein vor mehr als 40 Jahren genutztes Markenlogo (Bonner Kussmund, vgl. Abb. 8.14 rechts unten) zu erwerben und seitdem im Merchandising zu verwenden:

Der Kussmund des Buchstabens „O" ist gleichzeitig Ausdruck des Bonner Lebensgefühls und ein zeitloser Sympathieträger, der bei Besuchern sehr beliebt ist.

Eine Destinations- oder Regionsmarke wird sich allerdings nicht so ausdifferen-
zieren lassen, wie dies ggf. Unternehmen in ihrer Markenarchitektur können. Es ist
unabdingbar auf eine weltweite Standardisierung des Markennamens und -zeichens
zu setzen wie beispielsweise Köln und Bonn, die Eifel oder Südtirol.

Bereits 2012 ließ Köln eine Analyse der städtischen Erfolgsmuster/Kernfelder als
Basis für eine Kölner Stadtmarke (vgl. Abb. 8.15) erstellen. Die Kölner Markenbaustei-
ne/-attribute sind danach eine starke Wirtschaft, der gute Messe- und Tagungsstand-
ort, die lebenswerte und tolerante Metropole, die gute Lage und Anbindung, das attraktive Businessumfeld, der bedeutende Standort für Wissenschaft und Forschung,
eine weltoffene und kreative Atmosphäre. Dom und Karneval, das Stadtbild und Erleb-
nisangebot sowie ein gutes Einkaufsangebot ragen heraus. Die drei Hauptzielgruppen
Kölns sind Unternehmen, Forscher/Wissenschaftler und private Besucher/Touristen
(Stadt Köln 2012). Damals waren bereits verschiedene Markenlogos in Köln im Einsatz
(vgl. Abb. 8.16).

Abb. 8.15: Markenbausteine und Zielgruppen von Köln (Stadt Köln 2012)

Wie schon bei der Marke St. Moritz gesehen, sind unterschiedliche Markenparameter
nach (inter-)nationalem Markenrecht schutzfähig, dazu gehören Sprach- und Bild-
zeichen als optische Zeichen sowie immer häufiger auch akustische Zeichen (vgl.
Abb. 8.17).

Abb. 8.16: Verwendete Logos in Köln (Schaffrina 2014, KölnTourismus 2020)

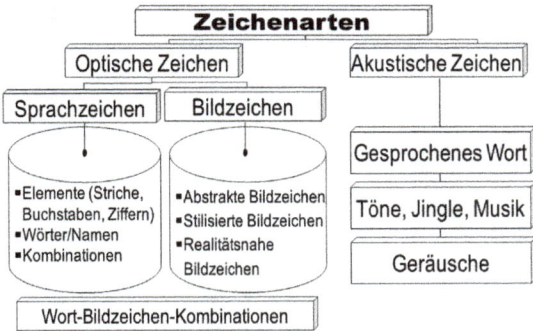

Abb. 8.17: Schutzfähige Markenzeichenparameter (Wiesner 2013, S. 174)

Werden im Rahmen einer internationalen Markierungsstrategie (europäischer Schutz für diverse Markenzeichenparameter) mit einer Destinationsmarke auch Logos oder Bildzeichen/Symbole, Abkürzungen oder Farbgebung verwendet, sind diese zuvor auf eine international problemlose Verwendbarkeit hin zu prüfen. Es besteht angesichts nonverbaler Kommunikation, Religion, Werten, Normen, Gepflogenheiten, Ästhetik, Vorurteilen oder des Sozialverhaltens der Zielgruppen die Gefahr, unbeabsichtigt negative Assoziationen hervorzurufen: Negativ besetzt ist beispielsweise die Farbe Weiß in Japan und Blau im Iran, wohingegen Blau auf den Philippinen als positiv angesehen ist.

Letztendlich soll eine Marke attraktiv klingen und positive Assoziationen bei den Stakeholdern erzeugen. Der österreichische Ort „Fucking" hatte genug von Touristen, die nur durch den „schlüpfrigen" Namen angelockt wurden, um sich mit einem Ortsschild abzulichten oder dieses als Souvenir zu entwenden. Das Dörfchen benannte sich Anfang 2021 um und ersetzt das „ck" durch „gg": Es heißt nun völlig unspektakulär „Fugging". Aber in Österreich gibt es noch Alternativen für Spaßvögel: Oberfucking, Maria Gail, Busental oder Poppendorf. Vielleicht nutzen diese Orte ihre Alleinstellung gewinnbringender im Tourismus.

Über bekannte und wohlklingende Marken können sowohl eine positive Imagebildung bei (potenziellen) Kunden als auch die Bildung einer dauerhaften Vertrauensbasis (Reputation) erfolgen. Darüber hinaus entfaltet eine solche Marke auch ihre Bindungswirkung bei Mitarbeitenden (z. B. als Employer Brand), Partnern oder Lieferanten und steigert das Ansehen bei Analysen etc. (vgl. Abb. 8.18). Eine Marke erzeugt ihre vertrauensstiftende Wirkung bei allen wichtigen Stakeholdern auf den relevanten Märkten. Gütesiegel können das Vertrauen stärken oder auch als Markenersatz dienen, falls keine profilierte und bekannte Destinationsmarke existiert.

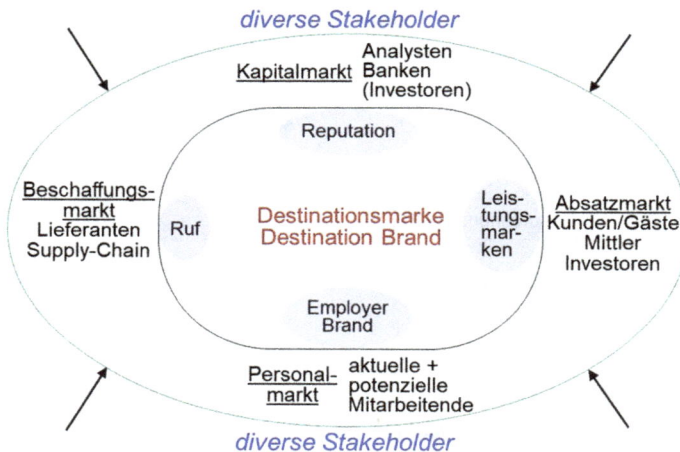

Abb. 8.18: Wirkungen einer Destinationsmarke (nach Wiesner 2020, S. 159)

8.1.2 Qualitätspolitik

In bestimmten Bereichen können verschiedene spezifische Gütesiegel der Vertrauensbildung dienen, ähnlich wie bei einer Marke. Güte-, Umwelt- oder Sozialzeichen sind international noch relativ wenig durchgesetzt und daher in ihrer Relevanz meist nur auf ein Land oder wenige Länder in Europa beschränkt. Doch es gibt weitere Qualitätsaspekte im Marketing zu beachten.

Qualität ist ein zentrales Element der Kunden- und Stakeholderorientierung. Grundsätzlich lassen sich drei Richtungen des kundengerichteten Marketings unterscheiden: Die Gewinnung von Neukunden, die Kundenbindung und die Kundenrückgewinnung (vgl. Abb. 8.19). Allerdings lassen sich nur solche Gäste binden (oder zurückgewinnen), die zuvor schon überzeugt waren. Es ist daher wichtig, deren Qualitätsvorstellungen ernst zu nehmen und ihnen entsprechend qualitätsvolle Destinationsangebote zu unterbreiten. Nach dem Qualitätsmonitor sind immerhin 89 % der international nach Deutschland Reisenden mit ihrem Aufenthalt hierzulande zufrieden oder sehr zufrieden (DZT 2020-1, S. 27).

Destinationen können auf drei Arten Erfolg haben:

Durch neue Gäste:	*Durch loyale Gäste:*	*Durch abgesprungene, ehemalige Gäste:*
Sie sind zum ersten Mal Gast der Destination	Es sind der Destination und deren Angeboten emotional Verbundene, sie nutzen/buchen immer wieder gern und werden zu aktiv Empfehlenden	Sie können zurück gewonnen und loyale Gäste werden

Neue Kunden	**Loyale Kunden**	**Ehemalige Kunden**

Abb. 8.19: Erfolg durch qualitätsorientiertes Handeln (nach Wiesner 2013, S. 147)

Auf Basis der durch Marktforschung gewonnenen Erkenntnisse lassen sich gästespezifische Angebote ableiten, die zu einer positiven Entscheidung für die Destinationsangebote führen. Diese könnten u. a. folgende Elemente umfassen:
- Individuelle touristische Angebote und interessante Leistungsbündel in gewünschter Qualität
- Convenience/Bequemlichkeit
- Nicht erwartete Service-, Beratungs- und Zusatzleistungen
- After Sales Service vor Ort oder online
- Persönlicher Multi-Kanal-Dialog mit (potenziellen) Gästen

Qualität entsteht aus der Summe bzw. dem Niveau vorhandener Eigenschaften der angebotenen Leistungen, die Gäste allerdings anhand subjektiver Kriterien bewerten. Diese Erkenntnis sollte sowohl zur aktiven Gewinnung neuer Gäste als auch zu deren Bindung genutzt werden. Mit defensiven Kundenstrategien können Destinationen vorhandene Zielgruppen binden, indem sie mit ihrem Angebot überzeugen, Anreize bieten oder Hürden gegen einen Wechsel schaffen.

Durch eine klare Ausrichtung auf Kundenbedürfnisse kann jede Destination Vertrauen gewinnen und Zufriedenheit erreichen. Letztere stellt sich immer dann ein, wenn die Erwartungen der Zielgruppen nicht nur so gerade erfüllt, sondern möglichst deutlich übertroffen wurden (vgl. Abb. 8.19). Das gilt sowohl für das Destinationsmarketing als auch für das Handeln ansässiger Regionalverwaltungen, bei denen diese Erkenntnis noch nicht überall Platz gegriffen hat. Nur Kunden, deren Erwartungen übertroffen wurden, werden tatsächlich gebunden: Sie empfehlen die Destination weiter und helfen das Regionsimage in der Öffentlichkeit zu verbessern. Dies kann bei potenziellen Neukunden Interesse an touristischen Angeboten und Leistungen wecken. Die Zufriedenheit der Gäste bezieht sich auf die Prozessqualität und auf grundlegende Qualitäten der regionalen Gegebenheiten.

Der in Abb. 8.20 dargestellte Vergleichsprozess könnte den Eindruck erwecken, dass es einerseits eine gleichartige Erwartungshaltung aller Kunden/Stakeholder und andererseits eine homogene Dienstleistungsqualität gibt, die genau übereinstimmen könnten. Tatsächlich sind die Zusammenhänge etwas komplizierter: Es kann durchaus an verschiedenen Dissonanzbereichen („Gaps") zwischen den Wahrnehmungen der Gäste und der Regionsakteure liegen, dass es zu einer nicht erwarteten/erwünschten Bewertung kommt – eine GAP-Analyse kann zur Klärung beitragen.

Abb. 8.20: Soll-Ist-Vergleich und Reaktionen der Destinationsgäste (nach Wiesner 2013, S. 149)

Wie lässt sich Qualität des überwiegend immateriellen touristischen Regionsangebots erfassen? Eine quirlige Metropole oder ruhige Parks, ein attraktives Erscheinungsbild, eine lebendige Fußgängerzone, saubere Luft oder ein warmes Klima? Oder macht es die Art und Menge des gastronomischen, sportlichen oder kulturellen Angebots, das Vorhandenseins eines Kurgebiets oder eines Tagungszentrums aus? Ist es eher der Service im Hotel, im Messegelände oder bei der Unterkunftsbeschaffung? Oder entscheiden die Gastfreundschaft der Bevölkerung oder gar die Schnelligkeit der öffentlichen Transportmittel über die Qualität der Destination? Welche Ausstattungsqualität erwarten ein Geschäftsreisender, eine Einkaufsbesucherin oder Erholungssuchende? Lässt sich die Qualität der einen Teilleistung unabhängig von der Qualität anderer Teilleistungen betrachten? Wird das Destinationsangebot nicht als Gesamtleistung wahrgenommen? Und bedeutet das dann nicht, dass jede Teilleistung das gleiche Qualitätsniveau wie die andere haben muss, um eine positive Gesamtbewertung zu erreichen?

Sehr viele Interessenten dürften kaum in der Lage sein, die Qualität von komplizierten oder vielschichtigen Dienstleistungen umfassend zu beurteilen, wenn sie nicht auf eigene Erfahrungen bauen oder dem Angebot aufgrund glaubwürdiger Informationen Vertrauen schenken können. Damit ist die Buchung einer immateriellen Reise für Gäste mit einem hohen Risiko verbunden. Das Selbstbild zum Qualitätsniveau aus Regionssicht unterscheidet sich meistens vom Fremdbild (Gästesicht) und einem Drittbild (andere Stakeholder). Daher wird auch der Wert einer Destinationsleistung immer wieder unterschiedlich beurteilt.

Vor jeder Reiseentscheidung steht ein Qualitätsbeurteilungsprozess der Gäste, im Verlauf dessen sie ihre persönlichen Anforderungen mit dem Angebot abgleichen. Insbesondere wenn angebotene Destinationsleistungen aus mehreren Teilleistungen bestehen und der Gast bisher keine persönlichen Erfahrungen gesammelt hat, greift er gern auf zusätzliche Qualitätssignale von anderen Personen, Medien und Institutionen (Stakeholder) zurück. Inzwischen schreibt etwa jeder zweite Deutsche Bewertungen im Web 2.0 oder auf Bewertungsplattformen. Gleichzeitig ist davon auszugehen, dass 30–50 % dieser (Online-)Bewertungen manipuliert bzw. falsch sind (fake). Um Enttäuschungen zu vermeiden, setzen die meisten Menschen auf Empfehlungen aus der Familie, von Freunden, Bekannten oder anderen Kunden (vgl. Abb. 8.21).

Als Qualitätsstandards/-normen bieten Siegel einen relativ objektiven Maßstab – ähnlich wie neutrale Bewertungen, Tests, Zertifikate, Rankings oder Awards. Viele

Abb. 8.21: Qualitätsbeurteilungs- und Entscheidungsprozess der Gäste (nach Wiesner 2020, S. 152)

Kunden suchen nach glaubhaften Signalen, aus denen sie die für sie relevanten Qualitäten erkennen können. Daher ist es wichtig, die Potenziale der Destination wirksam darzustellen (Materialisierung des Fähigkeitenpotenzials, Zertifikate ...), um ein positives Image, eine Qualitätsvermutung und Vertrauen bei den Zielgruppen zu erzeugen (vgl. Abb. 8.22).

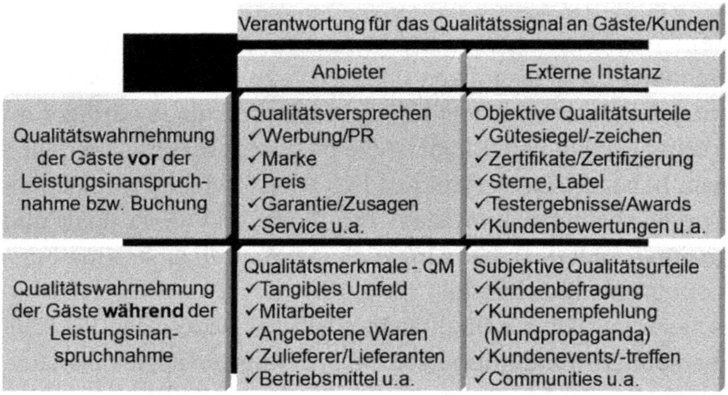

	Verantwortung für das Qualitätssignal an Gäste/Kunden	
	Anbieter	Externe Instanz
Qualitätswahrnehmung der Gäste **vor** der Leistungsinanspruchnahme bzw. Buchung	Qualitätsversprechen ✓Werbung/PR ✓Marke ✓Preis ✓Garantie/Zusagen ✓Service u.a.	Objektive Qualitätsurteile ✓Gütesiegel/-zeichen ✓Zertifikate/Zertifizierung ✓Sterne, Label ✓Testergebnisse/Awards ✓Kundenbewertungen u.a.
Qualitätswahrnehmung der Gäste **während** der Leistungsinanspruchnahme	Qualitätsmerkmale - QM ✓Tangibles Umfeld ✓Mitarbeiter ✓Angebotene Waren ✓Zulieferer/Lieferanten ✓Betriebsmittel u.a.	Subjektive Qualitätsurteile ✓Kundenbefragung ✓Kundenempfehlung (Mundpropaganda) ✓Kundenevents/-treffen ✓Communities u.a.

Abb. 8.22: Qualitätssignale an Gäste und Stakeholder (nach Wiesner 2020, S. 153)

Je teurer eine Leistung ist und je mehr sie mit dem eigenen Körper, dem persönlichen Wohlergehen und Erleben verbunden ist, desto wählerischer werden Gäste. Dies betrifft auch Reisen oder Körperanwendungen, insbesondere wenn sie mit Begriffen wie „bio", „natürlich", „umweltfreundlich" oder „fair" beworben werden. Die Messlatte für die Zufriedenheit der Gäste liegt hier besonders hoch.

Größte Herausforderungen des Destinationsmarketings sind die Qualitäten in den jeweils kundengewünschten Dimensionen, um das Kaufrisiko der Gäste zu reduzieren, Zuverlässigkeit und Glaubwürdigkeit zu vermitteln und eine gute Reputation aufzubauen. Der Beweis muss tagtäglich erbracht werden, und zwar in jeder einzelnen Teilleistung. Jeder Gast bewertet zuletzt nur das Gesamtergebnis, also müssen alle Teilleistungen dem gewünschten Qualitätsniveau entsprechen. Die Nutzung neutral geprüfter und vergebener Qualitäts-, Umwelt- oder Fairness-Siegel ohne allzu hohe Kosten (Registrierung, Kriterienerfüllung, Kontrolle, Zertifizierung ...) bieten Vorteile, in jedem Fall müssen der zu erwartende Nutzen und die Aufwendungen der Region abgewogen werden.

Besonders vertrauensstiftende Signale senden unabhängige und neutral geprüfte Qualitätssiegel, Zertifikate oder Awards. Bei Dienstleistungen kann beispielsweise das „Q-Siegel" der Initiative „ServiceQualitätDeutschland" ein Garant guter Service-Qualität sein. Seit vielen Jahren kennzeichnen die bekannten ca. 160 RAL Gütezeichen Produkte und Dienstleistungen, die nach anspruchsvollen, genau festgelegten Qualitätskriterien angeboten werden (vgl. Abb. 8.23), darunter auch das RAL-Gütesiegel der 50Plus Hotels. Titel wie UNESCO-Weltkultur-/Weltnaturerbe, Umwelt- oder Kulturhauptstadt Europas und die Kur-Siegel des DHV (vgl. Abb. 4.20) stehen für eine ganz besondere Qualität.

Abb. 8.23: Qualitätssignale durch Siegel (Homepages der abgebildeten Organisationen)

Gütesiegel allein garantieren allerdings nicht automatisch ein qualitativ hochwertiges Angebot: Bei externer und neutraler Kontrolle stellen sie lediglich sicher, dass die gelieferte Leistung mit dem angepriesenen Angebot übereinstimmt. Siegel setzen auf eine rationale Kundenansprache – über die emotionale Attraktivität geben sie keine Auskunft. Aber gerade die persönliche Ansprache und Begeisterung ist vielfach ein wichtiger Buchungs- oder Nutzungsgrund, insbesondere bei Reiseleistungen. Insbesondere Aspekte wie Attraktivität, Ambiente oder Atmosphäre können wichtige Wettbewerbsfaktoren sein (vgl. Abb. 8.24). Kontraproduktiv wirkt es sich aus, wenn Benutzerfreundlichkeit und Aussagekraft der Destinationswebseite zu wünschen übriglassen. Gäste bevorzugen bequeme Lösungen und greifen gerne zum Altbewährten, achten aber auch auf aussagekräftige Siegel und Marken.

Wichtiges Kriterium zur Wahl der Zielregionen ist inzwischen die Nachhaltigkeit geworden, daher haben entsprechend Zertifikate und Siegel derzeit Konjunktur. Einige Destinationen beteiligen sich am Wettbewerb der nachhaltigsten Kommunen Deutschlands (Stiftung Deutscher Nachhaltigkeitspreis 2020): 2020 wurde Osnabrück zur nachhaltigsten Großstadt (2019: Münster) gekürt, Aschaffenburg zur nachhaltigsten Mittelstadt (2019: Eschweiler) und Bad Berleburg zur nachhaltigsten Kleinstadt (2019: Saerbeck).

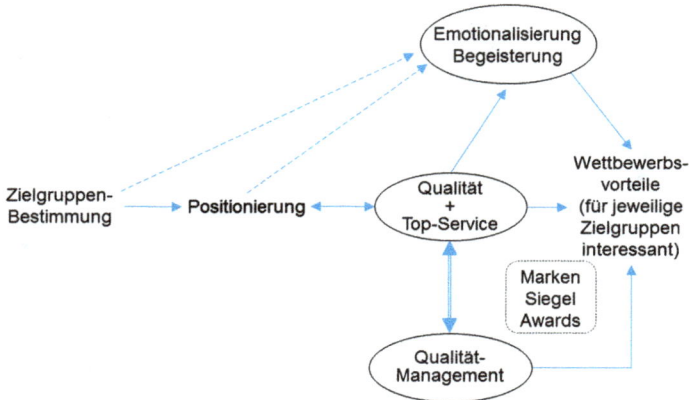

Abb. 8.24: Wettbewerbsvorteile durch Qualität und Emotionalisierung (Wiesner 2020, S. 155)

TourCert hat inzwischen 24 deutsche Regionen als nachhaltige Reiseziele zertifiziert, u. a. Saarland, Sachsen-Anhalt, Hochschwarzwald, Nördlicher Schwarzwald, Uckermark, Naturpark Steinhuder Meer, Ostseefjord Schlei, das GesundLand Vulkaneifel und die Urlaubsregion Deutsche Weinstraße (TourCert 2021).

Der Sustainable Cities Index von Arcadis bewertet jährlich 100 Weltstädte nach den Kriterien „People, Planet und Profit": 2019 rangierten Wien auf Platz 5, Zürich auf Platz 6, München auf Platz 7, Frankfurt am Main auf Platz 10 (in 2015 noch Rang 1), Hamburg auf Platz 17 und Berlin auf Platz 18 (DZT 2020, S. 27). Grüne Hauptstadt Europas waren Hamburg 2011 und Essen 2017.

Der allgemeine Deutsche Fahrrad-Club zeichnet bereits seit Jahren klassifizierte Qualitätsradrouten mit bis zu fünf Sternen aus. Inzwischen zeichnet der ADFC touristische Regionen mit dem Siegel ADFC-RadReiseRegion aus, wenn sie sich über Jahre auf Radurlauber mit ihren Radwegen und einem darauf abgestimmten touristischen Angebot ausgerichtet haben (vgl. Abb. 4.17 und ADFC 2021).

Der DTV zeichnet Ferienstraßen aus, wie die Deutsche Burgen- oder Fachwerkstraße sowie die Deutsche oder Sächsische Weinstraße aus (vgl. Abb. 4.7). Weitere touristische Siegel sind in Abb. 8.22 dargestellt, die sich auch durch Regionen nutzen lassen. Kur- und Wellnesssiegel (vgl. Abb. 4.20) stehen für zertifizierte Mindestqualitäten bei gesundheitsorientierten Reiseleistungen und eignen sich ebenfalls zur Profilierung.

Da Siegel kaum emotionalen Kriterien widerspiegeln können, eignen sich Awards etwas besser zur Beurteilung weicher Destinationsgegebenheiten, wie touristische Attraktivität oder Lebensqualität. Am besten lassen sich emotionale Eigenschaften über Marken transportieren, die eine eindeutige Identifikation und Differenzierung der Destinationsangebote ermöglichen.

Europäische und internationale Normen und Siegel (z. B. CEN, ISO, Hotelklassifizierungen, Blaue Flagge für Wasserqualität, EU-Umweltsiegel) sollen – zumindest in den genormten Bereichen – zu einer gewissen Qualitätsstandardisierung verhelfen und Unsicherheiten der Gäste beseitigen. Allerdings geht damit auch ein Differenzierungsfeld der Regionen verloren.

Die Europäische Vereinigung der Kongress- und Tagungsstädte (EFCT) legt Mindestqualitäten zur Aufnahme fest, damit wird die EFCT-Mitgliedschaft selbst zum Gütesiegel. Für interessierte Kunden verlieren solche Gütezeichen allerdings ihre vertrauensbildende Bedeutung, wenn in verschiedenen Ländern unterschiedliche Kriterien und Qualitätsaussagen zugrunde liegen. Dennoch werden ständig neue Qualitätszeichen kreiert, um den Gästen die Entscheidungsfindung zu erleichtern.

Qualität betrifft auch den Umgang mit Beschwerden und Reklamationen der Gäste unter dem Begriff Beschwerdemanagement. Grundsätzlich sollte man sich vor Augen führen, dass (fast) jede Beschwerde berechtigt ist und daher den Kunden geholfen werden muss, um sie wieder zufrieden zu stellen. Es geht nicht darum, „Schuldige" zu finden, Reklamationsursachen müssen abgestellt werden. Zu einem guten Beschwerdemanagementsystem gehört auch das spätere Nachfassen, ob alles zur Zufriedenheit geregelt sei (vgl. Abb. 8.25). Genauso wichtig ist hierbei der Multi-Kanal-Ansatz, der es unzufriedenen Gästen/Kunden erleichtern soll, mit der DMO in Verbindung zu treten. Das Beschwerdemanagement sollte aber nicht nur im Verborgenen existieren, sondern auch aktiv Bewertungen bzw. Beschwerden durch Kundenbefragungen, Auslegen von Bewertungsunterlagen etc. stimulieren.

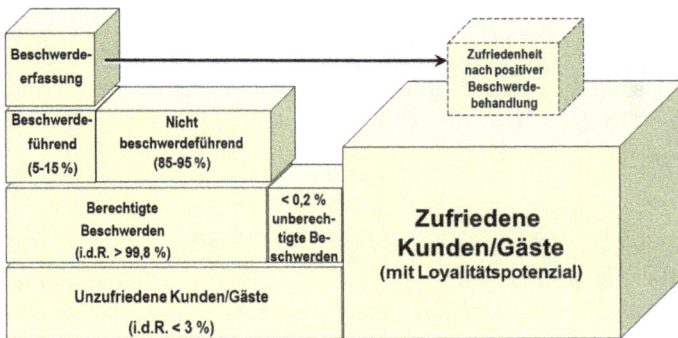

Abb. 8.25: Gutes Beschwerdemanagement bringt zufriedene Gäste (Wiesner 2020, S. 170)

Mit einem professionell gestalteten, aktiven Beschwerdemanagement (vgl. auch Abb. 8.25) lassen sich gleich mehrere Ziele erreichen:
- Umsetzung der Gästeorientierung als strategisches Hauptziel
- Herstellung von (Beschwerde-)Zufriedenheit
- Vermeidung von Opportunitätskosten durch verlorene Gäste
- Vermeidung von negativer Gästekommunikation

- Schaffung zusätzlicher akquisitorischer Effekte durch positive Mund-zu-Mund-Werbung/Bewertungen
- Auswertung der Beschwerdeinformationen zur Angebotsverbesserung
- Reduzierung interner Fehlerkosten

8.2 Prozesspolitik

Die Prozesspolitik ist eng mit den touristischen Leistungen der Destinationen verbunden, da es um die Management-Optimierung der Dienstleistungsprozesse zur Beeinflussung der Verrichtungsqualität geht. Die Art und Weise, wie Dienstleistungen erbracht werden, ist für den Erfolg der Destinationsleistungen relevant (vgl. Abb. 8.26).

Abb. 8.26: Prozesspolitische Instrumente für Regionen (Wiesner 2020, S. 173)

Alle Gäste erwarten, dass der Leistungserstellungsprozess (angemessen) professionell und gut organisiert/vorbereitet abläuft (Prozessexzellenz, QM). Bei größeren einmaligen Veranstaltungen (Kongresse, Festivals...) bietet sich hierfür sicherlich eine professionelle Projektorganisation als zielgerichtete, erprobte und akzeptierte Organisationsform an.

Während des Erstellungsprozesses muss auch – ähnlich wie beim Interaktionsprozess – Rücksicht auf die jeweiligen kulturellen Bedürfnisse und Werte der Gäste genommen werden. Aus diesem Grund sind zumindest in gewissem Umfang differenzierte Vorgehensweisen angebracht (vgl. Abb. 8.26).

Dem Interaktionsprozess kommt ebenfalls eine zentrale Bedeutung im Rahmen des interaktiven Destinationsmarketings zu. Dieser beeinflusst stark das Qualitätsempfinden der Gäste, angefangen von den ersten Kontakten bis hin zum tatsächlichen Aufenthalt. Angesichts ggfs. vorhandener kultureller Unterschiede werden sich auch die Anforderungen (Freundlichkeit, Schnelligkeit, Bearbeitungsqualität ...) unterscheiden. Im Rahmen des Interaktionsprozesses (vgl. Abb. 8.26) sollten die Mitarbeitenden der DMO bzw. der dortigen touristischen Akteure in der Lage sein, Weiterempfehlungen durch die Kunden zu initiieren.

Altersbedingte oder kulturell unterschiedliche Erwartungen lassen sich auch für die zu nutzende Interaktionstechnik feststellen, wobei in diesem Feld die Gewohnheiten und Erwartungen stark durch den jeweiligen Stand der vorhandenen Technik und die Technikaffinität der Kunden geprägt werden. Auch bei der Frage nach einer Akzeptanz automatisierter (KI-gesteuerter) und unpersönlicher Interaktionen kommen sozio-kulturelle Prägungen zum Tragen, denen die Regionsverantwortlichen Rechnung tragen sollten, um die Gästezufriedenheit zu verstärken.

8.3 Personalpolitik

Bei der Vermarktung der Destinationsleistungen sind Menschen besonders relevant, sowohl als ehrenamtlich als auch hauptamtlich Agierende (interne Stakeholder). Während eines Dienstleistungsprozesses (vgl. Abb. 8.26) und des Verkaufsprozesses (insbesondere erklärungsbedürftiger Angebote) ist die Mensch-Mensch-Beziehung immer noch die wirkungsvollste Form der Gäste- bzw. Stakeholderorientierung.

Die Personalpolitik mit ihren Instrumenten ist der Schlüssel für besseren Service und Erfolg aller Destinationsakteure. Im Zentrum stehen die Auswahl und Entwicklung von kundenorientiert arbeitenden Beschäftigten sowie deren Unterstützung im Kontakt mit allen Stakeholdern (vgl. Abb. 8.27). Damit stellt die Personalpolitik eine wichtige Schnittstelle zwischen dem Personalmanagement und der Marktausrichtung dar. Das Marktauftreten einer Region/Destination wird von denjenigen Mitarbeitenden geprägt, die auf Basis einer CI das Corporate Image glaubwürdig nach außen tragen und so Sympathie, Akzeptanz und Vertrauen erzeugen sowie eine gute Reputation aufbauen.

Bevor Gäste in einen direkten Kontakt mit dem DMO-Personal oder Mitarbeitenden der lokalen touristischen Akteure treten, erfolgte ein telefonischer, schriftlicher oder Online-Beratungsvorgang. Bei diesem gilt es für alle Mitarbeitenden, (potenzielle) Gäste umfassend, korrekt und glaubwürdig zu informieren, so dass keine überzogene Erwartungshaltung erzeugt wird. Denn Zufriedenheit mit der Destinationsleistung stellt sich nur dann ein, wenn die Gästeerwartung zumindest erfüllt, besser sogar übertroffen wird.

Es besteht ein eindeutiger Zusammenhang zwischen der Zufriedenheit der Mitarbeitenden und der der Gäste (diese sind auch Beeinflussungen durch die Wettbewerbsdestinationen ausgesetzt). Alle Mitwirkenden in der Stakeholderkommunikation müssen stets so gut geschult, informiert und vorbereitet sein, dass sie diese Anforderungen erfüllen und das Destinationsimage positiv verkörpern können.

Mittels Behavioral Branding sollen die Marketingsichtweise und Stakeholderorientierung bei allen Mitarbeitenden verankert werden und zum Maßstab ihres Han-

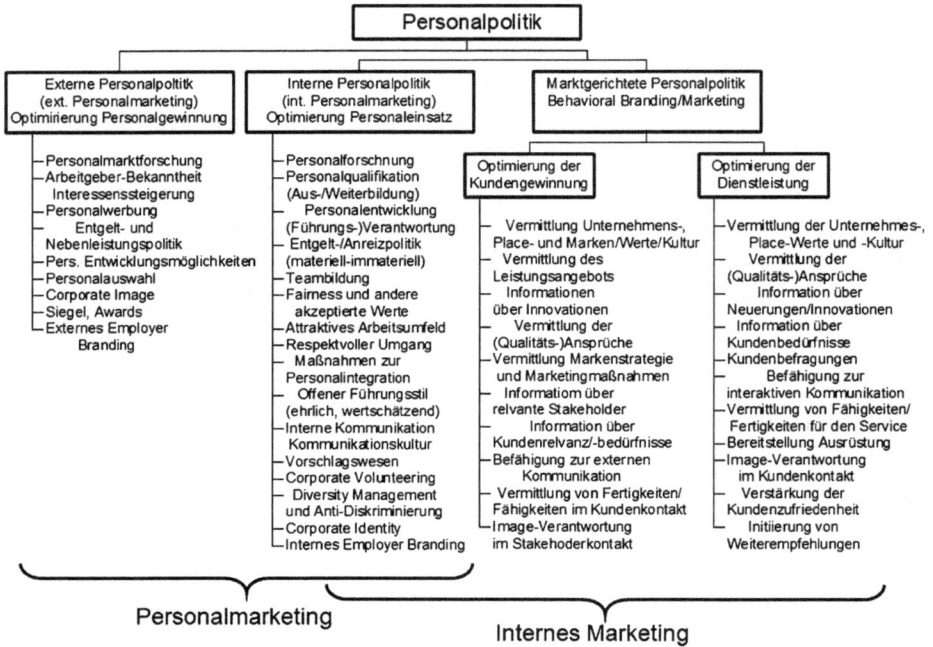

Abb. 8.27: Personalpolitische Instrumente für Regionen (nach Wiesner 2020, S. 175)

delns werden: Ein einheitliches und konsistentes Verhalten wirkt bei potenziellen Gästen vertrauensfördernd. Die Instrumente des internen Personalmarketings sollen für ein gutes Organisationsklima sowie für Motivation, Loyalität und Arbeitszufriedenheit der Menschen sorgen. Der Aufbau einer Arbeitgebermarke (Employer Brand, vgl. Abb. 8.27/8.28) kann dies intern unterstützen und extern die Erkennbarkeit auf dem Arbeitsmarkt verbessern.

Der Begriff des internen Marketings ist teilweise als deckungsgleich mit der Personalpolitik zu betrachten (vgl. Abb. 8.27). Es dient ebenfalls zielgerichtet einer besseren Leistungserbringung gegenüber den Gästen. Mittels einer systematischen Optimierung interner Prozesse unter Zuhilfenahme der Marketing- und Personalmanagementinstrumente realisiert werden soll. Marketing soll als DMO-interne Grundhaltung über eine interdependente bzw. simultane Mitarbeiter- und Stakeholderorientierung durchgesetzt werden, um marktgerichtete Regionsziele möglichst effizient und nachhaltig zu erreichen.

Auch der Begriff des Personalmarketings wird teilweise übereinstimmend mit Elementen der Personalpolitik benutzt (vgl. Abb. 8.27). Zentrale Aufgaben des Personalmarketings sind die Akquisition qualifizierten Personals (gewünschte Fähigkeiten/Fertigkeiten), die Motivation des vorhandenen Personals und eine generelle Profilierung als begehrenswerter Arbeitgeber, z. B. mittels des Aufbaus einer Employer Brand als Teil einer profilierten Destinationsmarke (vgl. Abb. 8.18 und 8.28). Auf einer

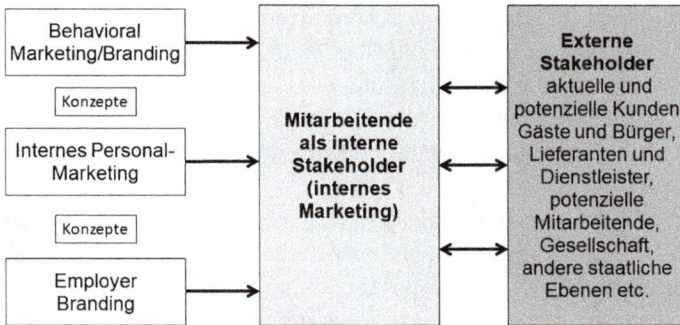

Abb. 8.28: Bedeutung der Mitarbeitenden im Stakeholderkontakt (Wiesner 2020, S. 175)

soliden Informationsbasis (Personalmarktforschung, Personalbefragungen) werden dann die Instrumente des externen und internen Personalmarketings eingesetzt (vgl. Abb. 8.29).

Abb. 8.29: Aufgaben und Instrumentarium des Personalmarketings einer Destination bzw. DMO (Wiesner 2020, S. 176)

Die gesamte Mitarbeiterschaft muss in die Lage versetzt werden, die erwarteten Leistungen qualifiziert, motiviert und engagiert zu erbringen. Jeder trägt mit seinen Denk- und Verhaltensmustern, seinen Werten und Normen zur Organisationskultur, die ihren Ausdruck in der Art der Handlungen und Kommunikation und Handlungen finden, bei. Es ist erstrebenswert, zu einem konsistenten, nach außen einheitlichem Agieren (Destination/Region Identity) zu kommen, das sich auch durch ein einheitliches Erscheinungsbild (Destination/Region Image) dokumentiert.

8.4 Kontrahierungspolitik

Monetäre und quantitative Ziele lassen sich in Umsetzung entsprechender Preisstrategien mit den Instrumenten der Kontrahierungspolitik erreichen. Dabei geht es auch um die Leistungs- bzw. Anbieterpositionierung über die Dimensionen Preis (Steuern, Gebühren, Abgaben, Subventionen) und Qualität bzw. Qualitätsimage (z. B. Premium-

oder Low-Price-Angebot) sowie zielgruppen- und konkurrenzorientierte Preisstrategien. Bei Verwaltungen sind die preispolitischen Überlegungen allerdings aufgrund von Gesetzen eingeschränkt. Es gibt auch nicht immer schlüssige Austauschbeziehungen hinsichtlich der Mitteleinnahmen (Subventionen und innere Sicherheit gegen Steuern u. ä.), daher wird im öffentlichen Sektor meistens der Begriff der Gegenleistungspolitik gebraucht.

Wichtigster Angelpunkt der Kontrahierungspolitik sind die (potenziellen) Kunden oder Gäste, ihre Präferenzen, Kaufkraft oder Preisbereitschaft. Des Weiteren sind die Erstellungskosten der Regionsleistungen, Marktbedingungen wie Konkurrenz, Inflations- oder ggfs. Währungsrisiken sowie gesetzliche Vorschriften von Bedeutung. Diese grobe Aufzählung zeigt bereits, dass ein differenzierter Einsatz der Instrumente der Kontrahierungspolitik (vgl. Abb. 8.30) auch für DMO sinnvoll ist, wenngleich der Gestaltungsspielraum enger ist als in der Wirtschaft. Der Kontrahierungspolitik als bedürfnisorientierte Preisgestaltung spielt im Rahmen einer Destinationsexpansionsstrategie eine entscheidende Rolle.

Kontrahierungspolitik			
Preispolitik (i.e.S.)	**Rabatt- und Vorteilspolitik**	**Konditionen: Liefer- u. Zahlungsbedingungen**	**Finanzierungspolitik (Konditionen)**
– Preisbildung/-höhe Preispositionierung – Preisbündelung – Preisdifferenzierung – Auktionen – Abonnements – Zeit-/Jahrespreise Saisonkarten – Yield Management – Zugaben – nützliche Geschenke – Cause-Related-Income – Sponsoreneinnahmen – Gebührenbildung/-höhe – Beitragsbemessung – Fundraising/Stiftung	– Jubiläumsrabatte – Mengenrabatte – Barzahlungsrabatte – Treuerabatte Stammkundenboni – Rückvergütungen – Kunden-/Rabattkarten – (E-/M-)Coupons – Sondertarife – Sonderaktionen – Saisonangebote – Frühbucherrabatte – Probeabonnement/ -mitgliedschaft – Sampling (E-, M-)	– Zahlungsfristen – Teilzahlungs- möglichkeiten – Zahlungsart – Lieferbedingungen (Incoterms) – allg. Geschäfts- bedingungen – Vertragsbedingungen Laufzeiten – Nachkaufgarantien bei Preisstabilität – Preisgarantien für Stammkunden als Aktion	– Vorauszahlungs- vorteile – Teilzahlung – Vorfinanzierung – Stundung – Leasing – Faktoring, Forfaitierung

Abb. 8.30: Kontrahierungspolitische Instrumente für Regionen (Wiesner 2020, S. 180)

Im Mittelpunkt der kontrahierungspolitischen Marketinginstrumente steht die Preis- bzw. Gebührenbildung bzw. -höhe mit ihren Differenzierungsmöglichkeiten. Bei deren Festsetzung spielen die Kostensituation (Distributions-, Miet- und Personalkosten sowie Steuern und Abgaben) und andere Beweggründe (Risikoausgleich, Auslastung, Marktstellung ...) nur partiell eine Rolle. Die jeweilige Preisbereitschaft der Gäste (target pricing) verbunden mit dem Image der Destination, die Kaufkraft der Zielgruppe und die gewählte Preisstrategie haben eine größere Bedeutung für die Preisfestsetzung als oft erkannt.

Es stehen unterschiedliche Preisdifferenzierungsstrategien zur Verfügung: Zielgruppen- bzw. personenkreisbezogene (Studenten, Familien, Senioren, Kurgäste …), mengenbezogene (Frequent-Traveller/-User, Saisonkarten, Rabattkarten …), zeitbezogene (Last Minute oder Wochenendpreise, günstige Mittagsmenüs, Happy Hour …) oder verwendungsbezogene (Preise/Steuern/Kurtaxe für Geschäftsreisende und Touristen). Dabei gibt es unterschiedliche Handhabungen und Erwartungshaltungen. Gerade effektives Yield-Management (vgl. Abb. 8.31) kann in den mit Fixkostenblöcken belasteten Destinationen eine zentrale strategische Bedeutung erlangen: Yield-Management bedeutet Ertragsoptimierung über eine Abschöpfung zahlungsbereiter und -fähiger Gäste mittels Preisdifferenzierung nach bestimmten Kriterien.

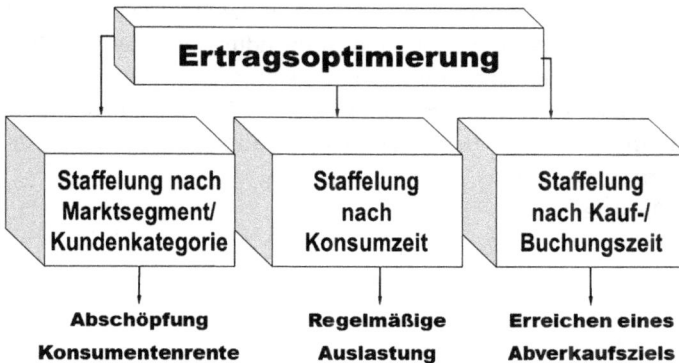

Abb. 8.31: Typische Yield-Management-Anwendungen für Regionen (Wiesner 2020, S. 183)

Die Abschöpfung der sogenannten Konsumentenrente erfolgt durch Preisdifferenzierungen nach Kundenkategorie bzw. Marktsegmenten, Buchungs- und Nutzungszeit (vgl. Abb. 8.30). Gerade touristische und kulturelle Leistungen unterliegen auf Grund von festgelegten Ferien- und Urlaubszeiten, üblichen Arbeitszeiten (Geschäftsreisende während der Woche), jahreszeitlich wechselnder klimatischer Bedingungen oder Gästewünsche starken Nachfrageschwankungen. Das führt zwangsläufig zu einem stark schwankenden Auslastungsgrad je nach Konsumzeit oder sogar zeitweisen Ausfall durch Nichtinanspruchnahme der Hotels und Cafés, Bars und Restaurants, Geschäften und Theatern.

Starke Schwankungen führen zu Friktionen sowohl für die Mitarbeitenden als auch für die Kunden (vgl. Abb. 8.31). Eine zu starke Nachfrage zu einem bestimmten Zeitpunkt/Zeitraum kann die vorhandene Kapazität der Destination und ihrer touristischen Anbieter übersteigen. Das führt zur Notwendigkeit von Absagen oder zu Wartezeiten/-schlangen, räumliche Enge etc. Dies wiederum erzeugt Unzufriedenheit bei den Kunden/Gästen. Auch das andere Extrem ist für Destinationen nicht wünschenswert: Eine Unterauslastung der Mitarbeitenden führt tendenziell zu deren Demotivation und verringerter Aufmerksamkeit. Überkapazitäten können bei geringer Nutzung (Leere) auch zu Einbußen in der Erlebnisatmosphäre (Flair) führen. Oberster Anspruch sollte daher eine möglichst optimale Kapazitätsauslastung sein einhergehend mit hoher Dienstleistungsqualität.

Gelingen die Maßnahmen zur Sicherstellung einer gleichmäßigen oder ausreichend hohen Auslastung der Destinationsangebote und -infrastrukturen, lassen sich die Kosten unproduktiver Zeiten bzw. nicht verkaufter Leistungen und entstehende Verluste deutlich reduzieren und damit besser verkraften.

Besondere Kundenwünsche oder Destinationsangebote können auch Preisfestlegungen im Einzelfall notwendig machen, z. B. bei Großveranstaltungen, Messen oder Gruppennutzung. In diesem Zusammenhang können neben den jeweiligen Zahlungs- und Lieferkonditionen auch Rabatte, Zugaben oder andere „nützliche Zuwendungen" eine Rolle spielen. Insgesamt wägen die Gäste alle Aufwendungen (einschließlich Zeit) gegen den Gesamtnutzen ab, bevor sie Entscheidungen treffen.

Die Gründe für eine Rabattgewährung können unterschiedlich sein. Man unterscheidet folgende Rabattarten, die auch Bestandteil von Loyalitätsprogrammen (Regions- oder Kundenkarten) sein können:
- funktionsbezogene Rabatte
- personenbezogene Rabatte
- mengenbezogene Rabatte
- zeitbezogene und
- regionale Rabatte

Insbesondere Regionspässe, wie die Bonn-Regio WelcomeCard, die Vienna City Card, die Zürich Card oder verschiedene Berlin City Cards, bieten Besuchern vielfältige Vorteile beim Besuch der Sehenswürdigkeiten und Attraktionen sowie beim ÖPNV oder Regionalverkehr. Die Schwarzwald Tourismus GmbH bietet den „Schwarzwald-Gutschein" an, den Gäste bei vielen Partnern aus Hotellerie, Gastronomie, Kulinarik und Freizeit ihren Gutschein einlösen können. Eine vergünstigte Nutzung von E-Autos/-Rollern oder (E-)Fahrrädern ist ebenfalls beliebt. Auch Kurkarten bieten die vergünstigte Nutzung regionaler Angebote. Manche Destinationen setzen auf Regionalgutscheine oder Stadt- bzw. Regiogeld zum Einsatz in einem regional begrenzten Raum.

Je nach Übung oder gewählter Markteintrittsstrategie können Rabattarten differenziert nach verschiedenen Branchen und Marktsegmenten eingesetzt werden. Auch die Höhe gewährter Rabatte kann situationsbezogen unterschiedlich sein. In diesem Zusammenhang ist die Verbreitung der Arbitrageneigung (Graumarkt, Feilschen ...) ebenfalls von Bedeutung. Preisverhandlungen sind nicht nur bei ausländischen Interessenten üblich. Individuelle Finanzierungs- und Zahlungsmodelle sind durchaus üblich, ggfs. auch Teil- bzw. Abschlagszahlungen und Stundungen. Zur Förderung regionsinterner Tourismusunternehmen bestehen oftmals individuelle Förder- bzw. Subventionierungsmöglichkeiten.

8.5 Vertriebspolitik

Die Entscheidung über Vertriebswege/-standorte ist grundsätzlicher Art, daher eine ggfs. notwendige Veränderung nur langfristig möglich. Allerdings gibt es sehr unterschiedliche Destinationsangebote, die ggfs. auch differenziert vertrieben werden müssen. Die strategische Grundfrage lautet immer, ob potenzielle Gäste besser über einen indirekten oder einen direkten Vertriebsweg anzusprechen sind (vgl. Abb. 8.32). Die konkrete Ausgestaltung und eventuelle Kombination der Vertriebswege je nach Angebot liegen im operativen Bereich.

Viele Destinationsleistungen sind nicht lagerfähig (allenfalls materielle Hilfsmittel, natürliche und künstliche Gegebenheiten). Im Zentrum des direkten Vertriebs (vgl. Abb. 8.32) steht nicht der konkrete Leistungsverkauf, sondern der (vorgezogene) Verkauf sogenannter Anrechte auf die zukünftige Leistung (Leistungsversprechen: Eintrittskarten, Voucher, Gutscheine ...). Regionen treten häufig als Direktvertreiber touristischer, kultureller oder sportlicher Angebote/Events auf oder vermitteln diese nur.

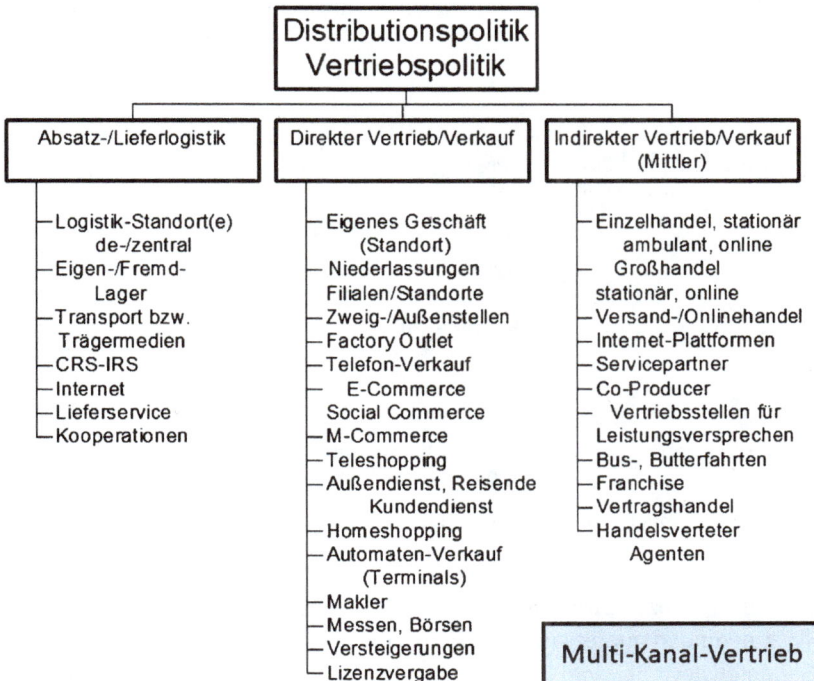

Abb. 8.32: Vertriebspolitische Destinationsinstrumente (Wiesner 2020, S. 189)

Die Entscheidung über die Vertriebswege einer Destination sind sorgfältig unter Abwägung aller Vor- und Nachteile zu treffen, zumal ein abrupter Wechsel ohne Umsatzeinbußen kaum realisierbar ist. Bei der Abwägung sollten Schnelligkeit, Direktkontakt, Steuerung der Marketingaktivitäten etc. bewertet werden. Je komplexer die angebotene Leistung aus Interessentensicht erscheint (z. B. viele Leistungsvarianten, Bestandteile, Termine), desto eher bedarf es einer umfassenden und kompetenten Beratung vor der Buchung. Einfache Leistungen mit wenigen Varianten/Terminen sind für den direkten Vertrieb geeigneter.

Selbstverständlich ist anlässlich von Sport-, Tourismus- oder Reisemessen auch ein direkter Verkauf der Destinationsangebote möglich, wobei sich kleinere Messen oftmals besser dazu eignen als (inter-)nationale Leitmessen.

Die Kanäle Internet/Web 2.0, TV-Versender oder Mobilnetz ermöglichen zwar meist einen direkteren Kundendialog, ein Direktvertrieb scheitert aber oft an anderen Hindernissen (z. B. fehlende direkte Buchungstools oder mangelnde Technikaffinität potenzieller Gäste/Kunden). Dennoch wird sich der Erfolg dieser elektronischen Kanäle auch beim Vertrieb von Destinationsangeboten zeigen.

Seit geraumer Zeit präsentieren sich viele Städte, Regionen und Nationen als Reiseziele im Internet (vgl. Abb. 8.33). Dies hilft auch dem Markenaufbau und der Markenaktualisierung als moderne globale Marke (z. B. metropoleruhr.de, Berlin.de, Tirol.at, Engadin.ch). Die Angebote sollten über Suchmaschinen schnell auffindbar sein. Das Web 2.0 bietet für den Multi-Kanal-Vertrieb diverse Plattformen, die sich ebenfalls zur Kontaktanbahnung eignen.

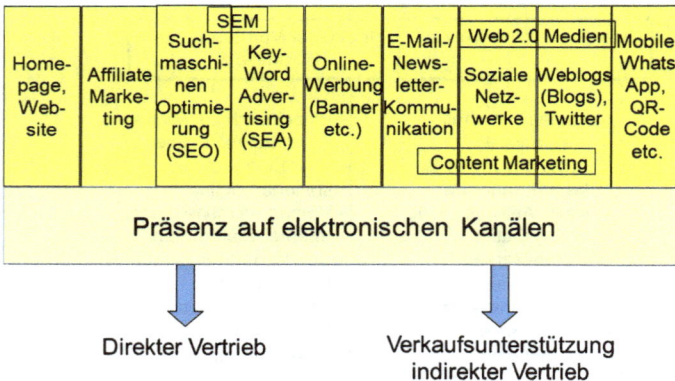

Abb. 8.33: Online-Vertriebsmöglichkeiten für Destinationsangebote (Wiesner 2020, S. 190)

Interaktives Fernsehen bzw. Direct Response TV (DRTV) sowie Video-on-Demand bieten ebenfalls zunehmend interessante Vertriebsmöglichkeiten. Seit geraumer Zeit gibt es eigene Sendefenster oder spezielle touristische Tele- oder Homeshoppingkanäle

(z. B. Sonnenklar TV oder TW 1). Sie etablieren sich als ernst zu nehmende Vertriebs-kanäle für regionale Angebote.

Auch der Telefonvertrieb (aktives oder passives Telefonmarketing, inbound bzw. outbound) spielt eine Rolle im Verkauf touristischer/sportlicher Angebote. Erste informative und buchbare Angebote via Mobiltelefon wie bei St. Anton oder Sylt (Sylt goes iPod) sind vorhanden. Google Streetview und ähnliche Systeme sowie GPS, Virtuell, Mixed und Augmented Reality können Destinationen völlig neue Chancen eröffnen. Aktuelle Angebote werden zunehmend mittels Beacons oder QR-Codes verbreitet. Auch Verwaltungen nutzen zunehmend elektronische Kontaktwege wie die einheitliche Behördennummer oder Kontaktformulare auf Websites. Medien des Web 2.0, wie YouTube, Facebook oder Instagram, werden gern zur Präsentation touristischer Angebote genutzt.

8.6 Ausstattungspolitik

Die Ausstattungspolitik ist eng mit der Leistungs- und Vertriebspolitik verbunden. Mithilfe ihrer Instrumente lässt sich das Erscheinungsbild gegenüber Gästen/Kunden positiv gestalten und beeinflussen. Es handelt sich dabei zum einen um den Bereich der (Geschäfts-)Räumlichkeiten der Tourist-Information oder DMO, die besonders beachtet werden, zum anderen um Web-Cams und virtuelle Rundgänge (vgl. Abb. 8.34). Des Weiteren geht es um das Erscheinungsbild der Destination auf den verschiedenen Kanälen im Rahmen der Multi-Kanal-Kommunikation. Dabei ist zwischen der Präsen-

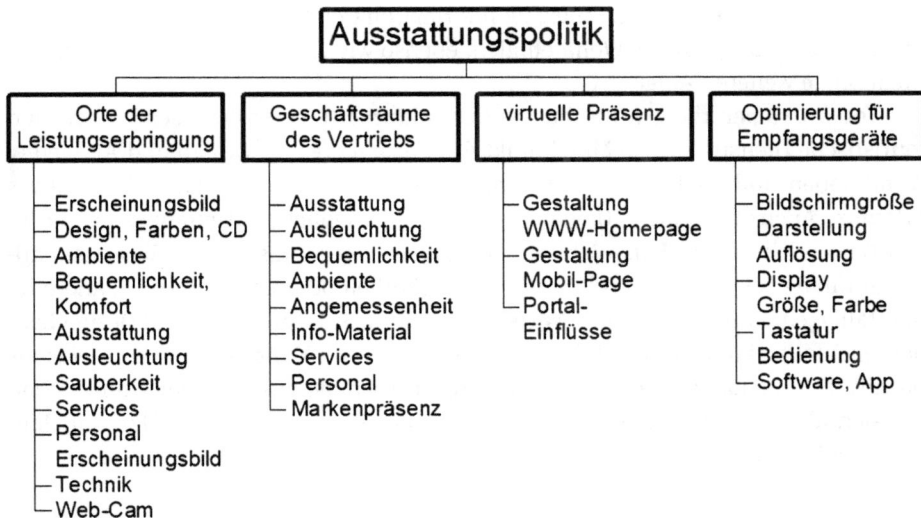

Abb. 8.34: Ausstattungspolitische Instrumente für Regionen (Quelle: Wiesner 2020, S. 194)

tation als solcher und dem möglichen Erscheinungsbild auf dem Empfangsgerät des Kunden zu differenzieren. Kunden achten besonders auf die subjektive Wirkung und das Flair als Natur- oder Reiseregion.

Die unmittelbare Umgebung, in der sich Kunden während einer Beratung aufhalten, spielt eine gewichtige Rolle. Gibt es Kataloge, Regionsführer, Pläne, DVDs, Bilder und animierende Gestaltungselemente? Auch spezifisches Informationsmaterial und regionale Getränke zur Wartezeitverkürzung können positiv wirken. Ist die Gestaltung des Raumes freundlich, hell und ansprechend oder von regionaltypischem Design, wird die Einstellung gegenüber der Destination positiv beeinflusst. Generell steigern eine gute Information und Vorbereitung das Vertrauen der Gäste. Alles was als angenehm, angemessen, informativ oder komfortabel empfunden wird sollte zielgruppenspezifisch Berücksichtigung finden.

Die elektronische Kommunikation via Internet oder über Mobilnetze stellt gewisse Ansprüche an die verwendete Technik und Software. Homepages bzw. Mobil-Pages und Portale lassen sich einheitlich für alle Zielgruppen gestalten, dennoch könnten von einzelnen Empfangsgeräten bestimmte Details der übertragenen Bildseiten nicht oder nicht in adäquater Qualität empfangen werden. Die Webseiten müssen für die Nutzung mit Smartphones und Tablets optimiert werden, damit alle Informationen auch über diese Geräte erkennbar sind.

Der Gestaltung bzw. Erscheinung von Räumlichkeiten oder Orte der Leistungserbringung kommt höchste Bedeutung im Hinblick auf die Qualitätserwartung der Gäste zu. Gibt es in Wartebereichen z. B. Zeitschriften, Musik, Getränke o. ä., um die Wartezeit zu verkürzen, wird dies positiv bewertet. Ist die Gestaltung der Räume freundlich, hell und komfortabel wird auch die Einstellung gegenüber der Destination und ihrer Angebote positiv beeinflusst. Eine gute Information und Vorbereitung der Dienstleistungssituation steigern das Wohlbefinden, ebenso wie Erklärungen und die Kommunikation im weiteren Ablauf.

Vor Ort stehen die erwünschten Infrastrukturen (u. a. kostenloses W-Lan) und touristische Dienstleister im Mittelpunkt des Gästeinteresses. Design und Ambiente, Attraktionen und vielfältige interessante Angebote fördern ebenfalls ein positives Erlebnis. Auch die nähere Umgebung trägt in erheblichem Umfang zum positiven Gästeerlebnis bei. Entspricht sie den Erwartungen hinsichtlich Gesamtsituation, attraktivem Ort- oder Landschaftsbild, Sicherheit oder Lebendigkeit, Park- oder Sportanlagen, Transportwesen sowie sonstiger Infrastruktur? Kunst und Design können ebenfalls eine positive Wirkung haben, Gäste und Künstler anziehen. Was als positiv, angenehm, ansprechend oder angemessen empfunden wird unterscheidet sich allerdings zwischen den verschiedenen Gästegruppen und Herkunftsländern/-regionen.

8.7 Kommunikationspolitik

Die von Destinationen angebotenen Leistungen einschließlich Preisen und Konditionen müssen allen Zielgruppen gegenüber transparent dargestellt bzw. vermittelt werden. Regionen nutzen daher ihre Kommunikation zielgerichtet zur Beeinflussung bzw. Steuerung von Meinungen, Einstellungen, Erwartungen und Verhaltensweisen ausgewählter Kunden-/Stakeholdergruppen. Mittels der Kommunikationspolitik und ihrer Instrumente lassen sich entsprechende Zielsetzungen gestalten und ausrichten, um mit den Stakeholdern in Interaktion ggf. auch einen Multilog zu treten.

Kommunikationsziele sind eindeutig zu formulieren: Was soll konkret erreicht werden? Eine bestimmte Kontaktzahl/Wirkung im Rahmen der Customer Journey, ein bestimmter Interessens- oder Aufmerksamkeitsgrad, eine positive Gefühlswirkung/ Einstellung oder das Auslösen von Investitionen oder einer bestimmten Anzahl von Käufen (vgl. Abb. 8.35)?

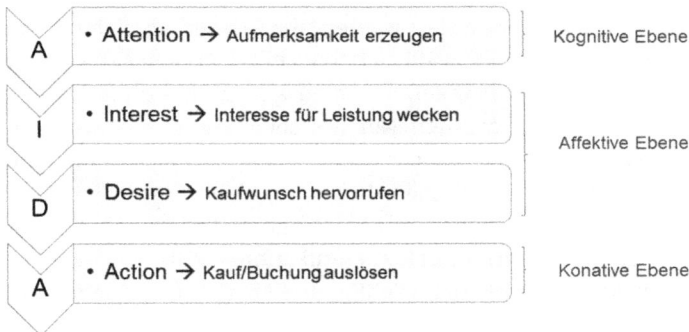

Abb. 8.35: AIDA – beispielhaftes Modell zur Werbewirkung (Wiesner 2020, S. 197)

Entsprechend der Ziele und abgestimmt auf die Zielgruppen lassen sich die richtigen Kernbotschaften wählen, ggfs. (als Slogan oder Motto) verschlüsseln und passende Kommunikationsmedien auswählen (vgl. Abb. 8.36). Hierbei fällt auch die Entscheidung, ob eher klassische Kanäle, direkte Kanäle oder sogenannte „Below-the-Line" Medien zur Ansprache potenzieller Gäste genutzt werden (vgl. Abb. 8.36).

Die Entscheidung wird immer häufiger unter Interaktions- bzw. Dialoggesichtspunkten zu treffen sein, um die Ziele auf den verschiedenen Aktivierungsebenen (vgl. Abb. 8.36) zu erreichen. Eine direkte Ansprache der Gäste verhindert zumindest in gewissem Umfang die Einflussnahme oder Störung durch externe Destinationsstakeholder, wie Konkurrenten, NPOn oder Medien. So lässt sich entsprechend des AIDA-Modells (vgl. Abb. 8.35) die geplante Kundenkommunikation sicherstellen – allgemeine Einflüsse diverser Stakeholder auf die Zielkunden sind dabei kaum zu verhindern.

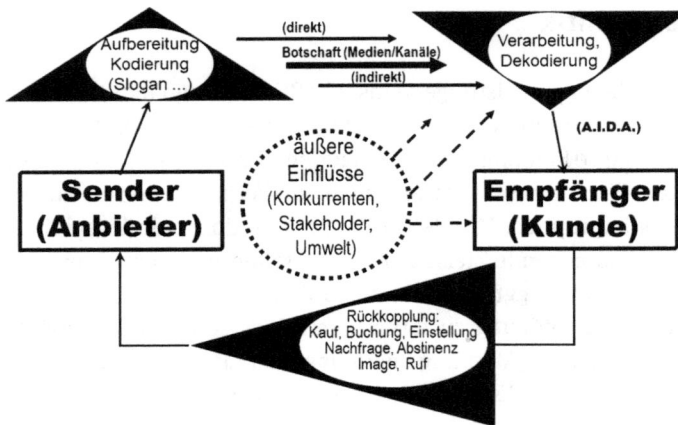

Abb. 8.36: Typischer Kommunikationsprozess mit Einflüssen (Wiesner 2020, S. 197)

Potenzielle Gäste müssen näher analysiert werden, um eine erfolgreiche Dekodierung der Werbebotschaften (vgl. Abb. 8.36) sicherzustellen. Welche Interessen, Bedürfnisse, Wünsche oder Ängste haben sie? Wie sind sie durch soziale Umwelt (Kultur), Freunde, Familie oder Beruf geprägt? Nur wer seine Ziel-Kunden (vgl. Sinus-Milieus in Abb. 5.20/5.21/5.22) kennt, kann sich in sie hineinversetzen und eine Botschaft senden, die sie auch richtig verstehen. Nur wenn eine (Werbe-)Botschaft richtig verstanden wird, kann es zu einer gewünschten Reaktion (Kauf, Buchung, Anfrage...) kommen. Aus diesem Grund erfordert Kommunikationspolitik den höchsten Grad sozio-kultureller Anpassung. Es ist auch wichtig, den Absender und seine Botschaft eindeutig zuordnen zu können. Laswells Kommunikationsmodell fasst die Kernanforderungen kurz und knapp zusammen: Wer sagt was zu wem auf welchem Kanal mit welcher (intendierten) Wirkung.

Der Einsatz der Kommunikationsinstrumente verursacht, bedingt durch die Kosten der ausgewählten Kommunikationsmedien, meist die höchsten Ausgaben innerhalb der Marketingbudgets. Daher bedarf es unter Effizienz- und Effektivitätsgesichtspunkten einer sorgfältigen Planung und Budgetierung aller zielgruppengerichteten kommunikativen Maßnahmen.

Die Instrumente lassen sich in drei wesentliche Bereiche einordnen: Werbepolitik (klassische oder Direkt-Werbung), Reputations- und Meinungspolitik (paid, owned oder earned Media) sowie CI-Politik (vgl. Abb. 8.37). Wichtig ist, dass alle Zielgruppen in konsistenter Form angesprochen werden – dazu eignet sich eine integrierte Kommunikation, die ein einheitliches Auftreten an allen Kontaktpunkte ermöglicht: Die Destinationsbotschaften werden über alle (internen und externen) Kanäle einheitlich, in gleicher Aufmachung und mit vergleichbaren Inhalten übermittelt.

Gerade die Instrumente der Werbepolitik (vgl. Abb. 8.38) lassen sich sehr zielgerichtet einsetzen und steuern, die übrigen Instrumente sind meistens nur mit größerem Aufwand zu fokussieren. Dafür ergibt sich bei deren Einsatz eine breitere Wir-

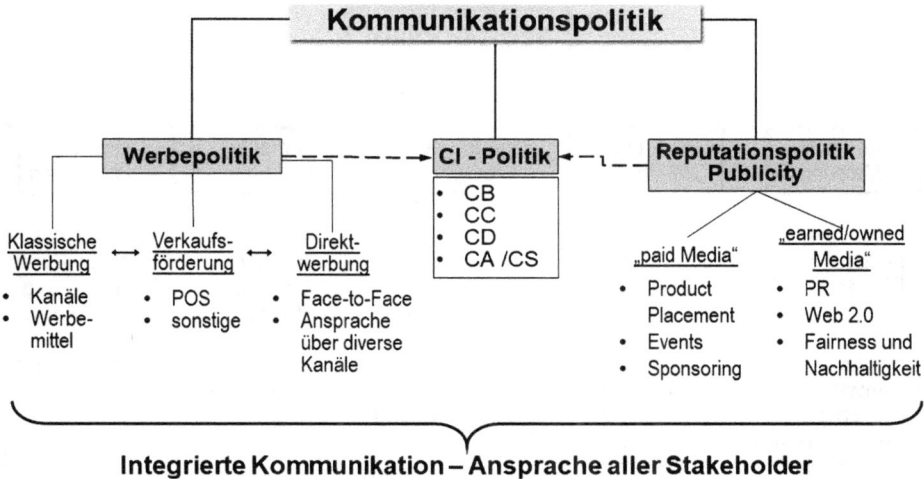

Abb. 8.37: Kommunikationspolitische Destinationsinstrumente (Wiesner 2020, S. 199)

kung, die sehr viele Stakeholder erreicht und somit zur Reputationsbildung beiträgt. Die CI/DI/RI kann mittels unterschiedlicher Instrumente ausgerichtet werden, um das Wunsch-Image zu erzeugen.

Obwohl es sich bei der Kommunikation nur um einen Teilbereich des Marketings handelt, wird in der (Agentur-)Praxis mit Begriffen wie Direkt-/Dialogmarketing, Social Media-Marketing, QR-Code-Marketing, Suchmaschinenmarketing, Influencer oder Mobile Marketing der (falsche) Eindruck erweckt, das gesamte Marketing ab-zudecken. Die (Marketing-)Kommunikation ist zwar bedeutsam, aber letztendlich handelt es sich meistens um Werbung oder PR.

Die klassische Werbung in Massenmedien wird als Mediawerbung bezeichnet. Diese verbreitet die Werbebotschaft mittels gestalteter Werbemittel über bestimmte Werbekanäle/-träger in öffentlicher Form mit breiter Streuwirkung (vgl. Abb. 8.38). Es dominiert die gewinnorientierte (Einzel-)Werbung von Unternehmen unterschiedli-cher Stufen, des Weiteren findet sich hier auch die kooperative und nicht-gewinnori-entierte Werbung unterschiedlicher Institutionen (Staat/Standort/Destination, Par-teien, Verbände ...).

Die relevanten Kanäle der Mediawerbung sind in Abb. 8.38 (linke Spalte) darge-stellt, sie werden auch als Werbeträger bezeichnet. Diese sind je nach Präferenz der Zielgruppen auszusuchen, die den jeweiligen strategischen Anforderungen der wer-betreibenden Region am besten gerecht werden. Für eine eher standardisierte Stra-tegie eignen sich das Internet und andere nationale (TV, Zeitungen...) Medien. Bei einer differenzierten Strategie sollten die jeweils am besten zu den Zielgruppen pas-senden Medien (Special Interest Zeitschriften, Reisejournale, Fachzeitungen, Messen, Kongresse ...) gewählt werden. Das Internet wäre dann z. B. zur Unterstützung zu nut-

```
                        ┌─────────────────────┐
                        │     Werbepolitik    │
                        │   Kanäle und Mittel │
                        └─────────────────────┘
```

Klassische Werbung	Direkt-/Dialog-Werbung	Face-to-Face Werbung	Verkaufs-förderung	Messen Ausstellungen
— Website	— Mail	— Key Account	— Display	— Verkaufs-/
— Zeitung	— E-Mail	— Reisende	— Kunden-	Image-Event
— Zeitschrift	— Katalog	— Vertreter	zeitschrift	— Ausstellung
— Radio	— Fon	— Geschäfts-	— Zugabe	— Road Show
— TV	— Fax	führung	— Werbe-	— Messe
— Kino	— SMS/MMS	— Vertragshändler	geschenk	— Online Messe
— Internet	— WhatsApp	— Filialen	— Verlosung	— ...
— Web 2.0	— Web 2.0	Niederlassungen	— Club	
— Out-of-Home	— QR-Codes	— ...	— ...	
— Verzeich-	— Sprach-			
nismedien	Assistenten			
— Elektronische	— ...			
Spiele - VR				
— Suchmaschinen				
— ...				

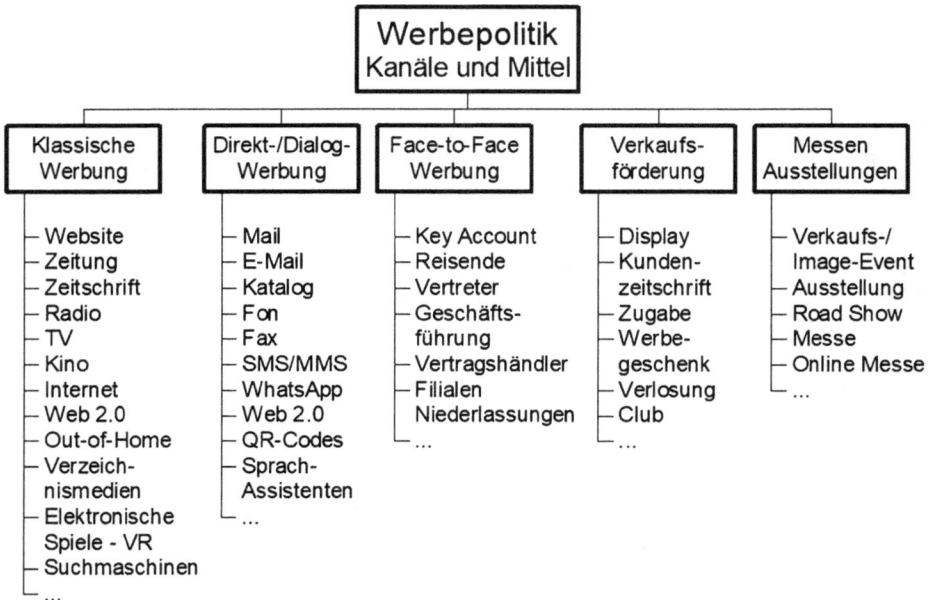

Abb. 8.38: Werbeinstrumente für Destinationen (Wiesner 2020, S. 199)

zen (Imagewerbung für Destination) und ggfs. mit speziellen Destinationsangeboten anzureichern. Dabei sind die jeweiligen Medien entsprechend ihrer Verbreitung und Nutzungsart bzw. Erscheinungshäufigkeit zu berücksichtigen.

Eine Destinationsbotschaft wird mit Hilfe unterschiedlicher Werbemittel gestaltet und verbreitet: Anzeigen in Zeitschriften, Zeitungen oder im Internet, Spots im Radio, TV oder Kino, Prospekte als Beilage zu Reisejournalen oder zum Verteilen. Der Einsatz von Testimonials oder Destinationsbotschaftern kann die Glaubwürdigkeit bei bestimmten Zielgruppen erhöhen.

Im Zentrum der Destinationswerbung sollte die Werbebotschaft stehen, meist als ein griffiger aussagekräftiger Slogan, der möglichst treffend die Positionierung und das gewünschte Image einer Destination widerspiegelt. Er muss unmissverständlich formuliert sein und den Zielgruppen als attraktiv und wahrhaftig erscheinen, wie folgende Beispiele: „Sylt.Meer.Leidenschaft.Leben." oder „Wir sind Süden" (BW). Auch in der geschäftlichen Kommunikation sollte man nicht nur auf Fakten setzen, sondern ebenso die emotionale Ebene der Kunden anzusprechen – eine optimale Kombination bringt den besten Erfolg.

Der Einsatz klassischer Werbung ist unabhängig davon ob es sich um gewinnorientierte Werbung (z. B. Leistungsträger und andere Destinationsunternehmen) oder nicht gewinnorientierte Werbung (z. B. Gebietskörperschaften, Verbände und DMO) bzw. um eine Kombination aus beidem (z. B. Verbundwerbung eines Unternehmens mit einer Destination) handelt. Insbesondere der Name (Destination, Region) und sein

Image stehen im Mittelpunkt der Destinationskommunikation – ein eingeführter und bekannter Name wirkt als Marke, wenn sie aktiv gestaltet und ein hoher Bekanntheitsgrad erreicht wird (z. B. Allgäu, Schwarzwald, Eifel oder Sylt).

Viele Menschen wollen aktiv in die Kommunikation eingebunden werden, so kommt es inzwischen zu einer gewissen Machtbalance zwischen Werbetreibenden und den Gästen. Daher bedarf es einer veränderten Ansprache mittels Direkt- und Dialogkommunikation sowohl off- als auch online (vgl. Abb. 8.38, zweite Spalte). Da die meisten Gäste aber nicht ungefragt übermäßiger Werbung (zu unerwünschten Zeiten) ausgesetzt sein wollen, sind eher Pull-Werbung und Permission Based Interaction anstelle der Push-Werbung angesagt. Auch potenzielle Gäste wollen bevorzugt über die von ihnen präferierten Kanäle kommunizieren, daher wird ein Multi-Kanal-Ansatz mit dialogorientierten Medien immer wichtiger.

Passend zu jedem direkten Kanal sind unterschiedliche Werbemittel im Kundendialog möglich. So lässt sich beispielsweise in einem gedruckten Medium eine Anzeige, eine PR-Information oder eine Beilage mit Responsemöglichkeit platzieren. Derzeit sind Coupons und QR-Codes sehr beliebt, um bestimmten Zielgruppen zu einem passenden Zeitpunkt einen spezifischen Vorteil für ein vom Anbieter gewünschtes Verhalten zu bieten. Coupons gibt es nicht nur gedruckt zum persönlichen Verteilen (auch in Zeitungen, Broschüren etc.) sondern auch elektronisch via Internet (E-Coupon) oder als Mobil-Coupon aufs Smartphone. Coupons dienen zur Erstkundengewinnung, zur späteren Kundenbindung oder -rückgewinnung oder sind als Instrumente des Yield-Managements nutzbar. Sie bieten Preis- oder Mengenvorteile, eine Zugabe oder Informationsmöglichkeit und bieten eine gute Basis zum Gästedialog.

Als Kanäle mit Responsemöglichkeit eignen sich beispielsweise:
- Postwurfsendungen, Hauswurfsendungen mit Antwort-/Kontaktmöglichkeit
- Adressierte Mailings mit Antwort-/Kontaktmöglichkeit und Katalogen
- Anzeigen oder Beilagen mit Kontaktmöglichkeit über Coupon, Postkarte, Fax, Telefon, Internet, E-Mail, Web 2.0
- Fernsehwerbung mit Kontaktmöglichkeit über Telefon/SMS, Homepage, E-Mail, Web 2.0
- Radiowerbung mit Kontaktmöglichkeit über Telefon/SMS, Homepage, E-Mail, Web 2.0
- Plakat- und Außenwerbung mit Kontaktmöglichkeit über Postkarte, Fax, Telefon/SMS, Homepage, E-Mail, QR-Code, Web 2.0
- Persönlicher Verkauf
- Promotion-Aktion mit Sammlung von Interessenten-/Kundendaten
- Telefonverkauf/-werbung (Outbound)
- SMS/MMS/WhatsApp (Klingeltöne, Mobile Coupons, Spiele, QR-Codes)
- Mobile-Website
- E-Mailings mit Response/Links (Spam)
- E-Mailings mit individueller Ansprache und Antwortmöglichkeit/Links
- Newsletter mit Links

- Website mit Kontaktmöglichkeit über E-Mail, Links oder Call back Button
- Online-Chat, Schwarze Bretter, Newsgroups, Communities
- Plattformen des Web 2.0 (Facebook, YouTube, Instagram ...)
- Weblogs und Micro Blogs (Twitter)
- Individualisierte Website mit Responsemöglichkeit und Links
- Online-Werbung mit Links, Call-back Button
- CD-ROM mit Kontaktmöglichkeit über Internet, E-Mail etc.
- Podcasting (Podvertising) mit Musik etc.
- Kiosk-Systeme (POS-/POI-Terminals)
- Direct Response TV (DRTV)
- Direct Response Radio (DRR)
- Sprachassistenten mit Direktverbindungen

Eine möglichst persönliche und dialogorientierte Ansprache wird inzwischen von vielen Kunden bevorzugt, so dass Instrumente der Direktwerbung oder gar der persönliche Verkauf (ggfs. durch Partner oder über Dialogmedien) zu präferieren sind. Den Destinationen stehen dabei mehrere digitale Kommunikationswege zur Verfügung (vgl. Abb. 8.38), die sich nach ihrem Direktheitsgrad leicht unterscheiden. Der direkteste Weg ist die persönliche Kommunikation: entweder in eigenen Räumen, bei den Gästen, auf Messen oder bei Events.

Zur Unterstützung der direkten Kommunikation gibt es eine Reihe von Promotion- bzw. Verkaufsförderungsinstrumenten (vgl. Abb. 8.39). Verkaufsförderung soll durch Anreize auf den verschiedenen Vertriebsstufen dazu beitragen, die Kommunikations- und Vertriebsziele zu erreichen. Dabei handelt es sich häufig um zeitlich befristete Maßnahmen mit motivierender Wirkung auf die drei Kerngruppen: die eigene Verkaufsorganisation, die relevanten Mittler und die (potenziellen) Kunden, um den Abverkauf am POS, die Steigerung von Testverkäufen oder die Steigerung der Bekanntheit neuer oder veränderter Leistungen der Destination zu verbessern (vgl. Abb. 8.39).

Als Instrumente der Verkaufsförderung werden immer häufiger Events eingesetzt, um die gewünschten Bindungs- und Motivationsziele zu erreichen. Events sind erlebnisorientierte Veranstaltungen, die einzigartige, positive Emotionen (Verlassen der Alltagswelt) wecken, eine nachhaltige Erinnerung an die Angebote erzeugen, eine persönliche Interaktionsmöglichkeit bieten und ein verbindendes „Wir-Gefühl" schaffen sollen. Events werden strategisch zur direkten Kundenbindung, zur Imageverbesserung, zur Neukundengewinnung, zur Erzeugung von Aufmerksamkeit und Steigerung der Bekanntheit, zur Motivation und Kontaktpflege und nicht zuletzt zur Steigerung der Buchungen veranstaltet. Auch Messeauftritte werden häufig als Event inszeniert, um dem interessierten Publikum die besondere Destinationskompetenz zu vermitteln.

Die vorwiegend indirekt wirkenden Instrumente der Reputations- und Meinungspolitik (vgl. Abb. 8.40) erzeugen ebenfalls Stakeholderkontakte zur Destination, deren Angeboten und Marke. Solche Kontaktpunkte (Ausnahmen: Beschwerdemanagement

Verkaufsförderung/Promotion

Verkäufer-Promotion	Mittler-Promotion	Endkunden-Promotion

– Verkaufsschulung
– Hilfsmittel, Medien
– Sales Folder
– Kataloge, Listen
– Verkäufer-
  Tagungen
– Auszeichnungen,
  Belobigungen
– Verkäufer-
  Wettbewerbe
– Prämiensystem
– Incentives
– Statussymbole
	– Mittlerschulung
	– Displays, Folder
	– Point-of-Sale-Radio
	– Schaufenster-
	  Gestaltung
	– Platzierungs-
	  Hilfe/-Miete
	– Vorführungen,
	  Verkostungen
	– Aktionspreise/
	  -rabatte
	– Werbegeschenke
	– Merchandingprodukte
	– Wettbewerbe
	– VIP-Behandlung
	– Beirat/Experten
		– Leistungsinformationen
		  und Vorführungen
		– Dispays, Stopper
		– Point-of-Sale-Radio
		– Produktproben, Tests
		  und Verkostungen
		– Preisausschrieben
		  und Verlosungen
		– Sonderangebote
		– Zugaben
		– Werbegeschenke
		– Merchandisingprodukte
		– Kundenclubs,
		  Kundenkarten
		– Rabatt- und
		  Treueaktionen

Abb. 8.39: Formen und Instrumente der Verkaufsförderung/Promotion (Wiesner 2020, S. 204)

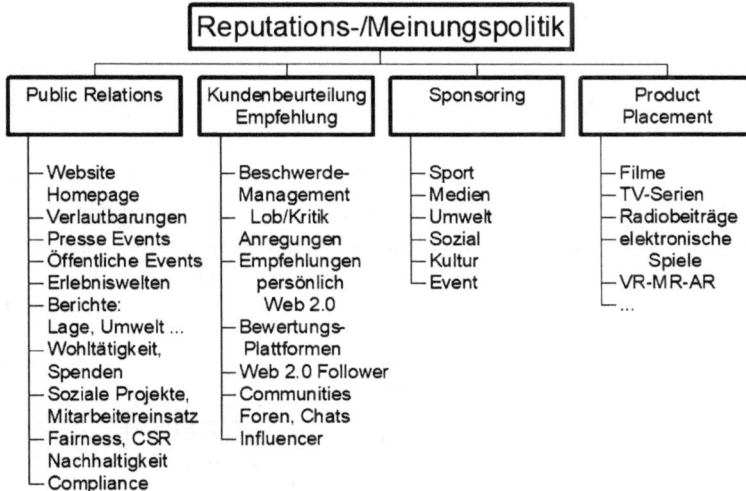

Reputations-/Meinungspolitik

Public Relations	Kundenbeurteilung Empfehlung	Sponsoring	Product Placement

– Website
  Homepage
– Verlautbarungen
– Presse Events
– Öffentliche Events
– Erlebniswelten
– Berichte:
  Lage, Umwelt ...
– Wohltätigkeit,
  Spenden
– Soziale Projekte,
  Mitarbeitereinsatz
– Fairness, CSR
  Nachhaltigkeit
– Compliance
	– Beschwerde-
	  Management
	– Lob/Kritik
	  Anregungen
	– Empfehlungen
	  persönlich
	  Web 2.0
	– Bewertungs-
	  Plattformen
	– Web 2.0 Follower
	– Communities
	  Foren, Chats
	– Influencer
		– Sport
		– Medien
		– Umwelt
		– Sozial
		– Kultur
		– Event
			– Filme
			– TV-Serien
			– Radiobeiträge
			– elektronische
			  Spiele
			– VR-MR-AR
			– ...

Abb. 8.40: Instrumente der Reputations- und Meinungspolitik (Wiesner 2020, S. 205)

und destinationseigene Communities/Foren) sind allerdings weniger gut zu fokussieren. Dennoch spielt diese Form der Kommunikation eine wichtige Rolle in der Stakeholderkommunikation und ist sowohl meinungsbildend als auch reputationsrelevant.

Public Relations (PR/Öffentlichkeitsarbeit, vgl. Abb. 8.40) soll über die Destination, ihre Aktivitäten und ihr Angebot ehrlich und transparent informieren, um Aufmerksamkeit, Akzeptanz und Verständnis bei allen Stakeholdern zu erreichen sowie

Glaubwürdigkeit und Vertrauen im gesellschaftlichen Umfeld zu erzeugen. PR kann direkt über die eigene Homepage, den Web 2.0-Auftritt, Kundenzeitschriften sowie Events und Messen oder indirekt über die Medien erfolgen und wirkt ergänzend zur werblichen Kommunikation.

Instrumente der Öffentlichkeitsarbeit, die im Sinne der Personalpolitik auch auf die eigenen Mitarbeitenden wirken, sind u. a.

- Presseinformationen (schriftlich/elektronisch in Wort, Bild und Ton)
- Pressekonferenzen
- Journalisteneinladungen
- Website und Web 2.0-Accounts (u. a. YouTube-Brand Channel)
- Redaktionelle Beiträge
- Interviews, Podcasts (z. B. Bayern-Podcast „hockdiher": www.bayern.by/podcast)
- Imagefilme (z. B. Wettbewerb „Das goldene Stadttor", Sieger u. a. Niederrhein, DZT)
- Teilnahme an Wettbewerben und sozialen Initiativen
- Jubiläumsveranstaltungen
- Tage der offenen Tür, Besichtigungen für Schulklassen etc.
- Empfänge, Events
- Ausstellungen, Road Shows
- Vorträge, Seminare
- Geschäfts-/Lageberichte
- Informationsbroschüren, -Videos, -DVD, -Filme

Sponsoring lässt sich strategisch gut einsetzen und ist eine zunehmend beliebte und bei Stakeholdern akzeptierte Form der Kommunikation. Bestimmte Arten des Sponsorings (vgl. Abb. 8.41) bieten darüber hinaus gute Möglichkeiten, die Region/Destination als breit akzeptiert, vertrauenswürdig und gut reputiert darzustellen.

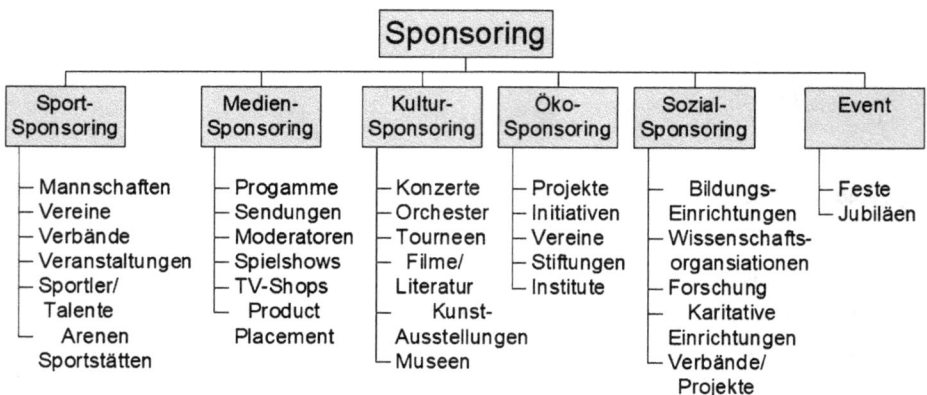

Sponsoring

Sport-Sponsoring	Medien-Sponsoring	Kultur-Sponsoring	Öko-Sponsoring	Sozial-Sponsoring	Event

– Mannschaften
– Vereine
– Verbände
– Veranstaltungen
– Sportler/
  Talente
– Arenen
  Sportstätten
	– Progamme
	– Sendungen
	– Moderatoren
	– Spielshows
	– TV-Shops
	– Product
	  Placement
		– Konzerte
		– Orchester
		– Tourneen
		– Filme/
		  Literatur
		– Kunst-
		  Ausstellungen
		– Museen
			– Projekte
			– Initiativen
			– Vereine
			– Stiftungen
			– Institute
				– Bildungs-
				  Einrichtungen
				– Wissenschafts-
				  organsiationen
				– Forschung
				– Karitative
				  Einrichtungen
				– Verbände/
				  Projekte
					– Feste
					– Jubiläen

Abb. 8.41: Sponsoringarten (Wiesner 2020, S. 208)

Destinationen als Sponsoren stellen Geld und/oder Sachmittel zur Verfügung und erhalten im Gegenzug eine Leistung, die zur Erreichung ihrer Marketingziele beitragen sollen: Leistung – Gegenleistung. In sechs Bereichen ist Sponsoring üblich (vgl. Abb. 8.41). Die größte Bedeutung weltweit kommt dabei dem Sportsponsoring zu. Das Sponsoring von sozialen und fairen Aktivitäten ist reputationsförderlich: Kultursponsoring, Ökosponsoring, Sozialsponsoring, Nachwuchssponsoring im Sport, Sponsoring von Jubiläen etc.

Zum Mediensponsoring kann auch der Bereich des Product-Placements gezählt werden. Bekannt ist es z. B. aus verschiedenen Filmen („Die Schwarzwaldklinik" mit der Region Schwarzwald und Audi oder der James Bond Filme Spectre mit der Region Sölden und bis zu 100 Haupt- und Nebensponsoren). Product-Placement in Video- oder Computerspielen, im Internet, Web 2.0 oder im Mobilnetz hat in den letzten Jahren sichtbar an Bedeutung gewonnen.

Mit den dargestellten Kommunikationsinstrumenten und denen der Personalpolitik lässt sich die wichtige Destinationsidentität (DI/RI/CI) derart beeinflussen oder steuern, dass sich ein positives Destination Image bei den Stakeholdern bildet bzw. verfestigt (vgl. Abb. 8.42). Aufbauend auf der im Leitbild enthaltenen Region/Corporate/Destination Culture und der Regio/Corporate/Destination Mission umfassen die einsetzbaren Instrumente der CI-Politik (vgl. auch Abb. 7.4 und 7.6) das Corporate Behavior (CB), die Corporate Communication (CC), das Corporate Design (CD) und die Corporate Acoustic/Sounds (CA/S). Man könnte analog auch von DA, DB, DC und DD sprechen.

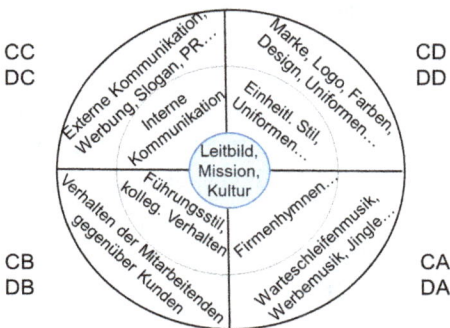

Abb. 8.42: Intern und extern wirkende Instrumente der CI/DI/RI-Politik (nach Wiesner 2020, S. 209)

Das Corporate bzw. Destination Image wirkt langfristig auf alle Ziel- und Anspruchsgruppen. Doch es entstehen auch Rückkopplungen, so dass das Image teilweise zusätzlich von Stakeholdern durch regionsgerichtete Kommunikation (auch untereinander) beeinflusst wird.

Das Destination/Corporate Behavior (gelegentlich als Destination/Corporate Attitude bezeichnet) ist das konkrete Verhalten aller Mitglieder einer Region/Destination/DMO. Es wird durch die bisherige Entwicklung der DMO und deren Organisationsform beeinflusst. Im D/CB wird das Organisationsverhalten auf dem Absatz- wie auf dem Beschaffungsmarkt (Arbeits- oder Finanzmarkt) verkörpert, beispielsweise im Umgang mit Gästen, Mittlern und anderen Stakeholdern, aber auch intern mit den eigenen Mitarbeitenden, die entsprechend geprägt extern einheitlich agieren (vgl. Abb. 8.42). Intern sind u. a. Werte, Normen, Verhaltensregeln, Umgangsformen, Führungsstil, Hierarchien, Konfliktmanagement, Offenheit, Kunden- oder Innovationsorientierung sowie Leistungsanreize von Bedeutung, um Motivation und Zusammenarbeit zu fördern. Damit ist das D/CB das wirksamste Instrumentarium, das sowohl intern als auch extern wirkt und die D/CI am stärksten prägt.

Ähnlich wichtig ist die Destination/Corporate Communication (D/CC – vgl. Abb. 8.42), in der die Art und Weise interner und externer Kommunikation zum Ausdruck kommt. Die Kommunikation kann persönlich oder unpersönlich, schriftlich, digital oder elektronisch erfolgen (Corporate Language, Corporate Wording): Gespräche, Versammlungen, Feiern, Magazine, Intranet, Newsletter oder Schwarze Bretter. An der Art der internen Kommunikation werden der Umgang mit Mitarbeitenden, das Führungsverhalten, die Organisationsgrundsätze oder die (Kultur-)Offenheit deutlich. Die externe Kommunikation stellt sich in öffentlichen Verlautbarungen (PR), Werbebotschaften und -slogans (Corporate Advertising), Sponsoring, Events, Geschäftsberichten, Umwelt- und Sozialberichten, Geschäftsbriefen, Beschwerdemanagement etc. dar.

Das Destination/Corporate Design (D/CD) ist die visuell-formale Gestaltung der Destinationspersönlichkeit, die ihre Ausprägung in Organisations- oder Markennamen, Logos, Zeichen, Farbgebung, Schrift, Stil, Gestaltung bzw. Design findet (vgl. Abb. 8.41). Ein grundlegendes Designkonzept kann den Eindruck eines einzigartigen Stils und Profils vermitteln, auch verstärkt durch Gestaltung von Firmengebäuden (Corporate Architecture), die nach „Green Building"-Standards oder sogar als „Null"- bzw. „Plus"-Energie-Gebäude errichtet wurden. Zum D/CD gehören alle Elemente, die visuell erfasst werden können: Website, Web 2.0-Auftritte, Intranet, Briefbögen, Gebäude, Einrichtungsgegenstände, Fahrzeuge oder uniforme Dienstkleidung, Kataloge, Print-Medien, Messestände u. v. m.

Destination/Corporate Acoustic (D/CA – vgl. Abb. 8.41) nutzt akustische Reize gezielt zur Kommunikation. D/CA (auch Destination/Corporate Sound – D/CS) gibt der Persönlichkeit einer Destination immer häufiger auf akustischer Ebene zusätzlichen Ausdruck. Ähnlich wie das D/CD soll die D/CA dazu dienen, ein einheitliches akustisches Wiedererkennungsmerkmal (z. B. das Läuten des Kölner Doms) zu schaffen. Dies ist auch Ziel des sogenannten Audio-Brandings.

Musik, Klänge und Töne erregen Aufmerksamkeit, schaffen Emotionen und sollen die gewünschten Botschaften transportieren. Dies haben Unternehmen wie Beck's, Coca-Cola, Bacardi Rum und Langnese längst erkannt: Sie setzen auf Musik, um Freiheit, exotische Atmosphäre und Abenteuer zu kommunizieren. Die Telekom setzt nicht nur auf die visuelle T-Marke (Audio-Logo), sondern kommuniziert zusätzlich helle Klaviertöne als einprägsame akustische Erkennungsmarke. Audi nutzt als akustisches Logo ein laut schlagendes Herz. Auch einige Destinationen nutzen inzwischen inspirierende musikalische Untermalungen in Videos/Podcasts.

Der Destination/Corporate Identity-Politik fällt die strategische Aufgabe zu, die Teilbereiche (D/CD, D/CC, D/CB, D/CA) aufeinander abzustimmen und zu integrieren. So lässt sich eine Destination oder DMO mit Hilfe der D/CI eindeutig (neu) positionieren, damit sich auch alle Mitarbeitenden (interne Stakeholder) leichter mit ihr identifizieren können. Die D/CI erzeugt als Destination/Corporate Image ebenfalls eine starke Außenwirkung auf externe Stakeholder und die Öffentlichkeit (vgl. Abb. 7.4), insbesondere im Hinblick auf Vertrauen, Glaubwürdigkeit, Reputation, Akzeptanz oder die gewünschte Positionierung.

9 Beispiele aus verschiedenen Regionen

Die nachfolgenden Praxisbeispiele zeigen verschiedene Marketing- und Organisationsansätze unterschiedlicher Regionen bzw. Destinationen in Deutschland, Österreich, der Schweiz und Südtirol.

NRW Tourismusmarketing im Einklang mit Standortmarketing

Für die Förderung des Tourismus und der Standortattraktivität in Nordrhein-Westfalen ist das Ministerium für Wirtschaft, Innovation, Digitalisierung und Energie NRW zuständig. Die landeseigene Wirtschaftsförderungsgesellschaft NRW.INVEST vermarktet seit 1960 NRW international als Deutschlands Investitionsstandort Nr. 1. Bis 2010 lautete der Slogan „We love the new" (gemeinsam mit Tourismus), seitdem „Germany at ist best" (vgl. Abb. 9.1).

Abb. 9.1: NRW Marken und Slogans (NRW.INVEST 2020-1)

NRW.INVEST (NRW.INVEST 2020-2) sieht im Tourismus eine Doppelfunktion als beachtlicher Wertschöpfungsfaktor (7 % der NRW-Wirtschaftsleistung) und als Faktor zur Attraktivitätssteigerung des Arbeits- und Investitionsstandorts NRW durch die Verbesserung der Lebensqualität für alle Menschen (vgl. Abb. 9.1). Daher fördert NRW.INVEST auch die Tourismusbranche.

    Das Destinationsmarketing ist seit 1997 Aufgabe des touristischen Dachverbands Tourismus NRW e. V. – zu den rund 70 Mitgliedern des Tourismus NRW gehören das Ministerium für Wirtschaft, Innovation, Digitalisierung und Energie (größter Förderer), NRW.INVEST, beide Landschaftsverbände, 12 touristische Regionen des Landes,

https://doi.org/10.1515/9783486849424-009

diverse touristische Verbände, Organisationen, Institutionen und Unternehmen. Entsprechend der aktuellen Landestourismusstrategie liegen die Schwerpunkte der Managementtätigkeit in Marktforschung, Profilierung, Internationalisierung und Vernetzung (Tourismus NRW 2020-1).

Noch bis 2019 definierte die Tourismusstrategie Handlungsfelder und dazu passende Zielgruppen: Aktiv, Städte, Kultur, Natur und Genuss. Die Destination NRW präsentierte sich mit diesen fünf Angeboten und den 13 regionalen Marken (vgl. Abb. 9.2).

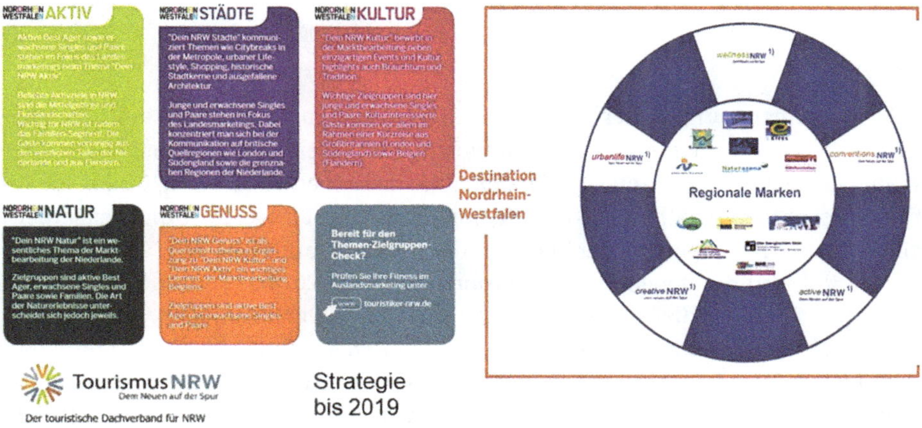

Abb. 9.2: Tourismusstrategie NRW 2009–2019 (Tourismus NRW 2020-4)

Auf Betreiben des Wirtschaftsministeriums wurde nach 10 Jahren Mitte 2019 eine neue Tourismusstrategie für NRW verabschiedet, in der Standort- und Tourismusmanagement zusammenrücken. Als Kernziel der Landestourismusstrategie wurde festgelegt, die Standortentwicklung in NRW durch den Tourismus zu stärken und dessen vielfältige Wirkungen in der Region insgesamt mehr zu beachten. Adressaten tourismusbezogener Aktivitäten seien nicht nur Gäste, sondern auch die Bevölkerung, Betriebe und deren Beschäftigte. Touristische Angebote stärkten die Attraktivität des Standorts NRW und erhöhten die Lebens- und Aufenthaltsqualität für alle (Tourismus NRW 2020-4, S. 15).

Tourismus NRW arbeitet auf Basis der Vision, dass NRW das wichtigste Kurzreiseziel in Deutschland und eine international erfolgreiche Destination sei. Tourismus NRW will Innovationstreiber und anerkanntes Kompetenzzentrum sein. Die Mission lautet, NRW als attraktives und erfolgreiches Reiseland zu etablieren und dem Reiseland NRW ein Gesicht zu geben (Tourismus NRW 2020-3).

Weiter heißt es im Leitbild, die Markenfamilie „DeinNRW" sei etabliert und begehrt, mit einem harmonisierten Erscheinungsbild soll die Marke „DeinNRW" gestärkt werden (vgl. Abb. 9.3). Die Marke ist verbindende Klammer des Reiselands

Abb. 9.3: NRW-Tourismuslogos und Broschüren (Tourismus NRW 2021)

NRW mit seinen touristischen Regionen. Sie baut auf den drei Werten „authentisch –
überraschend – kraftvoll" auf. Die Herkunftsmarke bildet dabei die alleinige visuelle
Klammer. Viele der geplanten Maßnahmen (Printmarketing, Internet/Onlinemarke-
ting, Messen/Veranstaltungen, Verkaufsförderung und Presse/Öffentlichkeitsarbeit)
sind offen für Beteiligungen der Städte und Regionen (Tourismus NRW 2020-5).

Im Rahmen der neuen Strategie (Tourismus NRW 2020-5) konzentriert sich die
Tourismus NRW auf die Unterstützung der regionalen Organisationen, die Inspirati-
on für Reisethemen sowie auf die elektronische Bereitstellung von Reiseinformatio-
nen. Bei der Bestimmung attraktiver Zielgruppen setzt Tourismus NRW nun auf die
Sinus-Milieus (vgl. Kap. 5.2 und Abb. 9.4) und fokussiert sich dabei auf das Adaptiv-
Pragmatische Milieu, das Expeditive Milieu, das Liberal-Intellektuelle Milieu und das
Milieu der Performer (Tourismus NRW 2020-5).

Abb. 9.4: NRW-Tourismusstrategie 2019, Erfolgsfaktoren, Zielgruppen und Quellmärkte (Tourismus
NRW 2020-5)

Aufgrund der in den letzten Jahren veränderten Bedingungen beeinflusse die Digitalisierung inzwischen alle touristischen Prozesse und durchdringe alle Phasen der touristischen Leistungskette. Aus diesem Grund sähen sich Tourismusverantwortliche zunehmend in der Rolle als positive „Lebensraumentwickler". Daher rückten Standortentwicklung und Tourismusmanagement immer mehr zusammen. Die neue Landestourismusstrategie gibt Empfehlungen, wie der erforderliche Wandel in der digitalen Welt gestaltet werden könne. Der Tourismus müsse nicht nur Sehnsüchte wecken, die mit einzigartigen Erlebnissen gestillt würden, sondern den Gästen auf digitalen Kanälen individualisierte und relevante Informationen zukommen lassen: Datenverfügbarkeit und durchgängiger Contentfluss seien durch digitale Innovationen und effektives Datenmanagement sicherzustellen (Tourismus NRW 2020-4, S. 15).

Also präsentiert sich Tourismus NRW auf YouTube (www.youtube.com/Tourismus NRW), Facebook (www.facebook.de/deinnrw), Instagram (www.instagram.com/deinnrw/), Twitter https://twitter.com/tourismusnrw und LinkedIn www.linkedin.com/company/tourismus-nrw. Das Branchenportal des Verbands im Internet soll seine Ausrichtung 2021 verändern: Wissensportal anstelle Newsportal. Weitere Details finden sich im Marketingplan (Tourismus 2020-6). Über jeweils aktuelle Maßnahmen und Werbekampagnen informiert das Portal: www.touristiker-nrw.de

Dort wird u. a. auf folgende aktuelle Aktionen und Publikationen hingewiesen: Unter dem Titel „15 × Radelfreuden in NRW" stellt der Verband im Radbooklet unterschiedliche Radwege in NRW vor. Im neuen Reisemagazin geht es auf 30 Seiten um die neue Radroute „Beuys & Bike" zum 100. Geburtstags des Künstlers Joseph Beuys und um besondere Orte in Nordrhein-Westfalen, die nicht selten Kunst und Natur miteinander verbinden: Ausstellungen, Industriekultur, Schlösser und Burgen (kostenlos unter www.dein-nrw.de/prospekte).

Im Rahmen des Projekts „NRW als Destination für Urban Lifestyle und Szene" – kurz #urbanana – haben Tourismus NRW und seine städtischen Partner neue Wege beschritten. Anstatt auf klassisches Sightseeing wird auf das kreative Leben und Erleben in unterschiedlichen Stadtvierteln, dem „Kiez", gesetzt. Urban-Art-Touren führen durch Szeneviertel oder bieten einen Blick hinter die Kulissen kleiner Modedesigner. Mit „FLOW.NRW" soll die Marke #urbanana unter Einbeziehung der kreativen Szene weiter ausgebaut werden, zugleich wird auch auf Zusammenarbeit mit der Digitalwirtschaft gesetzt, um NRW dadurch international sowohl als Reiseziel als auch als attraktiven Lebensort für ein global-mobiles Milieu zu positionieren. Damit wird eine zentrale Forderung der Landestourismusstrategie aufgegriffen, wonach Tourismus- und Standortentwicklung enger zusammenarbeiten und den Standort NRW stärken sollen (Tourismus NRW 2020-4, S. 19).

Im Jahr 2020 erhielt Tourismus NRW zusätzlich ein Budget in Höhe von 1,2 Mio. € für eine Sommerkampagne, um seinen Beitrag zur Sicherung der Existenz vieler Betriebe im Hotel- und Gaststättengewerbe zu leisten, die im Zuge der Corona-Krise unter massiven Umsatzeinbrüchen litten. Für die Destination Nordrhein-Westfalen wurde pünktlich zu den Sommerferien in Deutschland mit dem Titel „#rauszeitlust – Mach mal NRW!" geworben. Auf der Kampagnensite von NRW Tourismus finden sich die jeweils aktuellen Werbethemen: www.nrw-tourismus.de.

Münsterland e. V. als regionale Markenorganisation

Durch die Zusammenlegung der beiden Marketinginitiativen Münsterland Touristik – Grünes Band e. V. und der Aktion Münsterland e. V. wurde im Jahr 2009 der Verein zur Förderung des Münsterlandes als gemeinsame Regionalorganisation gegründet. Aufgabenfelder der Münsterland Touristik – Grünes Band e. V. waren der Tourismus und der Aktion Münsterland die Stärkung des Kultur- und Wirtschaftsstandorts (Münsterland e. V. 2020b). Die neue Regionalmanagementorganisation deckt die vier Bereiche Wirtschaft und Arbeit, Kultur und Tourismus ab und nutzte bereits wenig später ein erstes Logo (vgl. Abb. 9.5). Der Verein kooperiert auch mit dem Netzwerk Münsterland Qualität e. V. (ebenfalls 2009 gegründet), in dem sich Unternehmen der Ernährungsbranche und Gastronomiebetriebe zusammengeschlossen haben, um die Verbraucher für Münsterländer Erzeugnisse zu sensibilisieren (Netzwerk Münsterland Qualität e. V. 2020, Abb. 9.5).

Abb. 9.5: Logo des Münsterland e. V. 2013 (Münsterland e. V. 2020-2)

Dem Münsterland e. V. gehören aktuell die Stadt Münster, 65 Kommunen der Kreise Borken, Coesfeld, Steinfurt und Warendorf sowie einige Nachbargemeinden, Unternehmen, Kammern, Institutionen und Verbände an. Die ca. 300 Mitglieder aus dem Kreis der Verwaltung, wissenschaftlichen Institutionen, Unternehmen und Bürgern unterstützen den Münsterland e. V. dabei, die Marke Münsterland wahrnehmbar und durch gemeinsame Initiativen erlebbar zu machen. Mittels der Marke Münsterland sollen die Identität und die Besonderheiten der Region auf emotionale Weise vermittelt werden, damit das Münsterland seine Strahlkraft steigern kann (Münsterland e. V. 2020-5, S. 3).

Der Münsterland e. V. begann mit der IHK Nord Westfalen ab 2016 einen Markenidentitäts-Prozess, der 2019 in die neue Marke und den Marken-Claim „Münsterland. Das gute Leben" mündete. Die Marke Münsterland soll die Identität und Besonderheiten des Münsterlandes zum Ausdruck bringen und spiegelt die Werte der Münsterländer Bevölkerung: Gemeinschaftlich und tatkräftig aufstrebend, naturverbunden und überlegt. Das gute Leben im Münsterland wird über ein Logo (Bildmarke), die Wortmarke (Claim) und das neue Erscheinungsbild (Corporate Design) transportiert (vgl. Abb. 9.6, Münsterland e. V., 2020-4).

Um die Bekanntheit der Marke zu schärfen und zu verbessern steht sie allen Unternehmen und Organisationen zur Verfügung, die durch ihre Arbeit, ihre Produkte

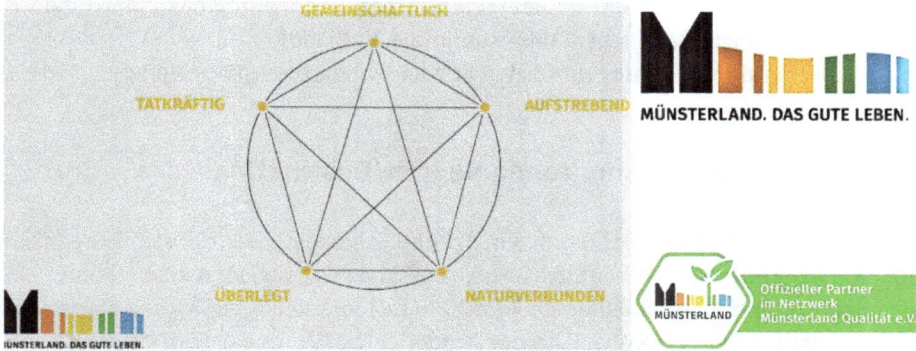

Abb. 9.6: Marke, Markenwerte und Markenclaim des Münsterlandes (Münsterland e. V. 2020-4/5 und Netzwerk Münsterland Qualität e. V. 2020)

Abb. 9.7: Projekte und Web 2.0-Präsenzen des Münsterland e. V. (Münsterland e. V. 2020-4/5)

oder Leistungen das Profil des Münsterlandes repräsentieren. Das Regionslogo darf im Co-Branding kostenfrei im Internet oder in Printmedien verwendet werden (Münsterland e. V. 2020-4).

Der Münsterland e. V. betreibt auch die Geschäftsstelle des Verbunds regionen.NRW, der seit 2013 die Zusammenarbeit der Regionen stärken und die strategische Kooperation mit der Landesregierung festigen soll (Münsterland 2020-5). Aktuelle Leitthemen des Münsterland e. V. lauten (Abb. 9.7):

– Das Lebensgefühl und Lebensqualität im Münsterland mittels des Leitthemas Picknick erlebbar machen durch das Projekt Picknick[3]
– Erlebnisregion Münsterland

–   Die Verbesserung der Gesundheit im ländlichen Raum durch das Projekt der FH Münster münster.land.leben. (Münsterland e. V. 2020d)
–   Die Fachkräftegewinnung durch den Service Onboarding@Münsterland.

Eifel als länderüberschreitende Region/Destination

Ende des 20. Jahrhunderts entstanden in der Eifel erste regionale Tourismusorganisationen. 1989 gründete sich der Eifel-Touristik NRW e. V. in Bad Münstereifel und 1996 die Eifelagentur e. V. in Schleiden. Im Jahr 2000 fusionierten diese Organisationen zur Eifel-Touristik Agentur NRW e. V. in der Nordeifel (NRW). In der Südeifel (RPL) entstanden 1990 die Vulkaneifel Touristik & Werbung (VTG) GmbH in Daun und 1996 der Touristik Service Südeifel in Bitburg, die 2000 zur Eifel Tourismus (ET) GmbH mit Sitz in Prüm fusionierten. Die beiden neuen Regionalorganisationen arbeiteten im Tourismusmarketing so gut zusammen, dass die Eifel-Touristik Agentur NRW e. V. Anfang 2003 weiterer Gesellschafter der Eifel Tourismus (ET) GmbH wurde (ET 2021-1).

Zeitgleich wurde mit dem Verkehrsamt der heutigen Tourismusagentur Ostbelgien die grenzüberschreitende Europäische Wirtschaftliche Interessensvereinigung (EWIV) Eifel-Ardennen Marketing gegründet. Der EWIV Eifel-Ardennen Marketing gehören inzwischen auch die Féderation du Tourisme de la Province de Liège und die Féderation Touristique de la Province du Luxembourg als Gesellschafter an (ET 2021-1).

Die Eifel Tourismus (ET) GmbH ist die touristische Marketingorganisation der Eifel, sie ist gleichzeitig auch für die Tätigkeitsfelder Standort, Kultur, Qualität und Eifel-Shop (vgl. Abb. 9.8) identitätstiftend verantwortlich. Im Leitbild der ET steht „Wir gestalten die Tourismusregion Eifel gemeinsam zu einer führenden Freizeitregion in Deutschland. Wir setzen uns dafür ein, dass alle Tourismusorganisationen in der Eifel und in der gesamten Eifel-Ardennen-Region institutionell zusammenarbeiten. [...] Der verantwortungsvolle Umgang mit den vorhandenen Ressourcen der Eifel ist unsere Richtschnur. [...] Die Basis unserer Angebote ist die vorhandene Vielfalt von Natur, Menschen und Produkten der Eifel. [...] Unsere Arbeit ist ein wesentliches Element zur Stärkung der heimischen Wirtschaftskraft." (ET 2021-1).

Die aktuelle Tourismusstrategie 2025 der Eifel ist das Ergebnis einer gemeinsamen Arbeit aller lokalen Tourismusorganisationen, der Schutzgebiete/Naturparks und der Wirtschaftsförderungsgesellschaften der Kreise in 2020. Darüber hinaus findet eine enge Verzahnung mit den beiden Landestourismusstrategien NRW und Rheinland-Pfalz statt. „Die gemeinsame Vision lautet: Die Eifel ist eine der lebenswertesten ländlichen Regionen im Herzen Europas. Gemeinschaftlich identifizieren und gestalten wir unsere zukünftigen Lebenswelten. Und das machen wir auf unsere ganz eigene Art: Ehrliches Handeln, tatkräftiges Anpacken und verlässliches Miteinander ..." (ET 2021-2).

Abb. 9.8: Werbemittelbeispiele der ET

Bereits in der Präambel des Gründungsbeschlusses der ET hatten sich die Gesellschafter verpflichtet, die Tourismusregion Eifel zu einer der bevorzugten Ferien- und Freizeitregionen in Deutschland zu formen. Oberstes Ziel der ET sei es, Vielfalt und Einmaligkeit dieser in weiten Teilen intakten Naturlandschaft zu bewahren und im Einklang mit Natur und Bevölkerung als einen bedeutenden Wirtschaftsfaktor zu erhalten und weiterzuentwickeln (ET 2021-2).

Seit 2009 verleiht die ET mit dem EifelAWARD einen Preis an Initiativen, Projekte und Unternehmen, die sich durch beispielhaftes Engagement und vorbildliche Initiativen innerhalb der Region Eifel-Ardennen verdient machen. Erster Preisträger war das Krimiland Eifel (Touristik Gerolsteiner Land), 2019 wurden zwanzig innovative Start-ups aus der Eifel ausgezeichnet, die mit neuen Ideen und Gründungen den Standort Eifel stärken (ET 2021-5).

Seit 2004 existiert die Regionalmarke EIFEL GmbH zur Markenführung der Regionalmarke EIFEL. Gesellschafter sind die ET und regionale Organisationen aus den Bereichen Landwirtschaft, Handwerk, Naturschutz und Tourismus. Inzwischen hat sich die Regionalmarke zur Qualitätsmarke (Slogan: Qualität ist unsere Natur) weiterentwickelt. Die Eifel verfügt mittlerweile über eine Dachmarkenarchitektur (EIFEL mit gelbem e), die mit den Einzelmarken „Eifel Gastgeber", „Eifel Produzent", „Eifel Arbeitgeber" und „Eifel Energie" – der vierfarbige Hintergrund symbolisiert die vier Qualitätsbereiche (Regionalmarke Eifel 2021). Im Co-Branding besteht die Markennutzung für ausgewählte Partner (vgl. Abb. 9.9).

Die Regionalmarke EIFEL GmbH initiiert und kontrolliert das gesamte Zertifizierungs- und Qualitätsmanagementsystem für alle vier Bereiche des Qualitätslogos. Zertifizierungen erfolgen nur dann an Betriebe, wenn kontrollierte Qualität und Regionalität transparent nachgewiesen werden. Strenge Qualitätskriterien und Kontrollen sollen die nachhaltige Stärkung der Region Eifel als Lebens-, Wirtschafts- und Kul-

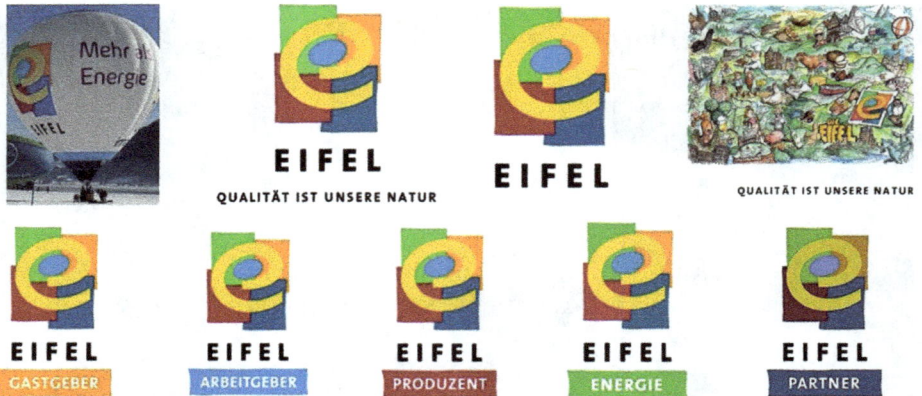

Abb. 9.9: Markenarchitektur der Regionalmarke Eifel (Regionalmarke Eifel 2021)

turraum fördern und mittelständische Strukturen in der ländlich geprägten Mittelgebirgsregion stärken (Regionalmarke Eifel 2021).

Die Markenpräambel verleiht diesem Anspruch Ausdruck: „EIFEL. Qualität ist unsere Natur.". Alle teilnehmenden Betriebe bekennen sich zu ihrer Verantwortung gegenüber dem Naturraum Eifel: „Wir wollen mit der Regionalmarke EIFEL einen Beitrag dazu leisten, dass die positiven Stimmungen, Vorstellungen und Erwartungen an die Eifel eine konkrete Basis erhalten und damit eine Unterscheidung zu vergleichbaren Produkten, Leistungen oder Angeboten anderer Regionen ermöglichen. Gleichzeitig soll die Regionalmarke EIFEL aber auch dazu beitragen, die Lebensqualität für die Bevölkerung zu sichern und zu heben und schließlich auch den Unternehmen über eine Nachhaltigkeitsstrategie Wettbewerbsvorteile zu verschaffen." (Regionalmarke Eifel 2021).

Strategisches Marketing für das Allgäu

Im Januar 2011 fusionierten die Allgäu Marketing GmbH und Allgäu Initiative GbR zur Allgäu GmbH, um die Entwicklung und Vermarktung der Tourismus- und Wirtschaftsregion mit der Marke Allgäu unter einem Dach zu bündeln. Der Tourismusverband Allgäu/Bayerisch Schwaben und die Allgäuer Regional- und Investitionsges.m.b.H halten jeweils 25,2 % der Gesellschaftsanteile, den Rest private Gesellschafter, meist aus dem Tourismus (Allgäu 2021-4).

Zu den Aufgaben der Allgäu GmbH gehören das Tourismus- und Standortmanagement, das Marketing für alle Bereiche und das Management der Marke Allgäu. Ziel ist auch eine enge Kooperation mit weiteren Akteuren und Gruppen wie dem Regionalen Planungsverband, der Euregio Via Salina und den Leader-Gruppen (Allgäu 2021-4).

Die Vision Allgäu 2030 lautet: „Das Allgäu ist führend als zukunftsorientierter und leistungsstarker Gestaltungsraum für individuelles Leben, Arbeiten und Urlauben im ländlichen Raum. Es zeichnet sich durch maßvolles und nachhaltiges Wirtschaften, erfrischende Originalität und gesundes Leben aus." (Allgäu 2021-1).

Das „Allgäu-Versprechen" aller regionsverbundenen Mitarbeiter lautet, den attraktiven, sanft-alpinen Lebensraum des Allgäus für die Zukunft zu schützen und im Einklang von Ökologie und Ökonomie zu bewahren.

Ziel der Allgäu-Strategie 2030 ist, das Allgäu als führenden zukunftsorientierten und leistungsstarken Gestaltungsraum für individuelles Leben, Arbeiten und Urlauben im ländlichen Raum zu positionieren, dazu wurden fünf Oberziele festgelegt (Allgäu 2021-2):

- Klares gemeinsames Qualitätsverständnis auf Basis der Kernwerte und Essenz der Marke Allgäu und kontinuierliches Streben nach Spitzenleistungen
- Das Allgäu erreicht als attraktiver und hochqualitativer Lebens- und Arbeitsraum außergewöhnlich hohe Begehrlichkeit als Arbeitgebermarke
- Alle wirtschaftlichen Handlungen sind ressourcenschonend ausgerichtet
- Hohe Wettbewerbsfähigkeit durch sichergestellte (digitale) Konnektivität
- Netzwerke und interdisziplinärer Austausch im Allgäu sind auf optimales gemeinsames und zielgerichtetes Arbeiten ausgerichtet

Die Region Allgäu hat in einem Strategieprozess ihre frühere Strategie 2020 ergänzt und bis 2030 fortentwickelt (Allgäu 2021-3), dabei folgende strategische Handlungsfelder definiert:

- Marke ist Emotion & Qualität
- Strategische Steuerung
- Lebens- und Arbeitsraum
- Digitale Konnektivität
- Allgäuer Netzwerke und interdisziplinärer Austausch

Seit 2009 erfolgte die Ausdehnung des Allgäu Logos über die vorwiegend touristisch-freizeitorientierte Verwendung hinaus zur Dachmarke Allgäu mit Wort-Bildmarke, um das positive Image auf Unternehmen und Produkte des Allgäus zu übertragen. Das quadratische blaue Allgäu Markenzeichen soll als Siegel für Qualität und Nachhaltigkeit und die gemeinsamen Werte der Region repräsentieren. Das Corporate Design legt genaue Maße des blauen Quadrats, die Farbe, Schriften und Gestaltungsrichtlinien fest, die auch für die Werbung, Werbemittel und die Verwendung bei Partnern gilen (Allgäu 2021-5, Abb. 9.10).

Im Rahmen der aktualisierten Markenstrategie wird das Ziel verfolgt, der begehrteste Lebensraum für Leben, Arbeiten und Urlauben im ländlichen Raum Deutschlands zu werden. Für die Marke wurden vier Markenkernwerte herausgearbeitet: Ehrenwert, heilsam, friedlich und originell. Die Markenessenz soll die Identität der Mar-

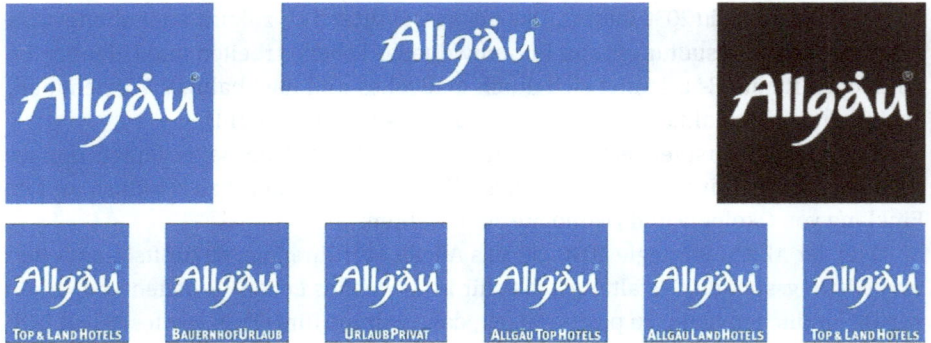

Abb. 9.10: Dach- und Submarken Allgäu (Allgäu 2021-5)

ke ausdrücken (Allgäu 2021-5). Der Wert FRISCH durchdringe dabei alle Lebensberei-
che des Allgäus: Frisch im Sinne von ...

– neu, rein, sauber, unberührt, unverbraucht
– kühl, kalt, rau, frostig, luftig
– knusprig, knackig, appetitlich, ofenwarm, frischgebacken
– gesund, lebhaft, hell, blühend, jung, kraftvoll, leuchtend
– erneuert, ausgeruht, erholt, wohlauf, leistungsfähig, rüstig
– innovativ, originär, neuartig, eigenständig

Die Marke Allgäu soll mit ihren Markenwerten und ihrer Markenessenz „FRISCH"
richtungsweisend für die nachhaltige und zukunftsorientierte Entwicklung des Allgäu
sein. Sie löse auf erfrischende Art und Weise den scheinbaren Widerspruch zwischen
konservativ und innovativ (Allgäu 2021-5).

Interessierten Unternehmen wird bei der nachweislichen Regionalität und Nachhaltigkeit des Angebots eine Markenpartnerschaft angeboten, die einen Wettbewerbs-
vorteil hinsichtlich Qualität, Umweltschutz und Nachhaltigkeit bieten soll. Mehr als
500 Markenpartner (Co-Branding) aus dem Allgäu haben bisher davon Gebrauch gemacht. Vier dieser Markenpartner sind auch zu Markenbotschaftern geworden. Allen
Partnern werden Werbeunterstützung und Werbemittel angeboten (vgl. Abb. 9.11).

Für jeden Gast gratis ist die elektronische Gästekarte Allgäu-Walser-Card, die jeder Gast bei der Anreise kostenlos von seinem Gastgeber erhält – damit lassen sich
mehr als 100 Freizeit-Attraktionen und Erlebnis-Angebote preiswerter nutzen. Die
KÖNIGSCARD-Gästekarte erhält man bei einer KÖNIGSCARD-Unterkunft, mit ihr lassen sich kostenlos 200 Leistungen im Allgäu, in Tirol und Oberbayern nutzen. Mit
der kostenpflichtig zubuchbaren VIELcard für 4,7 oder 14 Tage erhalten Gäste freien
Zugang zu weiteren 70 Attraktionen und Bahnen im Allgäu und Kleinwalsertal (Allgäu
2021-6).

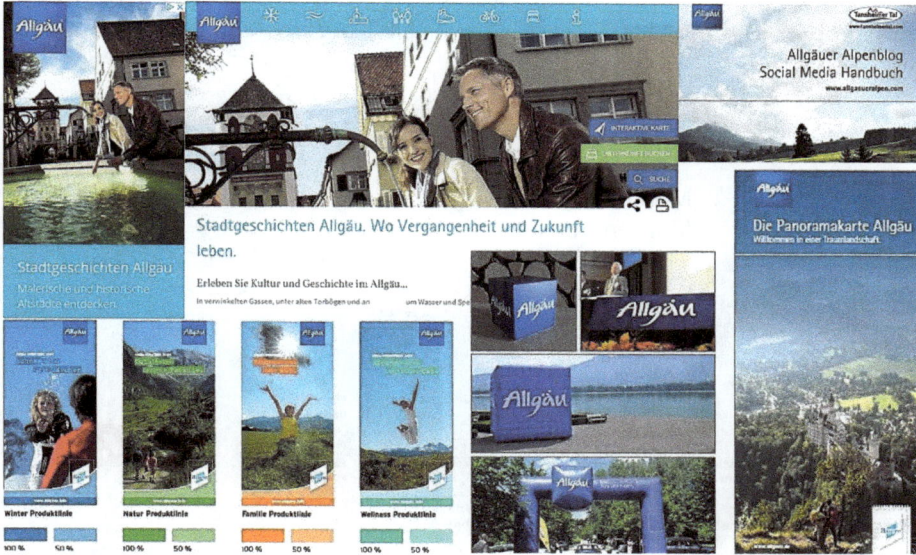

Abb. 9.11: Werbemittel und Werbehilfen der Region Allgäu

Lebensraum-Marketing und Marke Tirol

Im österreichischen Bundesland Tirol wurden sehr frühzeitig die Vorteile einer gemeinsamen touristischen Vermarktung erkannt.: 1989 gründete sich der Verein „Tirol Werbung", acht Jahre später fusionierten die 254 lokalen Tourismusverbände (Einbindung in das Tyrol Tourism Board erst 2012), um für Tirol insgesamt zu werben. Danach wurden die Tourismusstrategie „Neuer Tiroler Weg" entwickelt und das Tochterunternehmen „Tirol Shop GmbH" gegründet. Seit 2003 ist die Tirol Werbung ebenfalls zuständig für das Tiroler Standortmarketing, ab 2004 mit der Gründung des Convention Bureau Tirol auch für Tagungen und Kongresse.

2006 wurden die Potenziale einer gemeinsamen Marke für die Region Tirol erkannt. Im Rahmen fundierter Evaluierungen zur Erweiterung der touristischen Marke auf den gesamten Standort wurden alle Chancen und potenzielle Gefahren analysiert. Bei der Formulierung der Markenstrategie wurden drei zentrale Profilierungsfelder für die Region Tirol definiert: Tourismus, Forschung & Bildung und Wirtschaft. Entsprechend wurden die Marke Tirol neu positioniert und die Markeninhalte detailliert beschrieben.

Die Markenpositionierung bringt dabei die Kernwerte und Leistungsversprechen der Marke Tirol auf den Punkt (vgl. Abb. 9.12 und Wiesner 2013, S. 226 ff.).
–   Urlaubsparadies im Herz der Alpen: Gäste genießen ein unvergleichliches Erlebnis, den erstklassigen Service und die gelebte Gastfreundschaft.

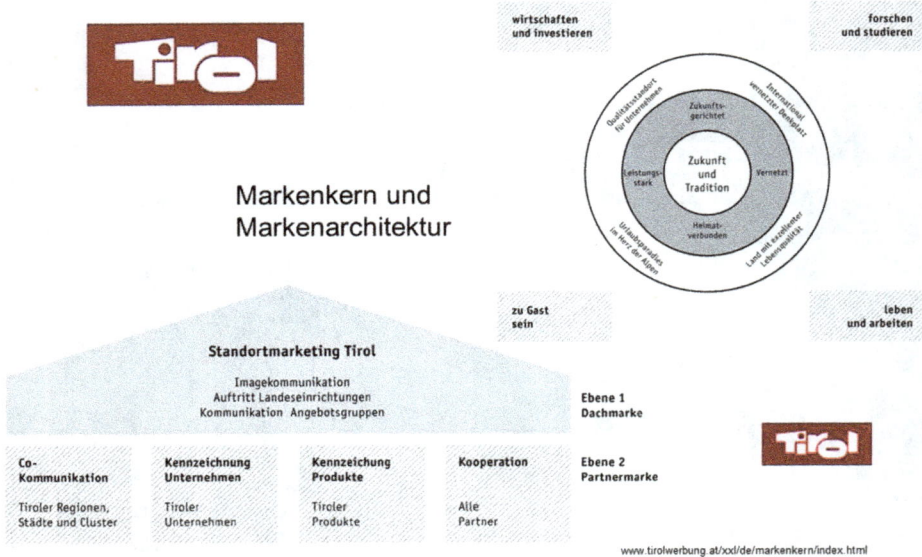

Abb. 9.12: Dachmarke Tirol (Quelle: Wiesner 2013, S. 228)

- Qualitätsstandort für Unternehmen: Hochqualifizierte, engagierte Menschen und eine moderne Infrastruktur bieten beste Voraussetzungen für Spitzenleistungen.
- International vernetzter Denkplatz: Wissenschaft und Forschung spielen traditionell eine bedeutende Rolle und prägen den Fortschritt auf internationaler Ebene mit.
- Land mit exzellenter Lebensqualität: Die intakte Natur, kurze Wege und vielfältige Entwicklungsperspektiven ermöglichen eine erfolgreiche und gesunde Lebensgestaltung.
- Zukunft und Tradition: Wissbegierig und geprägt vom Leben in den Bergen richten die Tiroler ihren Blick seit je nach vorn und bleiben sich doch stets treu. So gestalten sie erfolgreich ein Land, wo im Zusammenspiel von Beständigkeit und Erneuerung schon heute eine lebenswerte Zukunft entsteht (Wiesner 2013, S. 227)

Die Vision „Tirol ist der Inbegriff alpinen Lebensgefühls" ist Basis für die aktuelle Version der Strategie „Der Tiroler Weg 2021". Diese baut auf drei strategischen Leitlinien auf:
- Tirol ist Lebens- und Erholungsraum zugleich
- Der Tiroler Tourismus ist familiengeprägt
- Tirol ist anerkannter Kompetenzführer im alpinen Tourismus

In vier Handlungsfeldern sollen die Leitlinien umgesetzt werden, diese lauten: „Unternehmer & Mitarbeiter", „Destinationsmanagement", „Umwelt & Klima" sowie „Tourismus & Standort" (Tirol Werbung 2020-2). Im operativen Auftritt nutzen alle Bereiche die gleiche Tonalität, die gleiche Bilderwelt sowie das gleiche Design zur Ansprache der unterschiedlichen Zielgruppen. Die Präsenz Tirols auf allen Kanälen des (mobilen) Internets und des Webs 2.0 wird professionell gemanagt.

Die Tirol Werbung GmbH und ihre Tochterunternehmen sind seit 2019 Teil der Lebensraum Tirol Holding, die auch das Standort- und Agrarmarketing Tirols bündelt (vgl. Abb. 9.13). Mit der Holding hat das österreichische Bundesland eine schlagkräftige und gut finanzierte Regionsorganisation für Tirol geschaffen, die möglichst alle relevanten Kräfte bündeln soll.

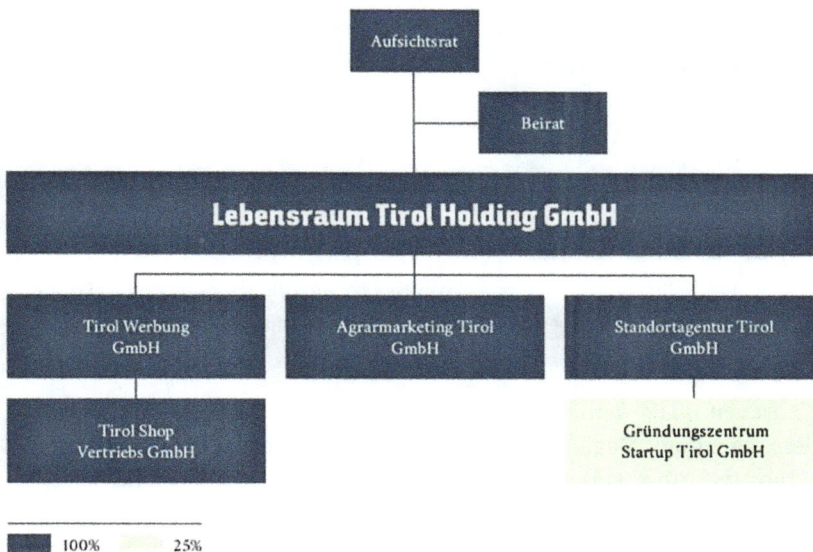

Abb. 9.13: Struktur der Lebensraum Tirol Holding (Lebensraum Tirol 2020b)

Die Vision der Marke Tirol lautet nun: „Tirol ist der begehrteste Kraftplatz der alpinen Welt." Sie ist das leidenschaftliche Plädoyer für das tägliche Engagement der Tiroler für den gemeinsamen Lebens- und Wirtschaftsraum. Die Holding bündelt Kräfte und vernetzt relevante Akteure, um die Wirkung der Marke Tirol zu erhöhen (Lebensraum Tirol 2020-1). Wichtigste Aufgabe der Holding „ist es, den einzigartigen Lebensraum Tirol für die nächsten Generationen zu bewahren und weiterzuentwickeln." (Lebensraum Tirol 2020-2).

Südtiroler Marke und Standortorganisation

Bereits bis zur Mitte der 1970er Jahre gab es in Südtirol/Italien verschiedene Initiativen von Branchen/Verbänden zur Nutzung der regionalen Herkunftsbezeichnung. Aus diesem Grund existierten damals viele unterschiedliche Logos oder Marken mit Bezug zu Südtirol.

Mit Inkrafttreten des Zweiten Autonomiestatuts 1972 erhielt die italienische Provinz Südtirol weitreichende Kompetenzen zur Wirtschaftsförderung und betraute die Handelskammer Bozen mit entsprechenden Aufgaben. Mit der Einführung der Schutzmarke Südtirol (vgl. Abb. 9.14) wurde schon 1976 ein Schritt zu einer kollektiven produktübergreifenden Vermarktung Südtiroler landwirtschaftlicher Erzeugnisse vollzogen. Es war das erste regionale Qualitätszeichen in Europa.

Abb. 9.14: Frühere Schutzmarke Südtirol und ehemaliges Tourismuslogo (APB 2020-3)

In der touristischen Imagewerbung etablierte sich das Logo „Südtirol – Alto Adige" (auch mit der Ergänzung: „Magie der Vielfalt"), welches schnell einen hohen Bekanntheitsgrad errang (vgl. Abb. 9.14). Doch fehlte immer noch eine gemeinsame Botschaft unter einem gemeinsamen Markenauftritt (APB 2020-3). Auch aufgrund veränderter rechtlicher Rahmenbedingungen bestand um die Jahrtausendwende die Notwendigkeit zur Schaffung eines neuen EU-konformen Qualitätszeichens.

Mit der Gründung der Südtiroler Marketing Gesellschaft (SMG) als Aktiengesellschaft mit Landesbeteiligung im Jahr 2000 wurde ein mehrjähriger Prozess zur Bildung einer Dachmarke für Südtirol initiiert. Zu den Aufgaben der SMG gehörten das Markt-, Marken- und Destinationsmanagement für die Provinz. Gemeinsam mit Landesregierung, Handelskammern, Herstellerverbänden, weiteren Stakeholdern und Agenturunterstützung wurde zunächst der Markt analysiert. Daraufhin wurden in 2003 die gemeinsame Markenidentität und Positionierung für Südtiroler Erzeugnisse, Dienstleistungen und den Tourismus festgelegt. Danach wurden die Markenarchitektur definiert und 2004 die Marke (mit Markenwerten – vgl. Abb. 9.15) entwickelt sowie das Corporate Design festgelegt (vgl. Abb. 9.16). Das neue Erscheinungsbild besteht aus den so genannten „Basiselementen": Dachmarken-Zeichen, Südtirol-Panorama, Südtirol-Schrift und dem spezifischen Farbklang.

Südtirol ist die kontrastreiche Symbiose aus alpin und mediterran, Spontaneität und Verlässlichkeit, Natur und Kultur.

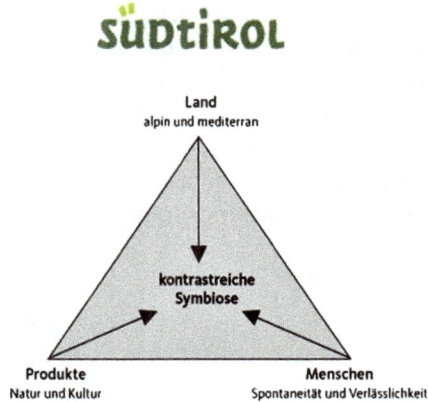

Abb. 9.15: Dachmarkenentwicklung für Südtirol (nach Wiesner 2013, S. 225)

Abb. 9.16: Dachmarke Südtirol mit Sub-Marken (APB 2020-2)

Mit Beschluss der Südtiroler Landesregierung wurde die Dachmarke im Januar 2005 freigegeben und seitdem bei Marketingmaßnahmen verschiedener Sektoren eingesetzt. Im gleichen Jahr wurde auch die Schutzmarke Südtirol an die Dachmarke angepasst (vgl. Abb. 9.16). Es entstand das Zeichen „Qualität Südtirol" bei dem die Qualität der 15 Produkte bzw. Produktgruppen in den Vordergrund der Kommunikation rückte (IDM 2020-2). Auf Basis eines eigenen Landesgesetzes werden nun Produkte gefördert, die ein hohes Qualitätsniveau und eine transparente Rückverfolgbarkeit gewährleisten. Dazu zählen auch Produkte, die eine g.g.A. (geschützte geographische Angabe) oder g.U. (geschützte Ursprungsbezeichnung) der EU tragen (vgl. Abb. 9.16).

Die Globalisierung, die Digitalisierung und die steigende Bedeutung der Themen Nachhaltigkeit und Mobilität waren in den Jahren 2013-5 Anlass für eine Überarbeitung der Marke Südtirol. Auf Grundlage des Identitätsmodells der Region Südtirol wurden neben dem Tourismus und den Lebensmitteln als dritter Markenkern-Bereich die Naturprodukte (Naturkosmetik, Mineralwasser und handwerkliche, regionsbezogene Produkte) hinzugenommen (vgl. Abb. 9.17). Als ergänzende Kompetenzfelder wurde die grüne und alpine Kompetenz aufgenommen.

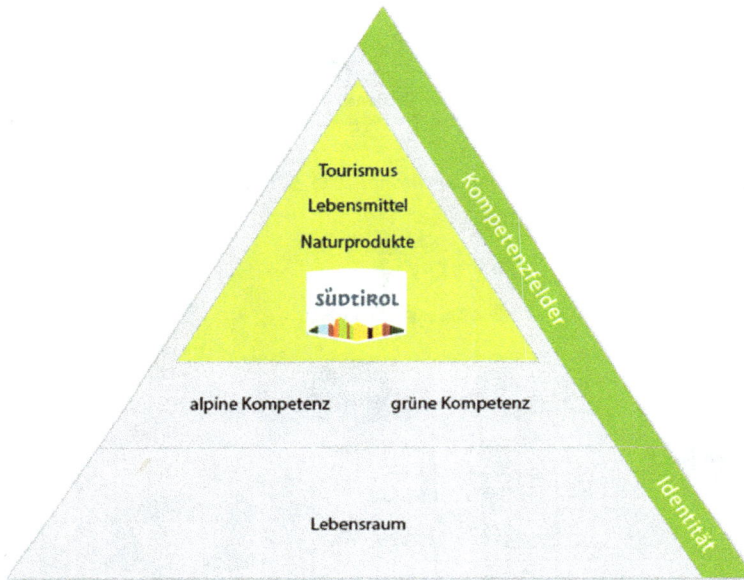

Abb. 9.17: Kompetenzfelder der Dachmarke Südtirol ab 2015 (APB 2020-3)

2018 wurde das Corporate Design überarbeitet: Im neuen Dachmarkenauftritt bilden nun die Wortmarke „Südtirol", das vereinfachte Südtirol-Panorama und der weiße Hintergrund eine Einheit in einem Südtirol-Badge bzw. Südtirol-Pointer (vgl. Abb. 9.16 unterer Bereich). Das zuvor verwendete Grün wird durch Schiefergrau abgelöst. Der Südtirol Badge wird im Co-Branding eingesetzt, der Südtirol-Pointer ist der IDM und der Autonomen Region Bozen vorbehalten (APB 2020-2).

Die SMG (Destinations- und Markenmanagement) war seit 2005 zusammen mit weiteren Organisationen, wie die Export Organisation Südtirol (EOS) für g.g.A.-Produkte, die Business Location Südtirol (BLS) für den Standort und Techno Innovation Südtirol (TIS), verantwortlich für die institutionelle Kommunikation der Marke Südtirol. 2016 fusionierten die vier Gesellschaften des Landes: Aus TIS, BLS, SMG sowie EOS ging die gemeinsame Gesellschaft IDM Südtirol – Alto Adige AG (Sonderbetrieb der Handelskammer Bozen und des Landes Südtirol) hervor. Seitdem liegt die Verantwortung für die Dachmarke bei der IDM (IDM 2020-3).

Die Dachmarke wird nicht nur von der IDM und der Provinz verwendet, sondern sie kann von verschiedenen Akteuren im Co-Branding genutzt werden: Touristische und branchennahe Unternehmen/Organisationen verwenden die Destinationsmarke, Produktions- und Dienstleistungsbetriebe verwenden das Standortzeichen, Produzenten kontrollierter und qualitativ hochwertiger Lebensmittel verwenden das Qualitätszeichen Südtirol. Der Südtiroler Apfel und der Südtiroler Speck mit „geschützter geografischer Angabe" tragen das g.g.A.-Zeichen, die Südtiroler DOC-Weine nutzen die Marke „Südtirol Wein" (vgl. Abb. 9.16).

2019 wurde der IDM-Betriebszweig Innovation an die neu gegründete NOI AG abgetreten, die für die Planung, den Bau und die Entwicklung des NOI Techpark zuständig zeichnet. Die IDM wird zusätzlich zum Dienstleister für Unternehmensentwicklung (Abteilung Business Development – IDM 2020-3). Damit wird das Profil der IDM geschärft und so ist eine umfassende Marketingorganisation für Südtirol entstanden, die alle Unternehmen und Dienstleister, insbesondere Filmschaffende, Tourismusunternehmen und landwirtschaftliche Erzeuger, aus Südtirol unterstützt.

Marken- und Regionalmanagement im Kanton Graubünden

Schon seit fast 100 Jahren wird in Graubünden Tourismusmarketing betrieben. Um sich klar zu positionieren und von möglicher Konkurrenz abzuheben wurde im Kanton eine touristische Anbietermarke etabliert: St. Moritz nutzt bereits seit 1930 die Markenzeichen Sonne und Schriftzug. Die Sonne ist seit 1937 in vier Varianten gesetzlich geschützt, der Schriftzug seit 1986. Seit 1987 ist die Marke St. Moritz auch mit ihren Farben und dem Slogan bzw. Claim „Top of the World" als erster Ortsname weltweit geschützt. Zuletzt wurde das Logo im Jahr 2010 aufgefrischt (vgl. Abb. 9.18): Die Sonne wurde ins Zentrum gerückt und die Wortmarke nun in dunkelblau abgebildet. Nur Ortsansässige dürfen die Marke für ein hochwertiges Co-Branding-Angebot kostenfrei nutzen (Engadin St. Moritz Tourismus 2020).

Später hat sich die Region Engadin mit St. Moritz und anderen Gemeinden für eine Zwei-Markenstrategie entschieden: St. Moritz als international hochwertige Marke und als Türöffner für die Fernmärkte, das Engadin bedient mit seinem vielfältigen Angebot die Nahmärkte insbesondere der Schweiz. Engadin ist eine Dachmarke, die auch in Kombination mit St. Moritz genutzt wird. Die Region Engadin und alle Orte können seit fast 20 Jahren zusätzlich die überregionale Dachmarke des größten Schweizer Kantons „graubünden" mit dem Markensymbol des Steinbock-Geweihs (vgl. Abb. 9.19) nutzen (Brand Trust 2017).

Im Jahr 2003 wurde die Kantonsmarke „graubünden" mit Logo kreiert, die seit 2007 von „Graubünden Ferien" (GRF) im Auftrag des Kantonsamts für Wirtschaft und

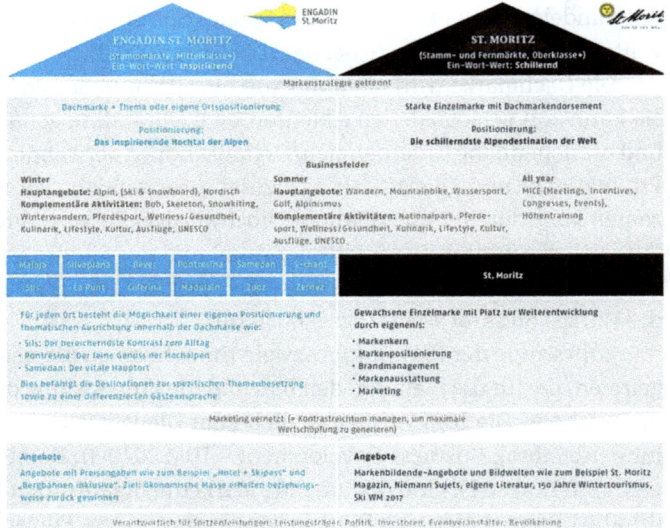

Abb. 9.18: Markenarchitektur Engadin St. Moritz und Graubünden (Homepages der Organisationen und Brand Trust 2017)

Abb. 9.19: Kompetenzhaus der Marke Graubünden (Graubünden Ferien 2015)

Tourismus geführt wird. Seitdem werden zusammen mit Partnern Werbekampagnen mit Schwerpunkt Tourismus unter dem Motto „Graubünden – die Schweizer Urlaubsregion Nr. 1" durchgeführt.

Der Steinbock als Imageträger steht nicht nur im Zentrum der Marke graubünden sondern auch der Kampagnen: Die Steinböcke Gian und Giachen tragen als inzwischen kultmäßig etablierte Werbeelemente zur sehr guten Werbeerinnerung der Region bei – die Kampagnen wurden auch deshalb mit vielen nationalen und internationalen Preisen ausgezeichnet.

Die Identität und das Erscheinungsbild der Marke werden mittels einer Markenplattform mit Vision, Mission, Werten und Markenidee sowie die CD-Grundlagen (Markenarchitektur, CD-Manual etc.) definiert. Die Vision lautet: „Wir machen Graubünden Ferien mit allen Mitarbeitenden zur führenden, kompetentesten Tourismusorganisation im Alpenraum." (Graubünden Ferien 2015). „Gemeinsam mit unseren Partnern schaffen wir Mehrwert für unsere Kunden und Gäste, mit dem Ziel, sie für Graubünden zu begeistern. Unser Tun ist geprägt durch Gästeorientierung, Marktpräsenz und Leadership" (Graubünden Ferien 2015) ist die Mission seit 2014. Die Strategie trägt den Titel „Der Weg ist das Ziel". Alle Projekte und Maßnahmen sind nach den Säulen des GRF-Kompetenzhauses (vgl. Abb. 9.19) gegliedert: Marktentwicklung als Kernkompetenz, Produktentwicklung und Themenmarketing, Branding sowie Systeminnovation.

Als Folge einer völlig neuen Marktsituation nach der Aufhebung des Euro-Mindestkurses gegenüber dem Schweizer Franken durch die Schweizerische Nationalbank wurde die damalige Unternehmensstrategie 2014–2018 einer Überprüfung unterzogen. Aufgrund der Ergebnisse wurde die Strategie ab 2017 angepasst. Hauptziel der Strategie 2017–2020 war es, neue Gäste zu gewinnen und bestehende Gäste zu binden, die Strategie hatte drei Stoßrichtungen: Innovation und Führung, Produktentwicklung und Vermarktung, Shared Services (Graubünden Ferien 2016, vgl. Abb. 9.20).

Die Graubündner Regierung hat ab 2017 (zunächst für drei Jahre, inzwischen für weitere drei Jahre) die Organisation und Führung der Marke graubünden der neuen „Geschäftsstelle Marke graubünden" (clerezza GmbH) übertragen, um den Wert der Marke besser und breiter zu nutzen. Neues Ziel ist die Umsetzung der Markenidee „NaturMetropole der Alpen" zu vertiefen und voranzutreiben (Geschäftsstelle Marke graubünden 2018, S. 7). Der Begriff soll für eine intensive Ansammlung von Natur- und Kulturerlebnissen stehen, die Graubünden prägen, auszeichnen und von den Wettbewerbern differenzieren.

Als Umsetzungsstrategie für die „NaturMetropole" wurde eine „Strategische Roadmap Marke graubünden 2017–2019" erstellt. Daraus wurden die Handlungsfelder in acht Themenbereichen für die Marke als Kantonsinstrument abgeleitet (vgl. Abb. 9.21). Es handelt sich um einen branchenübergreifenden Ansatz der neuen Regionalmarke.

Die Ausrichtung auf eine branchen- und regionenübergreifende Markenstrategie soll alle Kräfte bündeln, um die Attraktionen und Möglichkeiten der Region Graubünden zu kommunizieren. Um diese Kräfte bestmöglich zu nutzen, sollen zwei Wege beschritten werden: „Die Regionenmarke graubünden" und „graubünden ist zu Gast bei Partnern", um die Vielfalt des Kantons auf einfache Art zu verkaufen. Die Marke graubünden soll Wirtschaft, Transport, Produkte, Kultur, Bildung & Forschung sowie

Abb. 9.20: GRF-Strategie 2017–2020 (Graubünden Ferien 2016)

Abb. 9.21: Handlungsfelder für die Regionenmarke Graubünden (Geschäftsstelle Marke graubünden 2018, S. 16)

Ferien & Freizeit transportieren und gleichzeitig die Orte und Produkte mit nachhaltigem Wert für Bewohner und Gäste repräsentieren (Marke graubünden 2020, S. 3 und Abb. 9.19/9.21).

Als erstes Profilprojekt der „NaturMetropole" im Themenfeld „Brutal Lokal" (vgl. Abb. 9.19) wurde 2019 das Genussprogramm graubündenVIVA lanciert. Bis 2022 sollen die CD-Grundlagen der Marke aktualisiert werden, weitere Themenfelder vertieft und

1. Die Regionenmarke
graubünden steht für alle getätigten und zukünftigen kulturellen und wirtschaftlichen Leistungen der Region Graubünden.

2. Destinations- und Unternehmensmarken
Für unsere touristischen Aushänge-schilder haben wir die Destinations-marke geschaffen. Sie sichert grösstmögliches Synergiepotential.

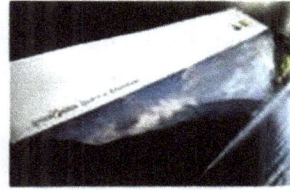

5. Partnerauftritt
Wir sind «zu Gast bei» Partnern mit einer starken eigenen Marke und ergänzen deren Auftritt durch einen Anteil graubünden.

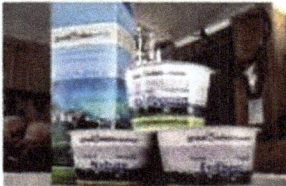

3. Produktmarken
Mit Partnern, die starke Produkte oder Angebote vertreten und diesen ein Profil verleihen können, erarbeitet graubünden übergreifende Marken.

4. Event- und Attraktionsmarken
Unsere Attraktionspunkte sowie Events sportlicher und kultureller Art bringen die jeweilige Kern-kompetenz und Ausprägung indivi-duell zum Ausdruck, bezeugen ihre Herkunft aber einheitlich und wiedererkennbar.

6. Qualitätsauszeichnung
In seiner knappsten Form wird der Partnerauftritt zur Auszeichnung «ein Stück graubünden» und das Markenzeichen zum Capricorn. Diese Qualitätsauszeichnung weist in konzentrierter Form auf unsere Stars hin.

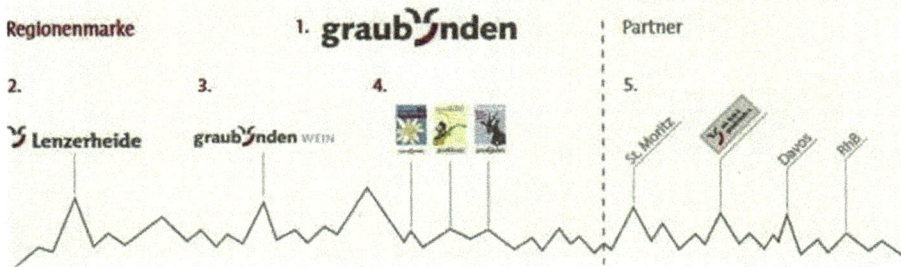

Abb. 9.22: Aufgaben der Regionenmarke graubünden (Marke graubünden 2020, S. 4)

die Wahrnehmung der Marke messbar erweitert werden. Dabei sollen auch die Quer-schnittsthemen Kultur und Nachhaltigkeit Beachtung finden. Um in Pandemie Zeiten Touristen Sicherheit zu bieten, wird die nationale Aktion und Kampagne „Clean & Safe" mit Schutzkonzepten der Leistungsträger unterstützt: clean-and-safe.ch.

Lag der Fokus der Regionskommunikation bisher auf touristischen Inhalten, nimmt die neue Offensive (2019-22) mit dem Titel „Enavant 4.0" auch andere Facetten und Leistungen des Kantons in den Blick: Attraktiver Tech- und Industriestandort, Hochburg des alpinen Genusses, Gesundheitsregion (vgl. Abb. 9.22). Für die übergeordnete Markenkampagne ist die Geschäftsstelle Marke graubünden, für die Umsetzung im Bereich Tourismus weiterhin Graubünden Ferien verantwortlich (Geschäftsstelle Marke graubünden 2020b, S. 20 ff.). Erste Schritte auf dem Weg zu einer übergreifenden regionalen Marken-Organisation sind damit gemacht.

Literatur- und Quellenverzeichnis

Allgäu GmbH Gesellschaft für Standort und Tourismus (2021-1): Das Allgäu, ein attraktiver Wirtschaftsstandort, online unter (9.4.2021) https://extranet.allgaeu.de/standortstrategie.

Allgäu GmbH Gesellschaft für Standort und Tourismus (2021-2): 5 (Ober-) Ziele, online unter (9.4.2021) https://extranet.allgaeu.de/oberziele-tourismus.

Allgäu GmbH Gesellschaft für Standort und Tourismus (2021-3): Destinationsstrategie Allgäu 2030, online unter (9.4.2021) https://extranet.allgaeu.de/destinationsstrategie.

Allgäu GmbH Gesellschaft für Standort und Tourismus (2021-4): Allgäu GmbH – Gesellschaft für Standort und Tourismus, online unter (9.4.2021) https://extranet.allgaeu.de/allgaeu-gmbh-gesellschaft-fuer-standort-und-tourismus.

Allgäu GmbH Gesellschaft für Standort und Tourismus (Allgäu) (2021-5): Vom Tourismuslogo zur Qualitätsmarke für Standort und Tourismus, online unter (9.4.2021) https://extranet.allgaeu.de/marke.

Allgäu GmbH Gesellschaft für Standort und Tourismus (Allgäu) (2021-6): Gästekarten im Allgäu – Urlaub mit Mehrwert, online unter (9.4.2012) www.allgaeu.de/gaestekarten.

Allgemeiner Deutscher Fahrrad-Club e. V. (ADFC) (2021): ADFC-RadReiseRegion – das Siegel, online unter (13.4.21) www.adfc.de/artikel/adfc-radreiseregion-das-siegel.

AMA – American Marketing Association (Hrsg.) (2017): Definition of Marketing, online unter (6.12.2019) www.ama.org/AboutAMA/Pages/Definition-of-Marketing.aspx.

Ausstellungs- und Messe-Ausschuss der Deutschen Wirtschaft e. V. (AUMA) (2020): Infografiken der Messewirtschaft, online unter (2.7.2020) www.auma.de/de/medien/infografiken.

Ausstellungs- und Messe-Ausschuss der Deutschen Wirtschaft e. V. (AUMA) (2021): Infografiken der Messewirtschaft, online unter (15.3.2021) www.auma.de/de/medien/infografiken.

Austrian Business Agency (ABA) (2020): Österreich. Dynamischer Wirtschaftsstandort, Online unter https://investinaustria.at/de/ (21.1.2021).

Autonome Provinz Bozen – Südtirol (APB) (2020-1): Dachmarke Südtirol, online unter (10.8.2020) www.dachmarke-suedtirol.it/.

Autonome Provinz Bozen – Südtirol (APB) (2020-2): Dachmarke, online unter (10.8.2020) www.dachmarke-suedtirol.it/dachmarke_suedtirol#d341.

Autonome Provinz Bozen – Südtirol (APB) (2020-3): Die Markenstrategie, online unter (10.8.2020) www.dachmarke-suedtirol.it/markenstrategie.

Bieger, Thomas; Beritelli, Pietro (2013): Management von Destinationen, München.

Bieger, Thomas; Beritelli, Pietro; Laesser, Christian (2016): Gesellschaftlicher Wandel als Herausforderung im alpinen Tourismus, Berlin.

Bieger, Thomas; Beritelli, Pietro; Laesser, Christian (2020): Innovative Konzepte im alpinen Tourismus, Berlin.

BTE – Tourismus- und Regionalberatung (2021): Naturtourismus, online unter (16.3.2021) www.bte-tourismus.de/geschaeftsfelder/naturtourismus/.

Bundesministerium für Bildung und Forschung (BMBF) (2011): BMBF-Wettbewerb 2010 „Gesundheitsregionen der Zukunft", online unter (2.1.2021) www.gesundheitsforschung-bmbf.de/de/bmbf-wettbewerb-2010-gesundheitsregionen-der-zukunft-3209.php.

Commission on Global Governance (CGG) (1995): Terms of Reference, online unter (19.3.2020) http://web.archive.org/web/20020211112037/www.cgg.ch/tor.htm.

Deutsche Gesellschaft für Projektmanagement (GPM) (2015): Stakeholdermanagement – Studie zu Art und Umfang der Umsetzung in deutschen Unternehmen und Projektgruppen, Nürnberg.

https://doi.org/10.1515/9783486849424-010

Deutsche UNESCO-Kommission e. V. (UNESCO) (2019): Welterbestätten in Deutschland, online unter (20.9.2019) www.unesco.de/kultur-und-natur/welterbe/welterbe-deutschland/
welterbestaetten-deutschland.

Deutscher Tourismusverband e. V. (DTV) (2020): Zahlen-Daten-Fakten 2020 – Das Tourismusjahr
2019 im Rückblick, Berlin.

Deutsche Zentrale für Tourismus (DZT) (2020): Jahresbericht 2019 Reiseland Deutschland, Frankfurt.

Deutsche Zentrale für Tourismus (DZT) (2019-1): Die DZT, online unter (20.9.2019) www.germany.
travel/de/parallel-navigation/ueber-uns/die-dzt/die-dzt.html.

Deutsche Zentrale für Tourismus (DZT) (2019-2): German Summer Cities, online unter (20.9.2019)
www.germany.travel/media/content/presse/de/PM__DZT_Zwischenbilanz_German_Summer_
Cities.pdf.

Deutsche Zentrale für Tourismus (DZT) (2019-3): 360° Nachhaltiger Tourismus, Frankfurt.

Deutscher heilbäderverband (DHV-) (2021): Qualität, online unter (2.1.2021) www.deutscher-
heilbaederverband.de/qualitaet/.

Deutsches Institut für Urbanistik (difu) (2019), www.difu.de/.

dwif-Consulting GmbH (2017): Was bringt der Tourismus vor Ort?, Online unter (2.8.2020) www.dwif.
de/portfolio/oekonomische-analysen/wirtschaftsfaktor-tourismus.html.

EHI Retail Institute GmbH (2019): Whitepaper „Shopping-Tourismus", online unter (15.1.2021) https:
//wa.ehi.de/shopping-tourismus-whitepaper/.

Eifel Tourismus GmbH (ET) (2021-1): Eifel Tourismus GmbH, online unter (15.4.2021) https://
tourismus.eifel.info/inhalte/die-eifel-tourismus-gmbh/.

Eifel Tourismus GmbH (ET) (2021-2): Tourismusstrategie EIFEL 2025, Prüm.

Eifel Tourismus GmbH (ET) (2021-3): Die Marke Eifel, online unter (15.4.2021) www.standort-eifel.de.

Eifel Tourismus GmbH (ET) (2021-4): Urlaub in der Eifel – Naturerlebnis pur, online unter (15.4.2021)
www.eifel.info/.

Eifel Tourismus GmbH (ET) (2021-5): EifelAWARD, online unter (15.4.2021) https://wirtschaft.eifel.
info/inhalte/eifelaward/.

Eisenstein, Bernd (2014): Grundlagen des Destinationsmanagements, 2. Auflage, München.

Engadin St. Moritz Tourismus AG (2020): Marke St. Moritz, online unter (3.8.2020) www.stmoritz.
com/de/marke/.

Europäisches Institut für TagungsWirtschaft GmbH (EITW) (2020): Meeting- & EventBarometer
Deutschland 2019/2020, Frankfurt am Main – Wernigerode.

Forschungsgemeinschaft Urlaub und Reisen e. V. (FUR) (Jahreszahl): Reiseanalyse....

Freyer, Walter (2015): Tourismus, 11. Auflage, Berlin/München/Boston.

fvw Magazin für Touristik & Business Travel bis (2020), ab 2021 fvw/Travel Talk. Die Business Plattform der Reisebranche, diverse Ausgaben, Hamburg.

fvw (2020): Destination Brand Award 2019 geht an Berlin, online unter (14.1.2020) www.fvw.de/
destination/news/preisvergabe-destination-brand-award-geht-an-berlin-205714.

German Congress Bureau (GCB) (2020): Starkes Profil des Standorts Deutschland, online unter
(2.7.20) www.gcb.de/de/germany-meetings-magazin/next-stop-germany/2020/starkes-profil-
des-standorts-deutschland-ueberzeugt-veranstaltungsplanerinnen-weltweit.html.

Geschäftsstelle Marke graubünden (2018): Geschäftsbericht 2017, online unter (13.8.2020) www.
graubuenden.ch/sites/default/files/generic_files/180131_jahresbericht_2017_clerezza.pdf.

Geschäftsstelle Marke graubünden (2020-1): Vielfalt einfach verkaufen, online unter (13.8.2020)
www.graubuenden.ch/sites/default/files/generic_files/flyer_vielfalt_einfach_verkaufen_1.pdf.

Geschäftsstelle Marke graubünden (2020-2): Geschäftsbericht 2019, online unter (13.8.2020) www.
graubuenden.ch/sites/default/files/generic_files/jahresbericht_2019_clerezza_low.pdf.

Göpfert, Yvonne (2017): Länder-Slogan-Sieger: „Wir können alles. Außer Hochdeutsch" in WUV 9.3.2017, online unter www.wuv.de/marketing/laender_slogan_sieger_wir_koennen_alles_ausser_hochdeutsch.

Graubünden Ferien (2013): Geschäftsbericht 2012, online unter (13.8.2020) www.graubuenden.ch/sites/default/files/generic_files/160330-grf-jahresbericht-2012.pdf.

Graubünden Ferien (2015): Geschäftsbericht 2014, online unter (13.8.2020) www.graubuenden.ch/sites/default/files/generic_files/160330-grf-jahresbericht-2014.pdf.

Graubünden Ferien (2016): Geschäftsbericht 2015, online unter (13.8.2020) www.graubuenden.ch/sites/default/files/generic_files/grf_jahresbericht_2015.pdf.

Graubünden Ferien (2020): Markenarchitektur 2.0, online unter (13.8.2020) www.graubuenden.ch/de/ueber-graubuenden/marke/markenarchitektur-2-0.

Hamburg Marketing GmbH (HMG) (2020): HMG-Struktur, online unter (5.6.2020) https://marketing.hamburg.de/hamburg-marketing-gmbh-hmg.html.

Handelsblatt (HBL) (2019): Prognos Zukunftsatlas, online unter (12.12.2019) www.handelsblatt.com/politik/deutschland/zukunftsatlas-2019/.

Hessen Agentur GmbH (HA) (2019): Ahle Wurscht, online unter (20.9.2019) www.hessen-tourismus.de/de/das-ist-hessen/genuss/ahle-wurscht/.

Hinterhuber, Hans; Pechlaner, Harald; Matzler, Kurt (2001): IndustrieErlebnisWelten: Vom Standort zur Destination, Berlin.

IDM Südtirol – Alto Adige (2020-1): Was hat es mit dem Zeichen „Qualität Südtirol" auf sich?, online unter (10.8.2020) www.suedtirolerspezialitaeten.com/de/qualitaetszeichen/was-ist-das.html.

IDM Südtirol – Alto Adige (2020-2): Die Geschichte des Zeichens „Qualität Südtirol", online unter (10.8.2020) www.suedtirolerspezialitaeten.com/de/qualitaetszeichen/geschichte.html.

IDM Südtirol – Alto Adige (2020-3): Tätigkeitsbericht 2018, online unter (10.8.2020) www.idm-suedtirol.com/de/ueber-idm/taetigkeitsbericht.html.

KölnTourismus GmbH (2020): Partner der KölnTourismus GmbH, online unter (20.8.2020) www.koelntourismus.de/buchen-kaufen/mediadaten/unsere-partner/.

Kompetenzzentrum Tourismus des Bundes (2021): Zur Bedeutung des Tourismus in Deutschland, online unter (14.3.2021) www.kompetenzzentrum-tourismus.de/wissen/zahlen-und-fakten.

Kreis Lippe (2017): Zukunftskonzept Lippe 2025, Detmold.

Lebensraum Tirol Holding GmbH (2020-1): Lebensraum Tirol Holding – Gemeinsam mehr erreichen, online unter (12.8.2020) www.lebensraum.tirol/.

Lebensraum Tirol Holding GmbH (2020-2): Lebensraum Tirol Holding – Organisation, online unter (12.8.2020) https://lebensraum-tirol-holding.webflow.io/lebensraum-tirol-holding.

Lippequalität e. V. (2020): Lippequalität ist die Regionalmarke in Lippe und Umgebung, online unter (12.12.20) www.lippequalitaet.de/.

Luft, Hartmut (2007): Destination Management in Theorie und Praxis, Meßkirch.

Meffert; Bruhn; Hadwich (2018): Dienstleistungsmarketing, 9. Auflage, Wiesbaden.

Ministerium für Wirtschaft, Innovation, Digitalisierung und Energie des Landes Nordrhein-Westfalen (2020): Standortmarketing und Ansiedlungen, online unter (30.3.2020) www.wirtschaft.nrw/standortmarketing.

Münsterland e. V. (2020-1): Für die Region – damals wie heute, online unter (4.7.2020) www.muensterland.com/muensterland-e.v/ueber-uns/geschichte/.

Münsterland e. V. (2020-2): Der Münsterland e. V. – Verein zur Förderung des Münsterlandes, online unter (4.7.2020) www.muensterland.com/muensterland-e.v/.

Münsterland e. V. (2020-3): Aufgaben des Münsterland e. V., online unter (4.7.2020) www.muensterland.com/muensterland-e.v/ueber-uns/aufgaben/.

Münsterland e. V. (2020-4): Münsterland – Unsere Marke, online unter (4.7.2020) www.muensterland.com/muensterland-e.v/marke-muensterland/.

Münsterland e. V. (2020-5): Geschäftsbericht 2019, online unter (4.7.2020) www.muensterland.com/site/assets/files/40837/geschaeftsbericht2019.pdf.

Münsterland e. V. (2020-6): Der Prozess, online unter (4.7.2020) www.muensterland.com/muensterland-e.v/marke-muensterland/der-prozess/.

Netzwerk Deutsche Gesundheitsregionen e. V. (NDGR) (2021): NDGR – Mitgliedsregionen, online unter (2.1.2021) www.deutsche-gesundheitsregionen.de/mitgliedsregionen.

Netzwerk Münsterland Qualität e. V. (2020): Das Münsterland-Siegel, online unter (19.8.2020) www.muensterland-qualitaet.de/start/.

NRW.INVEST (2020-1): NRW.INVEST – One-stop Agency für Investoren, online unter (18.8.2020) www.nrwinvest.com/de/ueber-uns/unsere-mission/.

NRW.INVEST (Hrsg.) (2020-2): Wirtschaftsfaktor Tourismus in NRW, online unter (30.3.2020) www.nrwinvest.com/de/branchen-in-nrw/tourismus/.

Österreich Werbung (ÖW) (2020): Österreich Werbung, online unter (21.3.2020) www.austriatourism.com; www.austria.info.

Pechlaner, Harald; Fischer, Elisabeth; Hamman, Eva-Maria (Hrsg.) (2006): Standortwettbewerb und Tourismus, Berlin.

Pechlaner, Harald; Hammann, Eva-Maria; Fischer, Elisabeth (Hrsg.) (2008): Industrie und Tourismus, Berlin.

Regionalmarke EIFEL GmbH (2021): Regionalmarke EIFEL. Wir sind Eifel, online unter (15.4.2021) www.regionalmarke-eifel.de/.

Rost, Norbert (2019): Regionalwährungen als Marketinginstrument/Regionalwährung/ Regiogeld, online unter (4.9.2019) www.regionalentwicklung.de/regionales-wirtschaften/regionalgeld/regionalmarketing-regionalwaehrungen-als-marketinginstrument.

Saretzki, Anja; Wöhler, Karlheinz (Hrsg.) (2013): Governance von Destinationen, Berlin.

Schafrinna, Achim (2014): Stadt Köln erhält ein weiteres Markenzeichen, online unter 20.8.2020) www.designtagebuch.de/stadt-koeln-erhaelt-ein-weiteres-markenzeichen/stadt-koeln-marken/.

Scholz, Christian (2016): Generation Z: Willkommen in der Arbeitswelt, online unter (3.2.2020) www.hrweb.at/wp-content/uploads/2014/02/GenZ2.png.

Schweiz Tourismus (ST) (2020): Impressum, online unter (21.3.2020) https://www.myswitzerland.com/de-de/planung/ueber-die-schweiz/impressum/.

Seidel, Michael Alexander (2016): Regionalmarketing als räumliches Steuerungs- und Entwicklungsinstrument, Wiesbaden.

Serviceplan Group (2019): Best Brands 2019, online unter (7.7.2019) https://bestbrands.de/gewinner/.

Sinus Markt- und Sozialforschung GmbH (2021): Sinus Milieus in Deutschland 2020/1, online unter (31.3.2021) www.sinus-institut.de/sinus-loesungen/sinus-milieus-deutschland/.

Sinus Markt- und Sozialforschung GmbH (2020): Sinus Milieus in Österreich 2020, online unter (31.3.2021) www.sinus-institut.de/sinus-loesungen/sinus-milieus-oesterreich/.

Sinus Markt- und Sozialforschung GmbH (2019): Sinus Milieus in der Schweiz 2019, online unter (31.3.2021) www.sinus-institut.de/sinus-loesungen/sinus-milieus-schweiz/.

Sinus Markt- und Sozialforschung GmbH (2017): Sinus Meta Milieus 2017, online unter (3.12.2020) www.sinus-institut.de/sinus-loesungen/sinus-meta-milieus-weltweit/.

Statista (2021): Anzahl der Geschäftsreisen von deutschen Unternehmen, online unter (15.3.2021) https://de.statista.com/themen/821/geschaeftsreisen/.

Statistisches Bundesamt (2019-1): Gastgewerbe, Tourismus in Deutschland, online unter (12.10.2019) www.destatis.de/DE/ZahlenFakten/Wirtschaftsbereiche/BinnenhandelGastgewerbeTourismus/Tourismus/Tourismus.html.

Statistisches Bundesamt (2019-2): Statistik über die touristische Nachfrage – Reiseverhalten, online unter (12.10.2019) www-genesis.destatis.de/genesis/online/link/tabellen/45413*.

Statistisches Bundesamt (2021): Tourismus in Deutschland 2020: 39 % weniger Gästeübernachtungen als 2019, online unter (14.3.2021) www.destatis.de/DE/Presse/Pressemitteilungen/2021/02/PD21_058_45412.html;jsessionid=3728AFF861EAF7F80BC1F2223CE5E83B.internet711.

Steinecke, Albrecht (2013): Destinationsmanagement, Konstanz.

Stiftung Deutscher Nachhaltigkeitspreis (Hrsg.) (2020): Die nachhaltigsten Kommunen Deutschlands, online unter (2.7.20) www.nachhaltigkeitspreis.de/kommunen/preistraeger-staedte-und-gemeinden/2019/#contentWrap.

Tirol Werbung GmbH (2020-1): Die Tirol Werbung ..., online unter (18.8.2020) www.tirolwerbung.at/unternehmen/.

Tirol Werbung GmbH (2020-2): Der Tiroler Weg, online unter (12.8.2020) www.tirolwerbung.at/tiroler-tourismus/tirols-tourismusstrategie/.

TourCert gGmbH (2021): Zertifizierte und ausgezeichnete Destinationen, online unter (13.4.2021) https://www.tourcert.org/community/.

Tourismus & Congress GmbH Region Bonn/Rhein-Sieg/Ahrweiler (bonnregion) (2021): Homepage, online unter (16.3.2021) www.bonn-region.de/.

Tourismus Marketing GmbH Baden-Württemberg (TMBW) (2020): Von Wein durchdrungen, online unter (4.2.2021) www.tourismus-bw.de/presse/pressemitteilungen/von-wein-durchdrungen.

Tourismus NRW e. V. (2020-1): Wir über uns, online unter (30.3.2020) www.touristiker-nrw.de/wir-ueber-uns/.

Tourismus NRW e. V. (2020-2): Business in NRW, online unter (30.3.2020) www.nrw-tourismus.de/business.

Tourismus, NRW (2020-3): Tourismus NRW entwickelt Leitbild, online unter (18.8.2020) www.touristiker-nrw.de/tourismus-nrw-entwickelt-leitbild/.

Tourismus, NRW (2020-4): Jahresbericht 2019, online unter (18.8.2020) www.touristiker-nrw.de/wp-content/uploads/2020/03/Jahresbericht-Web-Fassung.pdf.

Tourismus, NRW (2020-5): Die neue Strategie für das Tourismusland Nordrhein-Westfalen, online unter (28.12.2020) www.touristiker-nrw.de/landestourismusstrategie/kompakt/.

Tourismus, NRW (2020-6): Marketingplan 2020, online unter (28.12.20202) www.touristiker-nrw.de/wp-content/uploads/2020/02/Marketingplan-2020-1.pdf.

Tourismus, NRW (2021): Infothek, online unter (15.4.2021) www.touristiker-nrw.de/tourismus-wissen/infothek/#Marketing.

VDR – Verband Deutsches Reisemanagement e. V. (2019): VDR-Geschäftsreiseanalyse 2019, online unter (2.7.2020) www.vdr-service.de/services-leistungen/fachmedien/vdr-geschaeftsreiseanalyse.

VDR – Verband Deutsches Reisemanagement e. V. (2020): VDR-Geschäftsreiseanalyse 2020, online unter (15.3.2021) www.vdr-service.de/fileadmin/services-leistungen/fachmedien/geschaeftsreiseanalyse/VDR-Geschaeftsreiseanalyse-2020.pdf.

vir – Verband Internet Reisevertrieb e. V. (2020): VIR Daten & Fakten zum Online-Reisemarkt 2020, online unter (15.8.2020) https://v-i-r.de/wp-content/uploads/2020/03/web_VIR-DF-2020.pdf.

Weiermair, Klaus; Pikkemaat, Birgit (2004): Qualitätszeichen im Tourismus, Berlin.

Wellness Hotels & Resorts (2021): Wählen Sie Ihre Lieblings-Region und finden Sie Ihr Wellnesshotel, online unter (2.1.2021) https://www.wellnesshotels-resorts.de/de/wellnesshotel.

Wiesner, Knut (2002-1): Multi-Kanal-Dialogmarketing, in: Poth; Poth (Hrsg.), Marketing, Kap. 56, 2. Auflage, Kriftel.

Wiesner, Knut (2002-2): Kundenbindung durch Kundenclubs und Kundenkarten, in: Poth; Poth (Hrsg.), Marketing, Kap. 79, 2. Auflage, Kriftel.

Wiesner, Knut (2005): Internationales Management, München/Wien.

Wiesner, Knut (2007): Wellnessmanagement, Berlin.

Wiesner, Knut (2008-1): Strategisches Destinationsmarketing, Meßkirch/Gerlingen.

Wiesner, Knut (2008-2): Call Center Management, in: Häberle (Hrsg.), Lexikon der Betriebswirtschaftslehre, S. 174 ff, München/Wien.

Wiesner, Knut (2008-3): Multi-Kanal-Dialogmarketing, in: Häberle (Hrsg.), Lexikon der Betriebswirtschaftslehre, S. 889 ff, München/Wien.

Wiesner, Knut (2008-4): Professionelles Beschwerdemanagement in Tourismus, Hotellerie und Destinationen, in: TourHP 06-08, S. 11 ff., Berlin.

Wiesner, Knut (2008-5): Wellnessmanagement zwischen Wellnepp und Medical Wellness, in: Fischer; Schulz (Hrsg.), Handbuch Gesundheitstourismus, S. 91–102, Aachen.

Wiesner, Knut (2008-6): Touristische Qualitässiegel: Wer benötigt sie, wem nützen Sie?, in: TourHP 08-08, S. 11 ff., Berlin.

Wiesner, Knut (2008-7): Erfolgsfaktoren des Wellnessmanagements/-marketings, in: TourHP 11/12-08, S. 23 ff., Berlin.

Wiesner, Knut (2009-1): Aktive Kooperation im Standort- und Destinationsmarketing, in: TourHP 3-09, S. 12 ff., Berlin.

Wiesner, Knut (2009-2): Darstellung und Bedeutung von Dienstleistungen, Einführung, in: Pepels (Hrsg.), Dienstleistungsmanagement für wirtschaftsberatende Berufe, Herne.

Wiesner, Knut (2009-3): Faires Management und Marketing schaffen Wettbewerbsvorteile, in: TourHP 6-09, S. 16 ff., Berlin.

Wiesner, Knut (2013): Erfolgreiches Regional- und Standortmarketing, Gerlingen.

Wiesner, Knut (2016-1): Faires Management und Marketing, Berlin/Boston.

Wiesner, Knut (2016-2): Strategisches Tourismusmarketing, 2. Auflage, Berlin.

Wiesner, Knut (2020): 360-Grad-Grad-Marketing, Stuttgart.

Wiesner, Knut (2021-1): Professionelles Standort- und Destinationsmanagement, Berlin.

Wiesner, Knut (2021-2): Standortmarketing, Stuttgart.

World Economic Forum (WEF) (Hrsg.) (2019): Travel and Tourism Competitiveness Report 2019, Genf.

Stichwortverzeichnis

https://doi.org/10.1515/9783486849424-011

www.ingramcontent.com/pod-product-compliance
Lightning Source LLC
Chambersburg PA
CBHW081103220326

41598CB00038B/7211